教育改变人生

3岁开始的每一步

在关键时期，给孩子提供关键帮助

Practical Wisdom
for Parents

Raising Self-Confident
Children in the
Preschool Years

[美] 南希·舒尔曼 Nancy Schulman　[美] 艾伦·伯恩鲍姆 Ellen Birnbaum | 著
张璐 | 译　张蒙源　卓伽　童曦墨 | 审核

中信出版集团 | 北京

图书在版编目（CIP）数据

3 岁开始的每一步：在关键时期，给孩子提供关键帮助 /（美）南希·舒尔曼，（美）艾伦·伯恩鲍姆著；张璐译 .-- 北京：中信出版社，2022.6
书名原文：PRACTICAL WISDOM FOR PARENTS
ISBN 978-7-5217-2988-7

I.① 3… II.①南…②艾…③张… III.①学前儿童－家庭教育 IV.① G781

中国版本图书馆 CIP 数据核字（2021）第 058855 号

Practical Wisdom for Parents by Nancy Schulman and Ellen Birnbaum
Copyright © 2007 by Nancy Schulman and Ellen Birnbaum
This edition arranged with C. Fletcher & Company, LLC
through Andrew Nurnberg Associates International Limited
Simplified Chinese translation copyright © 2021 by CITIC Press Corporation
ALL RIGHTS RESERVED
本书仅限中国大陆地区发行销售

3 岁开始的每一步——在关键时期，给孩子提供关键帮助
著者： ［美］南希·舒尔曼 ［美］艾伦·伯恩鲍姆
译者： 张璐
出版发行：中信出版集团股份有限公司
（北京市朝阳区惠新东街甲 4 号富盛大厦 2 座 邮编 100029）
承印者： 宝蕾元仁浩（天津）印刷有限公司

开本：880mm×1230mm 1/32 印张：12 字数：340 千字
版次：2022 年 6 月第 1 版 印次：2022 年 6 月第 1 次印刷
京权图字：01-2021-2398 书号：ISBN 978-7-5217-2988-7
定价：68.00 元

版权所有·侵权必究
如有印刷、装订问题，本公司负责调换。
服务热线：400-600-8099
投稿邮箱：author@citicpub.com

向我们的父母

**玛丽莲·莫茨金和亚瑟·莫茨金
伊芙琳·格林伯格和阿比·格林伯格**

致以我们深深的爱、敬意和感激

CONTENTS ▶ 目录

导言   *1*

第一部分
学 校

第一章 ▶ **择校篇：如何选择早教班？**

如何选择学校进行校访？   *18*
参观学校   *21*

第二章 ▶ **入门篇：什么是学龄前教育？
为自己和孩子找到方向**

课程设置   *33*
上学时间   *38*
到校时间   *40*
自由活动   *41*
收拾整理   *42*
班会时间   *44*
户外活动   *45*

点心 / 午餐 47
故事时间和读写活动 48
游戏活动 53
放学时间 61
和老师面对面的家长会 66

第三章 ▶ 分离篇：如何更轻松地说再见

开学前 74
开始上学：过渡期 78
说再见的 N 个要点 85
适应期 89

第四章 ▶ 社交篇：孩子的社交生活

孩子的社交生活发展 101
结伴约玩 109
生日 115
课外活动过度 118

第五章 ▶ 成长篇：了解在孩子的成长历程中，要注意什么以及何时介入

发展标准 131
问题行为 143
什么时候找专业机构进行干预？ 150

第二部分

家 庭

第六章

▶ 家庭篇：日常家庭生活

作息规律	160
过渡时间：早上和晚上	163
睡觉时间和睡眠问题	169
用餐时间	175
礼貌	182

第七章

▶ 人物篇：孩子生活中的人

家庭生活中的轻重排序	192
你和你的伴侣	195
照看人	199
新生儿	205
兄弟姐妹	210

第八章

▶ 纪律篇：立规矩、对孩子说"不"

为什么这么难？	221
入门知识：家长如何给孩子立好规矩？	225
如何预防对抗和冲突的发生？	230
在孩子身上屡试屡验的管教策略	236
其他典型问题以及处理方法	244

第九章　道德篇：培养孩子的道德和伦理观念

如何引导孩子的德育发展？	253
儿童能理解多少？	258
撒谎、偷东西和作弊	260
培养同理心	262
一家人一起做义工	264
重视善的品质	265

第十章　独立篇：自理和独立——"我要自己来！"

如何培养孩子的独立性？	271
如厕训练	274
安慰毯、奶嘴、奶瓶和吸奶杯	281
对学龄前儿童的其他自理要求	284

第十一章　游戏篇：为什么要玩、玩什么、怎么玩？

父母如何帮助孩子玩？	291
玩具选购技巧	294
各种玩具、游戏、材料和活动	295
孩子是怎么玩的？	306
玩耍和性别	311
超级英雄游戏	314
屏幕时间	318

第十二章 禁忌篇：和孩子谈论棘手的话题

如何处理棘手的话题？	326
过渡期和新事物	329
搬家	331
性	334
离婚	338
疾病	343
死亡	347

第十三章 假日篇：共度的时光——周末、节日、传统习俗和假期

周末和校假：可去的地方和可做的事情	355
节日	358
假期	363

结束语	367
致谢	369

导言

当孩子呱呱坠地后,你的生活就变得面目全非了。你为人父母了,但这仅仅是个开始。为人父母是一份不断变化的"工作",每一个新阶段都会带来不同的挑战。作为父母,照料一名婴儿时,你一心一意扑在孩子身上,关注着他每分每秒的需求。你琢磨着他什么时候饿了、倦了、尿湿了,或者他是不是想要大人抱他、陪他玩。你个人的需求在这个小小的生命到来时已经退居二线。当孩子日渐长大,开始蹒跚学步时,你的角色又发生了变化。他发现自己能四处走了,便开始探索他所处的世界,这又会给你带来一系列迥然不同的挑战。他没有一刻是闲着的,还经常会碰到潜在的危险,需要你时时刻刻在一旁监督。

孩子成为一名学龄前儿童后,你的角色再次发生变化。他已然从一名精力充沛、会摇摇摆摆自己走路的幼儿,变成一名充满好奇心、热衷冒险、爱交朋友、有自己的主张并且非常好动的学龄前儿童。他能用语言来表达自己的想法,想到什么就会原原本本地告诉你。他也会开始故意不听你的话,需要你拿出鲜明、坚定和前后一致的态度,他才能有安全感。对于这个年龄的孩子来说,一切事物都是新鲜的,一切都要学习,包括交朋友、脱尿裤、新添一个还在襁褓中的弟弟或妹妹、分享玩具、穿衣服。随着他成长并准备好进入由学校、老师和同学组成的一个崭新世界，他将体会前所未有的独立。你要稍稍撒点手，孩子才能向前迈进一步。你将不得不时刻调整你对孩子以及对自己的期望。这可能是一段既让人激动不已又让人一头雾水的时期，要求你找到自己作为家长的初心，并第一次就孩子的教育问题做出决定。从现在开始，你选择的一切——你是谁、你说什么、你做什么——都将对孩子产生深刻的影响。

我们和天下所有这个年龄的孩子的父母一样，在引导孩子面对每一次新体验时，挫折坎坷不断，而他们一有进步，我们就非常珍惜自己的收获。当我们写下此文时，我们的几个孩子，迈克尔和艾丽莎（南希的儿子和女儿）分别是26岁和22岁，爱丽丝和查尔斯（艾伦的女儿和儿子）分别是31岁和26岁，但养育他们的经历仍然影响着我们今天的工作。自1997年以来，我们携手并肩，共同管理着曼哈顿上东区的92街青年会幼儿园，分别担任园长（南希）和副园长（艾伦）。我们的幼儿园成立于1938年，跻身纽约市最早的一批早教幼儿园，现在已扩展为能接受175名儿童和有35名教员供职的学校。尽管我们的幼儿园规模已经不小，但这里仍然保留着一种温暖亲切的氛围，是一处培育孩子们想象力、创造力和智力的园地。

我们俩初次相识并不是作为教育工作者，而是作为邻居。那是1981年的春天，我们都住在曼哈顿的一栋公寓楼里，照顾着各自的家庭。有一天，我们在楼里碰上了。当时，艾伦已经有一个5岁的女儿爱丽丝，同时肚子里还怀着老二。南希正怀着老大。我们在取邮件的时候发现彼此都挺着大肚子，于是就互相问了一个显而易见的问题："你什么时候生？"那年6月，艾伦生下了查尔斯。次月，南希的儿子迈克尔降临人世。做了妈妈后我们都忙得团团转，所以直到一年后才有机会重聚。那是在邻居家儿子的生日聚会上，我俩的儿子都受到了邀请。就是在那里，我们两人第一次开始了解对方。也是从那时起，就像很多年轻的母亲一样，孩子们玩到一起成了朋友，我们的友谊也自然而然水到渠成。

从一开始，我们就乐于分享作为新手父母的各种喜悦和烦恼。父母在孩子还小的时候往往过着比较孤立的生活，但我们很幸运。我们是邻居，所以每当我们有事拿不定主意或是需要发发牢骚的时候，倾听者总是近在眼前。我们的孩子年龄相仿，一起长大，一起经历着同样的成长阶段。我们可以互相依靠。如果我们对自己的直觉没把握，就可以去找对方谈心。讨论各自的经历时，我们意识到，其实我们拥有相似的背景，对养儿育女的理念也很相近。我们都是在比较传统的家庭中长大，在那样的家庭里，有着始终如一的规矩和生活作息，父母对我们的态度和蔼而坚定。现在，我们自己做了母亲，正在学习我们父母身上那种务实的精神，同时我们小时候的生活结构不能再照搬，要加以调整才能适应我们作为职业女性的需求。我们深信，对孩子抱有踏踏实实的期望是一种实在的智慧。当他们到了学龄前阶段，我们认识到纪律性在他们童年的生活中越来越举足轻重。我们承认，养儿育女不可避免地要付出辛勤的汗水，但我们也乐在其中——孩子给我们的生活带来充实，带来欢笑，并赋予了我们一种全新的视角去看待这个世界。如今将近25年过去了，回首彼时，这段岁月仍是我们人生中最幸福的时光之一。

当我们还是年轻母亲时，就已经开始从事教育工作了。我们初次见面时，南希是纽约霍瑞斯曼学校低年级部的一名教师和招生主任。艾伦的儿子查尔斯出生后，她开始在92街青年会幼儿园做兼职教师。当查尔斯和迈克尔到了入学年龄，他们就都去了这所幼儿园。南希的女儿艾丽莎很快也入园了。1990年，在艾丽莎即将毕业并进入幼小衔接班的那一年，南希获得了幼儿园园长的职位。而艾伦在幼小衔接学前班担任了17年的班主任，并在幼儿园夏令营部担任了10年主任，后于1997年成为该园的副园长，我们也就此成为工作搭档。

从共同担任幼儿园园长的第一天起，我们就一致认为，我们的工作不仅是教育孩子，也是在帮助他们的家庭。我们的亲身经历让我们了解，在孩子还很小的时候，他们的家庭在生活上总是面临着一个独特的挑战期。我们希望能够为学生家庭提供一个基本的引导和支持体系，就像我们自己的孩子还小的时候我们互相扶持一样。天下父母在这段时期对信息的渴求，我们感同身受。这个年龄的孩子什么时候上床睡觉比较合适？孩子应该在多大的时候学会自己穿衣服？如何才能让孩子收拾好自己的玩具？何时以及如何教孩子懂礼貌？对孩子的学习抱有什么样的期望比较合适？如何立规矩、让孩子承担后果并形成作息规律？在孩子的一生之中，再没有任何一个时期（也许青少年时期除外）会让你面临这么多千头万绪的新问题。即使你又生了第二个或第三个孩子，每个孩子也都不尽相同，需要你根据情况调整自己的期望和方法。

我们从事教育工作25年有余，在我们看来，学龄前儿童的父母要面对的问题，也是所有家庭一直以来都要应对的：脱尿裤训练、为了睡觉时间而争执、和兄弟姐妹相处，以及纪律问题。然而，在同一时期，我们也目睹了很多家庭面临的压力越来越大。家庭生活的节奏变得越来越叫人抓狂。忙碌的不仅仅是父母，孩子也变得很忙。很多父母觉得幼儿也必须干点什么、拿出点成绩，于是给他们安排五花八门的课外活动，并让他们早早接触到早教产品，一切都是为了给孩子一条"尽可能理想的人生起跑线"。家长似乎对自己缺乏信心，需要有人指导，他们为了避免犯错或对孩子造成任何伤害而对专家洗耳恭听。同时，我们也在课堂上发现了很多十年前比较罕见的行为表现——孩子们似乎变得更焦虑，更无法接受约束和成人的权威，同时也变得更容易过度亢奋。大概就在我们开始共事的时候，我们叩问内心：到底是什么发生了改变？为什么很多父母缺乏做一名好家长必须具备的基本信心？为什么父母对孩子的照料并没有造福孩子？在和其他幼儿教育工作者交流的过程中，我们发现大家都遇到过类似的问题。

我们和同事及家长交流得越多，就越发现有三个主要原因导致了这种变化。

第一，家长倍感压力。近十年来社会对于儿童早期学习和发展之重要性的强调尤为突出。这给家长造成了巨大压力，却不一定给孩子带来好处。从孩子出生的那一刻起，社会就鼓励父母让孩子开始学习，以提升他们的学习潜力。人们普遍认为，如果正确地激发孩子，如果孩子上

"对"了幼儿园，并在5岁之前开始参加各种课外活动，他们就好像被送上了一条通往藤校的星光大道。很多家长觉得一定要给孩子创造这些优势，才不至于让孩子落后于同龄人。我们生活的这个时代，已经不再有"铁饭碗"这样的说法，为此成年人必须获取多种技能和资历以保持竞争力。家长认为，即使是极其年幼的孩子，也应该为了"冲在前面"而投入竞争，这种心态可以理解。很多父母把自己在职场上的心得运用到家庭生活中，却发现这些原则无法成功复制。每位父母都希望为孩子提供最优越的条件，希望孩子能受到好的启迪，成为好学的孩子。为了让孩子更有优势，很多父母扮演起了经纪人的角色，打理着孩子排得满满的日程表，而不再真正花时间去陪伴孩子。孩子的每一天都被安排得很紧凑，必须拿出成绩的压力给整个家庭造成与日俱增的焦虑，尤其让孩子感到紧张。我们告诉家长，高质量的早教经历对幼儿来说就足够丰富了。我们在学校看到，因为过多的课外活动而过度亢奋的孩子，其实在课堂上很难集中注意力，也很难成为一个好学生。

第二，社会瞬息万变。父母开始变得焦虑困惑，其实是现代生活日益增加的风险和危险带给人们的一种自然反应。在美国大部分地区，放任孩子在街上和其他孩子一起玩，或是让孩子从朋友家自己走半个街区回家，都已经不再可能了。不安定的社会风气是父母放心不下的主要原因。倒回几代之前，女性从小就开始接受做母亲的培训。如今，就养育子女的日常责任而言，男性和女性要互相分担而不倚仗其他照看人帮忙分担，他们没有老一辈的经验做指导或榜样。大家庭的结构往往是七零八落的，祖父母和叔伯姑婶住在天南海北，相距遥远，所以当年轻的父母需要帮助时，总是感到孤立无援。越来越多的学校、社区、妈妈群和在线聊天室成了家长聚会的地方，他们可以在这里寻求建议并结识其他家长。

第三，家长对自己为人父母的直觉和权威缺乏信心。很多家长都认为在养儿育女这份工作面前，自己的见识有点捉襟见肘。这并不是说家长想推卸责任——在多数情况下，其实家长对孩子可谓呵护备至，整个家庭生活都以孩子为中心。但很多家长不自信，不相信自己有能力为孩子的发展提供积极的引导和影响。这些家长希望孩子快快乐乐，却发现这种愿望并不一定能带来一个快乐的家庭。家长告诉我们，他们不敢对孩子说"不"，害怕会扼杀孩子的创造力或伤害孩子的自尊心。但事实上，孩子需要成年人表达鲜明的立场，这样他们才能学会面对失望，变得更有承受力，有信心自己解决问题，并能与他人和睦相处。然而，在过去的25年里，社会上充斥着各种令人困惑和互相矛盾的专家意见，指导父母如何做父母。关于如何打造轻松的家庭生活的书籍和文章浩如烟海。事实上，很多诸如此类的专家意见带来的效果却适得其反——这反而让家长面临最严峻困难的挑战。难怪很多父母感到茫然。当你害怕"犯错误"时，你当然无法依靠自己为人父母的直觉。当别人告诉你，如果不按照某套法则去做，就会对孩子造成不利影响或者伤害时，你很容易就会怀疑你内心的直觉，找不到权威感。

　　作为园长，刚开始搭档时，我们就意识到很多家庭需要我们帮助解决一些困扰他们的问题。于是，我们决定定期召开家长会。在幼儿园工作和在小学或高中工作相比，一大优势就是教师、园长和家长几乎每天都有对话的机会。事实上，早教工作者和家庭必须形成这种伙伴关系，为了每个孩子的最大利益而齐心协力。我们开家长会的目的其实是建立一个论坛，大家可以在这里讨论孩子在学校的经历，家长回到家可能面临的问题或担心的事情；讨论孩子在每个年龄段会出现的典型发育特征；分享我们在课堂中观察到的各种情况。我们要把论坛打造成一个充满暖意和令人舒服的地方。我们按班级把家长分组，以便年龄相近的孩子家长能够分享共同的问题。我们经常一起在会上讨论家长在养育子女的过程中可以借鉴的实用方法和思路，讨论家长应该对孩子抱有哪些符合年龄并和学校保持一致的期望要求。我们会给家长打气，鼓励他们倾听自己心底的常识判断，让他们对自己的直觉更有信心。我们也说到了自己在抚养孩子过程中的各种经历（有好有坏），给家长做参考。

和家长交谈时，我们会提醒他们，对于孩子来说，父母就是宇宙的中心。父母有天然的权威，可以正向地影响孩子的发展，这是其他任何人都不具备的能力。养育孩子确实很辛苦，但也并不像很多父母想的那么高深复杂。当你投入时间陪伴孩子，而不是忙着给他安排各种培训班时，你就能深入地了解孩子，也能更了解如何做好家长。你能了解到孩子在想什么，喜欢和厌恶什么，以及什么会让他开心。你能了解到孩子真正需要的是什么。当父母急于达成目标时，往往都忘了童年最单纯的快乐应该受到足够的重视——那就是让孩子一个人玩或是和别人一起玩，和父母一起做些有意思的事情，或是建立别具一格的家庭传统。当孩子有时间和父母相处、和自己独处以及和他人相处的时候，你就给了他们学习、获得自信和放松下来的时间。孩子能不能自得其乐，这对他们在家里以及在教室这样的集体环境里能否健康成长并做好自己的事情至关重要。在家长会上，我们经常让家长回忆自己小时候最快乐的事情。通常，家长的回答是"和小伙伴在公园里玩""自己想象一个世界""和奶奶一起做饭"。没有人会说"去上小提琴课"或者"学法语"。我们提醒家长，这些令他们难忘的事情，也正是能让孩子乐在其中、学到本领、伴随他们成长的事情。我们一直鼓励家长，不要给孩子安排太多活动，而是要学会做他们的家长，发挥家长的影响。

我们力所能及地给家长提供帮助和出谋划策，对我们来说，这也是种倾听。我们遇到的每一位家长都有自己独特的育儿风格，并对如何养育孩子做出了不同的选择。但是，在大家互相分享哪些方法管用、哪些方法不管用的过程中，我们很快就发现大家有很多共同点。最能给大家带来鼓励的，莫过于意识到这一点：只要为人父母，必然每天碰到相似的难题，这绝不仅是自己一个人要面对的问题。当你了解到，每一个4岁的孩子都会讲大小便，或者3岁半的孩子一定会不断挑战你的极限时，你就不会觉得是因为自己有什么失误才导致孩子有这样的表现了。通过交流，家长不仅互相学习，还逐渐学会信任自己，相信自己有能力解决问题。他们发现，有效的办法可谓形形色色，重要的是找到一种奏效的手段并坚持下去。大孩子的家长会告慰新手家长"别担心，我也经历过，孩子大一点就会好的"，并为新手家长提供切实可行的建议，帮助他们度过这个特殊阶段。在家长会这个社区中，家长开始意识到孩子的发展过程必然伴随着问题，这和家长的能力没有关系。这样的氛围使每个人都能笑对自己的失败。我们一再强调的是，为人父母是件令人谦卑的事情，所谓"十全十美"的家长并不存在，我们大可不必过于纠结。

在培养和扶持家长的这一过程中，我们造福了很多家庭。更重要的是，我们真的在课堂上看到了效果。例如，我们注意到，当父母对孩子有明确的管教约束时，孩子就更能听从老师的指导。当孩子能按时上床睡觉，不需要应付太多课外活动时，他们会更开心，精力也更旺盛。当家长示范孩子如何自己穿外套或收拾玩具，投入时间教导孩子如何独立时，孩子就能更成功地适应课堂，更加自信地面对老师。

家长会召开10年以来，能够和这么多家长合作并学习他们的经验，实属我们的荣幸。本书收录了我们小组中很多家长提出的建议——这些都是实用、有效和久经考验的建议，来自那些已是"过来人"的父母。我们的目的是分享，而不是站在专家的立场上为大家建言献策。我们的专业知识完全建立在我们和孩子、家长及老师合作的经验上。我们不是什么心理学家，也不是医生。哪些方法在孩子身上行之有效，来自我们亲身的观察，老师和家长都关心哪些问题，则是我们悉心倾听后的发现。我们不是来给某派理念或理论摇旗呐喊的，我们主张的是脚踏实地，扎根于对儿童真正需要什么的理解，也植根于我们对"成年人怎么做才能给孩子最好的帮助"这一问题的洞见。我们俩加起来有59年的经验，我们自己的孩子，和我们共事的老师，还有学校里数以千计的孩子和家长，都是多年来我们观察、倾听和了解的对象，我们获得的经验让我们肯定了几件事——我们所认识的那些充满自信、擅于社交和智力过人的孩子，一定都得到了父母在以下这些方面的扶持：

- 无条件的爱。
- 对孩子的行为加以约束,也提出期望。
- 规定明确的日常作息。
- 家人经常一起吃饭。
- 允许孩子经历挫折和面对失望。
- 帮助孩子解决问题并使之变得更有承受力。
- 教导孩子尊重他人、有是非观念以及对自己的行为负责的重要性。
- 要求孩子懂礼仪,最基本的要学会说"请"和"谢谢"。
- 把家庭看作一个团队。
- 知道孩子成长过程中的所有能力都很重要,而不仅仅是学习能力。
- 培养孩子形成健康的分离习惯。
- 鼓励孩子独立并习得适龄的自理能力。
- 留出家庭自由活动的时间。
- 让孩子有玩的时间和空间。
- 限制课后活动的量。
- 要理解,学校固然重要,但家庭才是最重要的。
- 接受每个孩子都各有特点。
- 给孩子树立一个好榜样。
- 做有意思的事情,保持幽默感,并且心里明白,天下没有完美的父母。

你在本书中将读到的一切也都是以这些为核心的。

我们写作本书的初衷,并不是希望读者拿来从头到尾、一字不漏地学习一遍，而是希望在你有需要时，能有个参考。我们将这本书分为"学校"和"家庭"两部分，因为我们坚信，当家长和老师齐心协力时，当学校和家庭对孩子保持一致的期望时，就会给孩子的茁壮成长创造最理想的条件。在这里要交代清楚的是，书中提到的"这个幼儿园"指的是92街青年会幼儿园。虽然在整本书中，我们提到了幼儿园里的很多孩子，但为了说明我们的观点，我们改动了孩子们的名字并改编了很多故事。

我们希望，家长读了这本书后，能得益于书中所提到的实用智慧。对于我们的建议，不必全盘接受，而是挑选适合自己的加以应用。你才是孩子的启蒙老师，也是最能影响他的榜样。对于孩子而言，3~5岁是为他们的智力、社交和情感发展奠定基础的魔法阶段。但是，对于孩子需要什么，父母又可以做些什么来扶持这种成长，并没有什么所谓的魔法。这用不着什么专门训练，不需要给孩子报名参加额外的课程，也不需要让你两岁的孩子上"对"学校。在前文我们列出的几点里面，你能做的两件最重要的事，就是无条件地爱你的孩子，并对他们加以管教约束。我们相信每一位家长都能胜任这两件事，但是你不必单枪匹马地行动。家人、朋友、老师以及任何你信得过的人都可以和你同甘共苦，踏上这段不断延伸、不断演变的育儿探险之路。

第一部分

学校

第一章

择校篇：
如何选择早教班？

从孩子蹒跚学步的那一刻起，甚至更早，你可能就听到家长在儿童公园津津有味地议论着周围的各种学前班了。如果你是第一次考虑这个问题，你可能会觉得就像接触了一种全新的语言：兄弟姐妹的连带名额、传统教学还是创新教学、各种截止日期、名额竞争、入学申请，还有最让人费解的孩子面试。一时间，所有人都就这个问题各抒己见，而这些看法通常又建立在他们从别人那里听来的小道消息之上。即使这些父母看上去一副消息很灵通的样子，其实也和你一样感到茫然困惑。初为家长的你，可能对学前班毫无头绪，自然会有许多问题：考虑送孩子去某个学前班之前，我到底需要了解什么？不同学校之间有什么区别？这所学校的教育理念是什么，而这些理念又意味着什么？如何定义一个高品质的学校？

　　情况并不是一直这么复杂。我们成长于20世纪50年代，那时很少有孩子上幼儿园。那个年代，很多母亲（包括我们自己的母亲）都是全职妈妈。因此，没有必要在孩子很小的时候就送去学校，大家普遍都没有这种需求和想法。总而言之，那个时候，孩子的童年要从容得多，没有现在这种要领先一步的压力（来自现代社会的压力），大家都认为孩子5岁开始体验学校生活是个恰当的年龄，而幼小衔接[①]可以帮助孩子学习从家庭过渡到学校的技能。

[①] 幼小衔接一词在此处对应的英文是kindergarten，在年龄上对应中国的幼儿园大班，但不同于中国的是，美国通常将kindergarten划入小学的起始年级，作为幼儿园和小学一年级的过渡期。——译者注

在20世纪70年代末,当艾伦的大女儿爱丽丝快满3岁的时候,情况就发生转变了。从孩子3岁开始,在幼小衔接前就送孩子上学成了普遍现象。这种转变有几个原因。首先,更多的妈妈走出家门,开始工作,与其让孩子整天和保姆待在家里,父母宁愿把孩子放在一个可以激发他们成长的社交环境中。其次,关于幼儿大脑发育的研究揭示了孩子5岁以前的学习潜力,因此家长觉得,如果想让孩子的潜力得到充分的开发,就应该把握好5岁前这个关键期。早在20世纪初,幼儿园就已应运而生,到了70年代末,更多的幼教班更是如雨后春笋般涌现,尤其是在城市。对于艾伦来说,爱丽丝的入园过程非常简单。她在社区周围考察了一遍,找到一个她喜欢的学校,又和园长做了一次比较随意的面谈。短暂的交谈之后,园长问艾伦想给爱丽丝注册上午的课还是下午的课。孩子就这样入园了——没有申请,不需要参观学校,也不必面试。

4年后,当南希的大儿子迈克尔快两岁时,情况又不同了。那时,纽约市的许多学前教育机构办起了幼儿班,这是因为有些家庭想在3岁前就送孩子上学。所以,等迈克尔两岁零两个月的时候就可以入学了。这类课程越来越受家长青睐,也意味着开始有了正式的申请流程。迈克尔必须通过面试才能入园。在迈克尔入园前的那个冬天,也就是他18个月大的时候,他经历了人生中的第一次"面试"。孩子要面试,这让南希非常紧张。虽然让一个1岁半的孩子接受任何形式的评判听上去都很荒谬,但不管怎么说,南希还是希望能得到老师和园长的认可,认为迈克尔完全符合入学的要求,事实上,她内心希望别人觉得她的孩子是十全十美的。

到了面试那天,南希把还在午睡的迈克尔叫醒,以便准时到校,但这样做影响了孩子的情绪。到了学校后,南希和迈克尔被安排到一间教室,那里有几位老师和园长正在观察一组孩子做游戏。他们一走进教室,迈克尔就发现了一个兔子笼,笼子上挂着一根胡萝卜。迈克尔最爱吃胡萝卜了,他一把抓起那根被啃了一半的胡萝卜就往嘴里送。南希忙说:"不要啊,宝贝儿,那是给小兔子吃的。"迈克尔开始号啕大哭,南希一下子乱了阵脚。为了不让儿子又哭又闹,南希索性把胡萝卜给了他。很显然,她更关心的是迈克尔能否在面试中有良好的表现,而不是他会不会被兔子传染什么疾病。

后来,每逢南希对一些正在申请把孩子送来92街青年会幼儿园的家长讲起这个故事时,总能博得很多家长同情的笑声。在迈克尔被学前班录取的25年后,纽约市优质幼教机构的名额竞争比以前激烈了10倍。可申请的名额早已供不应求,导致很多热门学校的报录比竟高达10∶1。对家长来说,学龄前教育已不再是赋予孩子的一个好机会,而是绝不能少的必需品了。这不只是纽约的特例。在许多城市和地区,令人望而生畏的学前班招生流程已然被传奇化,以至于有的孩子刚一出生,家长就开始着急报名了。曾经,艾伦只要和园长聊聊天,爱丽丝就能立刻入园,而如今,那种简单直接的招生流程已经一去不复返了。

我们从事早教工作25年来,幼儿家庭面临的竞争压力越来越大,可谓这些年最显著的社会变化之一。自从我们的孩子成为学龄前儿童,社会对于婴幼儿大脑发育的重视与日俱增,催生了当今面向家庭的形形色色教育产品和课程产业。从积极的方面来看,这些琳琅满目的高品质教育课程,为幼儿提供了很好的服务。现在的幼教老师都是训练有素的专业人员,还有全国性的组织专门帮助他们提高专业素养。然而不利的是,这也让家长压力陡增,他们竭尽所能地为孩子提供一个"尽可能理想的人生起点",无论如何都不能掉队。比如有些家长给我们寄来的孩子的简历长达两页,上面罗列着两岁孩子上过的各种课程,足见他们的用心良苦。虽然这些婴幼儿课程的确可以给孩子带来乐趣,激发他们成长,但我们认为把过多的活动课程化,不给孩子留出单纯玩耍和探索的时间,无助于他们为日后的学习做出更好的准备。

现在,人们过度重视送孩子去哪儿上学,而根本不关心这对孩子来说到底有何益处。对于很多家长来说,申请学前班的整个过程可能很痛苦。争夺有限的名额让你感到心情焦虑,被人评头论足,又容易打击自信,而对于结果更是无能为力。你所渴望的无非是把最好的提供给孩子,可现在的形势已经让你感到不知所措。记住这一点也许会对你有所帮助:任何环境都能让你的孩子受益匪浅。无论你送孩子去哪个学校启蒙,那些核心的学习体验,例如与其他孩子的社交,学习听从老师的指示,都是殊途同归的。对本地区的学校进行仔细和周全的考察是很重要,但请永远铭记一点,你才是孩子成长和发展过程中最有影响力的因素。一项高品质的儿童早教课程可以加强孩子的体验,但作用也仅此而已。

高品质的早教课程能够做到的是:

- 为孩子提供一个安全和快乐的地方,让他们度过孩提时光,这里的所有东西都按照孩子的尺寸布置,节奏和语调的把握都以孩子为中心,他们能在这里学到有启发性和有趣的知识,并结交朋友。
- 帮助孩子迈出走向独立的第一步——学习如何离开父母的身边、如何成为集体的一员、如何与其他小朋友一起做游戏、如何倾听,以及如何接受老师的指令。
- 帮助孩子掌握必要的技能,增强自信心,为下阶段的学习做好准备。

高品质的早教课程无法做到的是:

- 保证孩子日后取得成功。
- 取代你在孩子成长过程中扮演的重要角色。
- 完全替代你来陪伴孩子。

如何选择学校进行校访？

在你开始考察周围的学校，准备安排校访之前，可以先咨询一下学校是如何进行自我定位的，这会很有帮助。很多学校都有宣传册和书面材料，还有很多学校有自己的网站。学校的教育理念肯定是一个重要的考核因素，还有一些更实际的问题也需要考虑。例如，如果你的工作繁忙，那些要求你按照固定日程和孩子一起参加活动的学校，就不必考虑了。如果你有一个大一点的孩子在另一所学校就读，建议你把年幼的孩子送到大孩子附近的某个学校，以免在两所学校之间奔波。

找学校时，你可以从以下这些问题出发来考虑和观察各个学校：

- 学校有着怎样的教育风格？
- 通常孩子在学校的一天是怎么安排的？
- 学校什么时间开放？可以提前送孩子去或者延长孩子的在校时间吗？
- 孩子是如何（按年龄、混龄、智力发展阶段）分班的？（我们认为分班的方法没有对错之分，只要你和学校觉得适合你的孩子就好。）
- 学校是如何让孩子和父母分开的？是慢慢来还是更果断？是

希望家长短暂陪伴一阵还是迅速撤离?
- 学校如何对待纪律问题?
- 你的孩子是否会参加集体活动?
- 学校如何对待孩子们的学习差异化和特殊需求?
- 学校是否带有宗教色彩?
- 家长如何参与学校活动?
- 学校如何照顾在职家长的时间安排?
- 学校采取怎样的招生流程(先到先得、面试、听从于某个宗教或社区组织)?
- 学校文化是否多元化?
- 学校的学期和假期是如何安排的?
- 在该校上学的孩子住在哪个片区?
- 有校车接送吗?
- 有针对兄弟姐妹的入学政策吗?
- 如果有必要,是否可以让孩子多上一年学前班[1]?(很多学校要求孩子必须在当年12月底之前进幼小衔接班,但必须满5周岁或快满5周岁。如果有这样的要求,而你的孩子正好出生在秋天,你会发现他不符合最低年龄要求,因此需要多上一年学前班。提前了解一下幼儿园是否能照顾这种情况。)
- 孩子从幼儿园毕业后有哪些升学选择?[2]

---

[1] 学前班一词在此处对应的英文是preschool,在年龄上对应中国的幼儿园中班。——译者注

[2] 许多家长担心如果他们不把孩子送进某所特定的幼儿园,就会降低以后孩子被私立小学学前班录取的概率。20年前可能是这样,但是现如今,学校的招生政策已经发生了改变。私立学校寻求多元化的生源,被一所学校录取,不保证另一所学校也会自动录取你。事实上,招生办主任常常向我们夸耀,他们学前班的生源来自25个幼儿园。

- 学费是多少? 还有额外费用吗? 如何按照在校时间长短调整收费?
- 学校是否提供助学金?

参观学校

要了解一所早教学校是否具备高品质，唯一的原则就是——眼见为实。亲戚朋友的建议、人们在公园长凳边的闲话、网上群聊、广告或宣传册能告诉你的信息仅供参考。在做出判断之前，你要亲自考察一下这所学校，并和那里的工作人员聊一聊。大多数学校都有专门的开放日供家长参观。重要的是，你要根据每所学校自身的情况来评估，并去了解各校的具体做法和政策。要记住，你的背景、价值观、期望值和你对自己孩子的了解，都会影响你的偏好(和偏见)。

在参观学校时，你可以问问自己以下这些问题，这将帮助你定义何谓高品质的学校。

场地和用具

- 教室是否整洁、光线充足,是否所有孩子都有足够的活动空间?
- 教室里的家具是否摆放有序、维护得当?
- 水槽和厕所是否方便孩子使用?
- 教室里的材料是否收拾得整齐有条理,方便孩子拿取?
- 是否可以看到积木、书、玩具和美术创作材料?是否设有科学角、水沙台、小剧场、柔软材料区,以及孩子可以安安静静活动的场所?
- 布告栏上是否会陈列孩子的美术作品?
- 有没有地毯区?
- 有没有供孩子存放个人物品的空间?
- 户外是否有供孩子攀爬、骑车、平衡和单独游戏的设施?
- 户外是否有围栏保护?
- 攀爬设施下面是否铺有橡胶垫或木屑等安全地面材料?
- 是否有球及其他供体育游戏时使用的道具类设施?

孩子和活动

- 课堂上，孩子看起来是否开心并投入？
- 孩子看起来是否忙碌并有目的性？
- 教室里的音量是否令人舒适？（最理想的教室里应该有一种忙忙碌碌的嗡嗡声，但又不能太吵，孩子们可以小声地交流。）
- 孩子主导和老师主导的活动是否分配平衡？
- 安静时间和游戏时间是否均衡？
- 孩子是否有个人时间、小组时间和集体时间？
- 班里是否制定了周全的作息时间表，可以从一个活动顺利过渡到下一个活动？
- 孩子是否可以自主使用各种材料进行自由探索？
- 孩子是否每天都有一次户外活动？
- 课程设置是否包含能提高孩子音乐和运动能力的内容？
- 活动安排是否为孩子提供了培养语言和社交技能，数学、科学、运动和绘画技能的机会，并给他们提供了拼图、玩具小木钉、乐高等可以动手的玩具？
- 学校是否教导孩子要尊重大人、尊重其他孩子、爱护学校的财产？
- 学校是否鼓励孩子的创造性表达？

老师和管理人员

- 老师在和孩子相处时，是否热情而友好？
- 老师有没有倾听孩子，并用一种吸引孩子的语气与他们交谈？
- 园长看起来是一个你乐于与其沟通的人吗？
- 管理人员是否乐于助人、做事有条理、有求必应？
- 老师具备什么样的资质？他们是否有幼教资格认证？
- 老师在学校工作多久了？
- 老师是否面带微笑，并在和孩子说话时做到平视孩子？
- 这里的员工更替是否频繁？
- 这里的教职工是否定期就学校工作进行学习和回顾？
- 老师是否定期和家长沟通？沟通的频率及形式是怎样的？
- 老师在设计课程时，是否考虑到了各个孩子年龄、发展水平和能力上的个体差异？

和家长的沟通

- 学校是如何与家庭进行互动的？学校多久召开一次家长会？如果家长有问题或顾虑，该如何向老师或园长反映？
- 学校是否向新生家庭提供有关学校的书面信息？
- 学校是否提供家长手册说明学校的校规政策？
- 学校是否以书面形式提供孩子的课程表或者说明孩子一天的活动安排，并附上有关课程教育理念的详细介绍？
- 是否有专门为家长设立的信息通告栏？
- 学校是否欢迎家长来校探访/参与课堂活动？
- 学校是否为家长提供必要的社区资源（身心健康和社会服务）介绍？
- 学校是否尊重每个家庭的隐私？
- 学校是否尊重文化差异？学校是否欢迎各种背景的家庭？学校是否庆祝不同的宗教节日？学校的书籍、玩偶或海报等材料是否体现了多元的文化？

健康与安全

- 学校是否将每个孩子的健康记录和应急信息都留档了?
- 老师是否了解自己班上各个孩子的健康和安全注意事项?
- 针对严重过敏的孩子有没有一套应对方案?
- 在意外受伤、火灾和需要疏散的情况下,是否有一套明确的应急措施?
- 紧急联系电话号码是否张贴在电话机旁显眼的地方?
- 学校对孩子的病假和考勤是否有明确的规定?
- 学校是否有一套每天到校和放学的接送制度?
- 孩子在学校是否有人一直监管?在开展校外活动时,学校怎么监管孩子?
- 学校里有哪些人员接受过小儿急救和紧急情况下的心肺复苏技能培训?
- 学校所使用的车辆是否有适当的牌照并做过相应的检查?
- 学校在厕所里是否张贴了提醒孩子和大人洗手的标志?
- 学校是否要求孩子准备一套可替换的衣服?
- 学校的甜点和饭菜是否有营养并且品种丰富?食物是如何储存和冷藏的?
- 全日制的孩子是否有午休时间?每个孩子都有自己单独的小床或垫子午休吗?

在此想提醒大家的是，如果你把所有这些问题都一股脑儿摆到某个学校的管理人员面前，别人可能会觉得你是一个盛气凌人的家长。因此，我们建议你选择那些对你和孩子来说最要紧的问题来问。

第二章

入门篇：
什么是学龄前教育？
为自己和孩子找到方向

当你找到了一个称心如意的早教班,并且孩子也入学了,你就可以翘首期待新学年了。在9月即将来临之际,你的孩子也正处于一个转折点,会迎来惊人的成长和发育。当你把孩子送进了一个高品质的学校,就相当于提供了一个专门为他这个年龄的孩子所设计的环境,在这里他每天都有探索、玩耍、创造和互动的机会。无论是在更大范围的社会交往中崭露头角、发现新的独立性、培养生机勃勃的创造力,还是在操场上的攀吊单杠上掌握回旋摆动的能力,孩子方方面面的技能都会在学校里得到培养和鼓励。

在家长和老师看来,孩子在刚入学头几年取得的突飞猛进的进步和成长,是最让人感到欣慰的。这也是我们热爱这一职业的原因。我们从事幼教工作已经25年了,现在每天看着孩子探索成长仍会让我们激动不已。在他们幼小的生命中,这个阶段有太多的东西要学。前一天,孩子还不会用剪刀剪纸,第二天他就一下子会了。一本书孩子翻来覆去已经听了很多遍了,突然之间,他就领悟到了其中所传达的信息:"我知道亨利为什么那样做了,因为他不想让他的朋友难过。"有的孩子以前只愿意自己玩,但当他看到周围其他小朋友在玩过家家的时候,也加入了游戏。有的孩子终于学会了自己从凉壶里倒果汁,哪怕在练习这个动作的过程中果汁洒得到处都是,需要老师或家长帮忙擦干净,孩子脸上也会流露出自豪。每一天在校的学习,对于孩子和老师来说都是新的启示和新的收获。

即使在学校遇到了挫折,孩子的学习也不会因此而中断。我们经常告诉家长,孩子在学校里度过的最糟糕的一天,往往也是他收获最大的一天。如果朋友不愿意在操场上带他一起玩，他可能会不高兴，但他也学到了一点，那就是如果想和别人一起玩，他就得放弃对游戏的控制权。如果别的孩子在玩搭乘火箭飞船的游戏，而他却没有轮上，他会学着转移注意力去画一幅画。如果某一天早上他和妈妈告别时伤心哭泣，但妈妈在他听完故事后就准时来学校接他，第二天他就发现和妈妈说再见不那么难了，因为他知道一定会再见到妈妈。在安全和有集体氛围的课堂里，孩子学会了如何克服冲突和困难，为日后的学习和交往奠定了极好的基础。

新学年伊始，你的第一次家长会是你了解孩子在入学初期会经历些什么的好机会。所谓家长会就是家长和老师见面、参观教室、了解学年安排。老师会介绍课程安排、日常作息、一天有哪些内容、本学年有什么目标、有哪些丰富孩子课余生活的活动（如音乐和运动）、孩子要从家里带些什么来、入学最初几周会有什么安排以及家长和老师沟通的最佳方式和时间。这对老师来说也是一个极其重要的场合，因为这是老师仅有的一次可以向家长集体传达教学理念和本学年目标，并给家长留下良好的第一印象的机会。千万不要小看家长会上你的一个友好微笑带给老师的鼓励。虽然老师早已习惯和一大群孩子交流，但一屋子的成年人往往会让人心生怯意，哪怕是最有经验的老师也不例外。艾伦刚接手工作时，一开家长会她就要找一张椅子坐下来，因为她的膝盖抖得厉害。许多老师都分享过一些噩梦般的经历，比如家长在老师讲话的过程中呼呼大睡，或者老师讲到一个观点时，某个家长的手机响了。南希回忆说，有一次一个爸爸的手机响了，他就在教室里接起了电话。对老师来说，你的全神贯注是对其起码的尊重。你的专注表明你是在为自己孩子的最大利益着想。

家长会上，我们会和其他老师一起竭尽所能，为家长揭开学校生活的神秘面纱。我们相信，家长越是了解学生在课堂上做些什么，就越有能力帮助孩子适应课堂并茁壮成长。当你了解了学校的具体安排，你就能更胸有成竹地帮助孩子适应过渡阶段和整个在校生活。当孩子带回家一幅看上去有点奇怪的棕色颜料画，你也能体会到他在这幅画背后付出的努力。当孩子一边翻着书一边给你绘声绘色地讲述书里的故事，你就知道他已经向自主阅读迈出了第一步。当孩子告诉你在学校里轮到他帮老师发点心的时候，你就可以期待他在家里帮忙布置餐桌了。当你体察到学前班一天的课程设置及活动安排背后的深思熟虑和良苦用心，你就能更好、更充分地与孩子共同成长。本章的目的就是帮助你实现这一目标。

课程设置

你可能听过老师用"课程设置"这个词来形容学校教学的内容。就早教班而言,课程不仅仅指学业安排。广义上它包含孩子在校一天的学习过程中所做的所有事情,包括到校时间、故事时间、点心和放学时间。每个学校都有自己的课程设置,各校的具体内容也不尽相同。但无论你的孩子在哪所学校就读,有些核心要素是相通的。

在校的五大核心学习体验

无论你的孩子在哪里就读,都会在学校习得五种核心体验:如何离开父母,如何成为集体的一员,如何与其他孩子交往,如何更加独立,以及如何遵守作息规则。

1. 离开父母

孩子离开父母来到学校时,就是他们学习独立自主的开始。在教室里,他们可以选择和谁一起玩、是画画还是玩拼图、是自己一个人玩还是和朋友或老师一起玩。孩子从这一经历中学到自立,更清楚地认识到自己是一个个体,从而赋予他独立的意识,并让他有信心适应家庭以外的生活。

2. 成为集体的一员

在教室里,孩子意识到世界不仅仅是"就我自己"或"只有我和家人",而是一个更大的空间。当孩子加入"紫色教室"或成为"苏西老师班"的一员时,他会形成一种自我认知,对自己和自己在世界中的定位有了更开阔的视角。虽然在早教班中,孩子接触的老师更多,但他也开始习惯成为众多孩子中的一员。

孩子在学校首先学会的一件事是,他们的个人需求可能无法得到立即满足,想要老师一对一的关注,他们必须等待。这意味着他们必须遵守课堂秩序,倾听别人发言,并等待轮到自己时再说话。(如果父母总是默许孩子随意打断别人,或者对孩子的所有请求或需要都立刻回应,那这个孩子就会很难适应学校的要求。)

任何一个集体都需要树立规矩。如果没有一以贯之的规矩,一个老师就不可能管好15个3岁的孩子。任何一个幼教工作者都会告诉你,有明确的课堂纪律其实对孩子很有好处。孩子还会经常向老师报告某些同学的违纪行为,其实这并不完全是"打小报告",而是幼儿学习和巩固这些纪律的方式。当老师请4岁的孩子制定一套课堂纪律时,他们通常会列出一长串的清单内容。孩子往往会比老师较真得多,这是天性使然。

以下是幼儿园4岁的孩子制定的一些规则:

- 和你的朋友友好地玩耍,打架是不好的。
- 跑来跑去玩怪物游戏是危险的。
- 绝对不可以动拳头,推人、打人、踢人、掐人、捏人、揪人头发和咬人。
- 尽量想办法让大家可以一起玩。
- 即使不愿意,也一定要讲真话。
- 任何时候都要听老师的话。
- 不要打小报告——要想办法解决问题。
- 不要嘲笑别人的错误。

- 说话时音量适中。
- 不玩暴力的游戏。
- 找别人要东西的时候，要问，不要抢。
- 不能取笑任何人。
- 不要推倒别人搭的东西。

3.社交

早教期的学校经历会让儿童的社交能力突飞猛进。教室的环境让孩子了解到自己的言行会影响其他孩子和老师。教室环境的设置为孩子提供了充分的学习分享和轮流玩的机会——毕竟，即使一个教室里有15辆蓝色的玩具小卡车，可以分给15个3岁的孩子玩，萨姆和乔伊也会为了争夺同一辆蓝色小卡车而大吵大闹。当孩子懂得学习运用适当的社交方式，而不是靠打人、抓人或哭闹来表达自己的需求和感受时，他们基本的沟通能力也就在这个过程中逐渐培养起来了。

老师会要求孩子听从成人的指令，并使用尊重他人的语言。当孩子找老师提要求："再来点果汁！"老师会教他对人说"请"字，然后才会把果汁给孩子。试想，如果家长也同样要求孩子这样做，那对孩子的帮助该有多大。

随着孩子不断成长，他们的社交能力也在与日俱增。他们学会了与人合作，大家为同一个目标而齐心协力。他们开始理解友情是相互的。他们有能力帮助有需要的人、对自己的行为负责，开始表现出同理心。随着语言和社交能力的提高，他们也学会了妥协和使用语言来独自解决冲突。

4.独立性

孩子上学的这段时间，是他们开始学习掌握各种自理能力的过程。

三四岁的孩子在学校里应该具备的自理能力包括：

- 脱下自己的外套，并把外套挂在衣钩上。
- 穿上自己的外套。
- 脱掉和穿上鞋袜。
- 从凉水壶里倒水。
- 帮忙摆桌子。
- 把自己的餐盘从餐桌上收拾走。
- 坐在餐桌旁吃饭。
- 收好玩具。
- 洗手。
- 上厕所时整理自己的衣服。
- 上厕所时学会自己擦拭。

如果在家时有人教过孩子这些技能，那么在学校里孩子一般会更自如和更自信。让我们一直很惊奇的是，很多家长会送孩子去学小提琴或打网球，却不愿花时间教他们穿外套和收拾玩具这些最基本的技能。

5.作息安排

在校时间安排的原则是让孩子动静结合、作息平衡，这样孩子就会有足够的注意力和精力参与全天的活动。一天中，孩子会有机会参加大组、小组和个人的活动。

学校每天的日程安排、活动组织和作息程序对幼儿来说非常重要。当孩子能够预知这一天将按什么顺序进行，以及接下来会有什么安排时，他们就会感到安全和有保障。老师不是说"我们11：30吃点心"，而是告诉孩子点心时间安排在户外活动时间之后。（这个年龄的孩子对钟表上的时间毫无概念。）如果老师胆敢调换今天活动的顺序，孩子们一定会提出抗议。如果某个雨天把点心时间和户外活动做了互换，他们会抗议说："你忘了呀!点心时间应该排在户外活动的后面!"

孩子经常会全身心沉浸在游戏中,因此想要他们过渡到下一个活动之前,需要提前提醒他们。老师可以借助乐器、歌曲("我看了下手表,上面说什么?还可以玩5分钟!")、计时器或计数来提示一个活动快要结束了。

上学时间

每个学校都有自己的日程安排。

早上的课程表一般包括以下内容:

- 8:45~9:00 到校
- 9:00~9:30 自由活动
- 9:30~9:40 收拾整理
- 9:40~10:00 开班会
- 10:00~10:15 洗手
- 10:15~10:45 户外活动
- 10:45~11:15 洗手/吃点心
- 11:15~11:30 讲/听故事
- 11:30~12:00 活动(美术、音乐、游戏、拼图、玩沙子/水、过家家、搭积木、做饭)
- 12:00 收拾整理和放学

大多数幼儿园为3岁孩子提供3小时的上午课程或下午课程。对于这个年龄的孩子来说,这个时间长度最合适。3岁的孩子在3小时的课程结束时通常已经精疲力竭了,因为这些活动消耗了他们所有的体力和情绪储备。到了4岁，大多数孩子就可以接受包括午餐、午休、户外和其他活动在内的更长的日程安排了。

到校时间

在到校时间,老师会在教室门口迎接孩子。按时到校可以让孩子养成良好的习惯,并让老师和孩子知道你很重视上学这件事。如果孩子进教室迟到了,老师就无法抽身和他单独打招呼,而其他小朋友也都已经开始做游戏了。孩子可能会感到不自在,也更难融入其他小朋友。

在早上到校的这段时间,孩子可以学习到:

- 脱掉外套,并把自己的东西放进属于自己的小立柜里。
- 有礼貌地跟老师打招呼(看着老师的眼睛,向老师问好)。
- 离开家长(犹豫不决的孩子可能需要几分钟的特别关注)。
- 过渡到课堂活动。

自由活动

在自由活动中，孩子可以选择各种玩具和用具，既可以选择同别人一起玩，也可以自己玩。有助于学习合作的活动和用具包括积木、沙子、过家家游戏、美术创作和橡皮泥。有助于学习独立的活动和用具包括拼图、铅笔画、剪切、绘画，以及乐高或玩具小木钉等小型拼装材料。

自由活动是让孩子决定想做什么、想和别人玩还是想自己玩的机会，也是孩子试验和冒险的机会，可以帮助他们建立为自己做决定的信心。和其他孩子一起玩可以激发孩子的想象力和创造力，并提供使用语言进行对话的机会。孩子需要通过很多次的社会交往才能逐渐培养出会话交流的技巧。

收拾整理

每次活动结束后,孩子要负责把他们用过的玩具和用具收起来。老师通过分配任务、在需要的时候指挥、设计各种小游戏,让收拾过程变得有趣味。多数孩子都不愿意做整理工作。当听到孩子说"我太累了"、"我在家里不用收拾的,妈妈/保姆帮我做"或者"我没有玩过这个"时,老师会告诉孩子:"每个人都要把东西收拾整理好,这是规矩。"

有时,收拾玩具确实会让孩子觉得应付不来。毕竟收拾不是一个有固定程序的活动,在孩子眼里可能是乱糟糟没有头绪的。

为了帮助孩子集中精力完成整理任务,老师可以采取以下措施:

- 准备收拾前,提前几分钟告诉孩子。
- 分解步骤("首先我们把水彩笔的盖子盖好,然后再把水彩笔放进盒子里……")。
- 分配任务("斯蒂文可以收小汽车,杰克可以收小火车……")。
- 让这项任务有趣味并让孩子合作完成("你能找到5个正方形的积木并放到盒子里去吗?我去捡红色的,你可以捡蓝色的。在数到20之前,我们能把它们都放好吗?")。
- 为每一种材料指定一个带有明确标签的放置场所。

孩子在整理教室的时候学到的是如何爱护和管理教室里的物品。把所有的东西物归原地培养的是孩子的组织意识。他们从中了解了合作的价值，同时也建立起集体归属感。

班会时间

班会时间为孩子提供了另一个培养集体归属感的机会。老师通常会唱一首特别的歌曲，让孩子们围成圆圈，帮助他们确立对于集体的认同感。在班会时间，孩子会学习如何分享自己的想法并倾听他人，慢慢建立起在集体面前表达自己的信心。

老师会利用班会时间讲解新的概念、讨论当天的日程安排，并鼓励孩子互相称呼彼此的名字。有些学校会利用班会时间点名、分配课堂任务，或谈论节日和天气。老师会采用歌曲、手指游戏、运动等方式引导孩子听从指示、服从指令。

孩子在班会时间能培养自制力，学会保留自己的想法，等轮到自己的时候再说。他们能认识到如果所有人都同时发言，会破坏班级秩序。对于幼儿来说，等待发言是个充满挑战的任务，因为孩子会认为如果不能马上说出来，他们就会忘记自己想要说什么了。老师会告诉孩子："把这个想法留在脑子里，等轮到你发言的时候再说。"

户外活动

如果你问孩子最喜欢学校什么活动,他总会回答说:"我们在外面玩。"一天中的户外活动时间,孩子可以自己设置活动内容、实现自己的想法、掌握新技能和迎接体能挑战。这个年龄的孩子正处于快速的生理发育期,因此要给孩子足够的体能游戏时间。在户外,孩子可以学习跑步、攀爬、跳跃、接球、骑三轮车和保持平衡。他们还能学到如何通过合作和妥协来决定游戏规则,以及如何让自己融入和他人一起玩的游戏。

在户外玩耍时,孩子们的表现各不相同。有些孩子会立刻投入挑战他们体能的冒险游戏中,其他孩子则会小心翼翼地站在一旁观察,然后再去尝试。大多数孩子都清楚自己的体力,一旦准备好他们就会进行尝试。一开始,孩子可能会向老师求助,帮助他在操场的器械上从一个吊杠摆到另一个杠上。接下来,他就会坚持自己做。最后,当他能够独立从攀吊架一头摆到另一头时,他就会跳下并自豪地宣布:"我会了!"在校时间里,很少有其他机会能让孩子如此充分地挑战自我。一旦孩子掌握了这一新技能,他可能会不断地在架子上从这头摆到那头。这给他带来的成就感和自信心会进而传递到其他事情上。当一个孩子征服了某项新的体能挑战后,他会更愿意忍受挫折,更勇于冒险,并更容易坚持到底。

在户外活动时,孩子之间往往会在社交过程中产生矛盾冲突。有的孩子会说不想和另一个孩子玩。有些孩子会在游戏时把某个孩子排挤出去。

有的孩子可能在游戏开始后才加入，因而无法理解正在进行中的游戏规则。老师要帮助孩子掌握解决这些局面的方法来平息冲突。在这个年龄，按照什么样的规则玩游戏其实并不重要，重要的是孩子们同意遵守他们自己制定的游戏规则。

点心/午餐

就餐时，孩子要先洗手，也要一起摆桌子。在宣布点心或午餐时间结束之前，老师会要求孩子在桌前坐一会儿。一天之中，这是孩子可以用来和朋友及老师交流，学习实践餐桌礼仪的社交时间。老师希望这一年龄段的孩子可以说"请"和"谢谢"，坐在椅子上时双脚着地，以及闭着嘴巴咀嚼食物。如果家长在家也能这样要求孩子，那么对老师和孩子都会有所帮助。

对有些孩子来说，这是一个尝试新食物的机会。我们经常听到家长说："我家孩子从不吃蔬菜。"然而，当餐桌上的其他孩子都在吃黄瓜和胡萝卜时，对蔬菜敬而远之的孩子很可能也会试一试。

倒水是孩子热衷掌握的技能之一。老师会提供较小的或没有倒满的量杯让孩子学着倒水。水洒出来是意料之中的。老师事先会准备好纸巾，以便弄洒了以后帮助孩子学习怎么收拾。有时，孩子会因为水洒出来而不开心，所以很重要的一点就是要让孩子知道这没有关系，而且倒水是需要加以练习的。孩子要明白他们是有能力做到的。

在点心或午餐结束时，孩子要把餐桌收拾干净。

故事时间和读写活动

老师讲故事是一个层次丰富的活动。孩子学习在集体环境中聆听故事、分享心得以及延长注意力。故事时间让孩子体验到新鲜的概念、感受和价值观。无论是虚构、纪实，还是诗歌类题材，读书给孩子听就是带他们走进书本的海洋，了解书籍是信息、想象力和语言的源泉。孩子会了解到每个故事都有始有终，还有中间部分。他们学习如何回顾并预测情节。老师会通过提问激发孩子的记忆力，鼓励他们关注细节，并提高孩子的假设能力："如果他不再给胡萝卜种子浇水，你觉得会发生什么呢？"

早在孩子学会自主阅读之前，他们就已经能从书本中获得意义和乐趣了。听故事和看插图的过程使他们了解到，印刷的书是一种信息交流的形式。很多孩子都能记住他们反复听过很多遍的故事，并且倒背如流。有时，家长会告诉我们，孩子在"像模像样地"读一本最心爱的书，而这本书其实他早已熟记在心了。这说明孩子已经迈出了独立阅读的第一步。

大声朗读只是老师激发孩子的早期读写能力，并为以后的阅读和写作打基础的一种方式。典型的学前班会在教室里通过各种形式让孩子对文字耳濡目染。储物盒上会贴有孩子的名字，房间里各种物品和专用区都会有文字标识（"窗户""积木区""洗手池"）。孩子们通过游戏、歌曲和押韵儿歌开始认字。画画也能培养孩子为写字做好准备——孩子使用铅笔和水彩笔时用到的是写字时所用的肌肉和控制力。想象游戏能为孩子创造写字的机会，比如孩子在饭店游戏里假装记录下客人点的菜单，或是在医生游戏中假装坐在诊室里开处方。

在一个早教班的教室里环顾四周，你会看到老师采用了各种方式，让幼儿参与为阅读打基础的活动。这些精心策划的体验活动，可以帮助孩子的语言能力不断提升，提高他们处在萌芽阶段的读写能力。听、说、读、写相辅相成，是连续的发展阶段。

老师的工作包括：

- 使用丰富多样的词汇和孩子进行交谈。
- 每天朗读虚构、纪实及诗歌类题材的书，并在阅读前、阅读中和阅读后与孩子进行讨论。
- 讨论作者和插画家。
- 在教室里设置一个图书馆区，存放大量的书籍。
- 在墙上张贴各种时间表、工作表和日历等，供孩子"阅读"。
- 在教室各处为物品和专用区贴上文字标签。
- 开展一些诸如唱诵歌曲类的活动，提高孩子对语音的认知。
- 以书为参考，回答孩子的提问，让他们接触其他文化和传统。
- 提供文具（纸、水彩笔、铅笔等），供孩子写字。
- 在小剧场专区放一些纸制品，诸如菜单、标识或办公室便笺纸。
- 用图表帮助孩子记录他们的口述，写下孩子在班集体校外活动的经历、收获和心得。

这些只是早教工作者为奠定孩子的读写能力采取的部分措施。

父母如何培养孩子早期的读写能力

父母有很多方法可以教育和影响孩子,但没有哪一种方法能像朗读那样简单有效,又令人愉快。你只要找一些生动的适龄儿童读物,并花些时间专心致志地陪孩子读书就可以。朗读能拉近父母和孩子的距离,双方能共同参与一项既有乐趣又有知识性的活动,同时还能培养孩子对阅读的终身热爱。当孩子还在襁褓里时,你就可以开始和他一起读书了。当婴儿躺在你的怀中,听着令人平静的声音和有节奏感的语言,那可谓孩子第一次领略到阅读的滋味。结实的纸板书很适合大一点的宝宝,他们喜欢把书翻来翻去,对着图片指指点点,并在学习词汇的时候开始命名他们看到的东西。如果从一开始就养成每天和孩子共读的习惯,阅读就会成为你们日常生活的一部分,而父母和孩子都会期待共享这段时光。

研究表明,经常给孩子读书,能大幅提升孩子在识字的启蒙阶段具备三种及以上相关技能的概率。这些读写技能早在孩子学会阅读之前就已经开始成形了。能接触到各种阅读材料的孩子,就能掌握更娴熟的阅读技能。家长给孩子朗读并让他观察你阅读,会对孩子的阅读态度产生巨大影响。

朗读是一件随时随地都可以做的事。大多数孩子都很喜欢每天睡前读本书,或是在沙发上,或是在宽大的椅子上,依偎在父母身边。但并不是只在这些时候才能朗读。去公园或在车上,你都可以随身带一本书。在餐厅等餐的时候,身边有本书既可以打发时间,也可以鼓励静不下来的孩子在餐桌前多坐几分钟。书本并不是唯一可以读给孩子听的材料。盒子上的标签、路牌、杂志或报纸都可以拿来读,这会让孩子认识到文字和信息无处不在,很快他就会注意到印刷的文字,并开始指出来给你看。

如何选择读物呢?当你们一起朗读时,挑选你们都喜欢的书会很有帮助。在为幼儿选书时,一定要选插图的视觉效果引人入胜、色彩鲜艳的绘本。对幼儿来说,每页上文字不多、故事篇幅短小、情节简单的书是最好的选择。故事内容要足够简单,可以让孩子复述出来或自己"读"。随着孩子的成长，你可以选择情节更为复杂、每页字数更多的书籍。幼儿喜欢有节奏、有韵律，包含一些可预测的单词或短语的书，这样他们就能够预测情节并加入阅读。学龄前儿童的想象力生动丰富，选书时要抓住这一点——以动物为主人公或者充满幽默感的故事都很适合这个年龄段。孩子还对世界充满好奇心，要充分利用这一点，选择他们有强烈兴趣去了解的人物、地理、事物或信息专题。有些书能帮助孩子巩固他们正在学习的新事物和新概念，诸如关于颜色、形状或数字的书也是孩子喜闻乐见的。还有些书涉及脱尿裤训练、家里新添了弟弟妹妹、去看医生或开始上学等主题，这都是幼儿容易理解，并能帮助他们培养新技能的书。你可能会发现一些你小时候喜欢并至今还记得的书，这些书通常也会成为你孩子的最爱。

你选好了准备给孩子朗读的书后，有很多种办法可以让你和孩子从中汲取更多乐趣。在读一本书之前，先把这本书浏览一遍，并准备好给孩子反复讲他最喜欢的书，这些做法都很有帮助。孩子热衷于重复，他们喜欢心爱的故事给他们带来的熟悉感。

在朗读的时候，你可以这样做：

- 一起看看封面，并为孩子介绍书名、作者和插画师。
- 慢条斯理地读。放慢节奏有助于孩子对故事进行思考，酝酿问题。
- 绘声绘色地朗读，用不同的声音演绎每个故事角色。
- 坐在孩子也可以看到插图的位置，如果孩子在听故事的时候喜欢一心二用（比如同时在画画），也不要感到吃惊。
- 允许孩子提问或更仔细地翻看插图。
- 鼓励孩子通过翻页或预测后面的故事情节参与阅读。
- 在阅读时，边读边用手指点着文字。

- 如果孩子看上去兴致索然或注意力涣散，可以稍后再试或另选一本书。
- 一定要把书放在孩子很容易够到的地方。

如果父母和孩子一起朗读时，把这变成了做习题和练习时间，或者试图把这当成让孩子认字的机会，那孩子听故事的兴致或者理解一本书所带来的乐趣就荡然无存了。

最后，当孩子确实掌握了阅读，也请不要停止朗读。孩子可能会为自己能够独立阅读而感到兴奋不已，但随着年龄增长，他们仍然希望有人给他们讲述自己还无法读懂的书。小学年龄的孩子会热衷于听你讲各种各样经典的冒险故事。在南希的女儿艾丽莎上大学前，她拾起了童年最心爱的绘本，全部重温了一遍。当阅读走进你和孩子的生活，成为你们日常的一部分，就传达出了阅读的价值，并能在家里树立一种阅读文化，永远伴随着你的孩子。

游戏活动

在多数学校，活动时间既有教师主导的游戏，也有儿童自主的游戏，两者互相平衡。学校鼓励孩子参加各种各样有助于增强他们技能的活动。教室划分为不同的活动区域。教室里配有儿童尺寸的家具，整理好的材料就放在活动区域附近。还有各式各样有趣的可以激发儿童的创造力并供各个年龄段孩子使用的用具。这些用具旨在激发孩子的创造力、鼓励技能的培养并提升他们解决问题的能力。

积木游戏

积木是任何早教课堂都会采用的最重要的教具之一。积木怎么玩都可以——孩子可以自己决定搭什么、怎么搭。搭积木有助于孩子大、小肌肉能力的发育。通过搭积木，孩子开始了解诸如大小、形状、数量、对称、平衡、筛选、归类和空间关系等概念。积木也是教孩子如何解决问题和忍受挫折的理想教具。当一个孩子搭了好久的积木意外地倒塌了，你能想象到他会有多失望。这时，他就必须面对这个现实，重新再搭一次。当他搭的积木总是倒塌时，他就会在这个过程中获得很多磨炼自己和解决问题的机会。

当孩子们一起搭积木的时候，他们学习的是如何合作和吸纳彼此的想法。如果有三个孩子在搭积木，他们每个人对于搭成什么样都会有自己的想法。为了成功搭起积木，他们必须学会互相协商。达成共识和妥协变得必不可少。

通常情况下,孩子所搭的积木是他们日常生活的写照。比如一座房子或一所学校。如果有动物、小汽车或路标这些道具,他们就会把积木房子扩展成一座小镇、一个农场、一个动物园或一个车库的样子。这一过程会帮助他们了解自己去过的地方或经历过的事情。在"9·11"事件之后,我们看到很多孩子用积木垒成高塔,又反复把它们推倒。孩子这是在重建他们在电视上的所见所闻,并试图用自己的方式去解读。

过家家

在多数早教课堂里,你会注意到各式各样的鼓励玩过家家游戏的道具。这可能包括玩具厨房里的食物和炊具、桌椅、枕头、婴儿玩偶、房屋钥匙、角色扮演服装、工具箱、公文包、电话、电脑键盘、医生的用具以及收银机等。这些道具折射出一个孩子的世界,让孩子在教室里能够重建自己的家庭生活和体验。孩子们经常会扮成妈妈、爸爸、姐姐、弟弟、保姆、老师等。

这种过家家游戏可以帮助孩子理解他们周围的世界,也能激发孩子的创造性思维和想象力。孩子经常会通过角色扮演来理解家庭中的角色和人际关系,并据此应对恐惧和新的情境。如果家里最近又添了个宝宝,孩子一开始会拿起一个婴儿玩偶,用瓶子给它喂奶,呵护备至,然后转身就把它放进烤箱里。面对这种行为,我们无须大惊小怪。他其实是在用一种安全、适当的方式表达自己复杂的情感。

通过角色扮演,孩子有机会习得各种社交和语言技能,从而学会轮流、合作、妥协、解决问题、表达同理心、解决冲突。举个例子,有两个孩子在玩具厨房做游戏,他们都想给宝宝喂奶。问题是只有一个奶瓶。两个孩子都拼命抱住奶瓶说:"这是我的。我先拿到的!"随后,可能会出现以下情况:一个孩子可能会抢走奶瓶,另一个孩子只好被动接受、哭泣或者走开。他们可能会用打人、掐人或咬人的方式来表达情绪。此时老师会站出来，对孩子说："罗比，我看到你已经拿到了奶瓶。你给宝宝喂完奶以后，能不能让你的朋友阿比也喂一喂？阿比，等罗比喂完宝宝后，你能不能问罗比一声，让你也喂一喂？"通过这些互动，孩子能领会到语言和妥协的力量。

玩沙、玩水

如果你曾花时间观察过孩子如何在沙滩上玩耍，你就会知道他们有多热衷于拿沙子和水来试验了。湿漉漉的沙子从指间滑过，为孩子提供的是一种能够缓解情绪、令人平静和充满愉悦感的玩耍方式。研究表明，这样的感官体验确实可以增进大脑收集和组织环境信息的能力。

教室里，沙桌和水桌上会配套很多小道具，包括大大小小的杯子和容器、挖勺、漏斗、筛子和轮子。玩沙子和水的过程能够培养孩子合作和运用想象力做游戏的能力。他们在试验中观察因果关系——当孩子把东西扔进水里时，他会发现哪些会沉下去、哪些会浮起来。他把水倒在水轮上，就会知道水轮会因此而转动。他如果把水桶里的水倒进一个杯子里，水就会溢出来。倒水的动作本身加强的是眼手协调能力。在拿沙子和水做试验的时候，孩子会发现大小之间的比较和反差。在家洗澡也是一个绝好的机会，可以让孩子用类似有启发性的材料进行实验。

做饭

做饭这种令人愉快的活动教会孩子关于营养、数学、科学以及阅读起步的概念。按照食谱操作要求孩子有耐心，同时还能让他们体验到在现实生活中完成一项任务带来的满足感。通过烘烤一个简单的苹果派，孩子参与了计量、切割、搅拌、倾倒、听从指示和按照书面说明进行操作的过程。做饭使眼手协调得到了发展、加强了小肌肉运动能力，还调动了所有的感官。做饭也是向孩子介绍各种节日、文化和新食物品种的极佳方法。你会经常听到刚烤完第一个派的孩子欢呼道："这是我吃过的最好吃的派。我以前从来没有吃过这个，我真喜欢！"

美术

当孩子放学时，如果他浑身都是颜料，我们就知道他今天在学校过得一定很不错。对幼儿来说，美术可谓他们最重要的学习体验之一。美术赋予了孩子表达自己想法和感受的途径。得知自己有能力创造出一件独一无二的作品，会让孩子感到充满力量。创造对孩子来说是一种真正的乐趣。当孩子自己做出一样东西并为自己是作品的主人而感到自豪时，他实际是在建立一种强烈的自我意识。孩子需要有机会自主决定如何使用各种美术材料进行自由探索。在使用各种材料做试验的过程中，孩子学会了不断尝试、解决问题、勇于冒险以及做出决策。把孩子的美术作品陈列在教室里，可以让班上所有的孩子都知道他们的作品是重要的并受到了他人的重视。

美术创作可以给孩子带来纯粹的、有触觉体验的乐趣，对孩子充满魔力。挤压胶水瓶，让胶水在纸上形成一个小团让人感觉很新奇；黏土摸上去凉丝丝又滑溜溜，随便怎么捏都行；手指蘸上颜料后可以在湿纸上涂涂抹抹。这些体验既能让孩子感到放松，又能让他们学到东西。你要是观察孩子在画架前作画时的表情，就会发现他有多聚精会神——他在学习如何把画笔放进颜料里，同时在琢磨画笔上要蘸多少颜料、画笔会在纸上留下什么印记，要决定在纸上涂多大一块、用什么颜色，还要探索颜色混合后会发生什么现象。当孩子发现黄色和红色相遇会变成橙色时，就好像打开了一个全新的世界。随着他的技巧日臻成熟，要做的决定也会变得日趋复杂。如果他想画一幅全家福，他就要决定怎么把所有人都放到一张画里、每个人应该画多大、要把哪些细节画上以及背景要画成什么样。

如果你给孩子一些纸张、水彩笔、蜡笔、粉笔、油画笔、胶带、剪刀、黏土、橡皮泥、胶水、珠子和绳子，他们就会变得无所不能。我们亲眼见过学龄前儿童动手制作真人大小的人物形象、做小狗木偶、把纸折成信封和字母、为各种魔幻世界搭造有创意的容器，甚至设计出一款新的手袋系列。美术时间是孩子们互相启发并从彼此的创作中学习的过程。使用美术材料可以帮助孩子加强很多基本技能所要求的肌肉控制能力，包括使用铅笔或写字所需要的精细运动能力。在倾斜的画架上作画，可以锻炼孩子的大臂肌肉，同时也可以带动小肌肉能力的发展。

只有当孩子既不会受到衣服的束缚，也不用为弄脏一件别致的外套而担心时，他们才能真正投入使用美术材料带来的体验中。我们经常听到孩子对老师说："我今天不能画画了，我穿了一条新裙子。"如果孩子的穿着太讲究，他可能会满脑子都想着自己的衣服或者因为害怕弄脏衣服而不愿参与美术活动。即使给孩子穿上罩衣，在美术课上还是会弄得一塌糊涂，最后颜料总能莫名其妙地跑到罩衣没有盖住的地方。我们经常看到家长或照看人在放学时这样问孩子："你的衣服怎么搞的？这衣服是新的！这辈子都洗不干净了。"孩子听了会觉得很沮丧，传达给孩子的信息就是：衣服不能弄脏，这比奇妙而混乱的美术创作过程更为重要。很多时候，那个孩子会告诉老师自己下次不想再画画了。孩子应该穿着舒适的衣服上学，并知道大人不会因为他们的衣服沾上颜料或胶水而不高兴。

有时，孩子会从学校带回来一幅画，看上去就像一团棕色的点点。你可能很难想象这些棕色点点背后的创作过程，但要记住的是，孩子为此付出了非凡的努力。他先要画一条红色的线条盖住一条蓝色的线条，然后在那上面画一个黄色的圆圈，接着他就把画笔搁到一边，开始将自己的双手在纸张光滑的表面上从一边挪到另一边。一定要记住，孩子的美术作品是他个人认知的延伸，你的反应可能会鼓励他，也可能会打击他的创造力和尝试新事物的意愿。

如果孩子花了好几天制作一个纸板雕塑，根据自己的想法认真地给作品添砖加瓦。完成时，他为其感到非常自豪。老师问他是不是完成了，要不要把雕塑带回家。而孩子迫不及待地想在放学时拿给妈妈看。妈妈放学来接孩子时，老师就请她到教室里观赏孩子的杰作。孩子兴奋不已，满怀期待。而此时，妈妈的反应却是："这么大，我可怎么拿呀？"孩子的心一下子就碎了。这位妈妈没有对孩子的艺术创作给予正面的肯定，这等于传递出一个强烈的信息，那就是她并不欣赏孩子的努力，也不尊重孩子的作品。

你花时间和孩子聊他的创作，其实是在表明你重视并鼓励他的创造性。你可以把他最新的画作贴在冰箱上，或者把他的泥塑作品放在办公室里。这并不是要你把家或工作场所变成孩子的个人画廊。你可以时不时地更换作品，或者把他的素描和画作收起来放在一个作品集里。随着时间推移，你可以扔掉其中一些作品，这样空间就不会一直被占用。但是，一定要保留一些孩子的作品。我们的孩子在成年后依旧很喜欢翻阅他们早期的美术创作，这些作品可以帮助他们回忆起童年的时光。

虽然向孩子表达你的赞赏很有必要，但要做好这一点，就要避免过度夸奖。当你反复说"太棒了""很漂亮"的时候，你是在对孩子的作品进行价值判断。你在向孩子传递这样一种信息，那就是取悦你比让他自己高兴更重要。表达赞赏时要具体，比如"我注意到你把天空画成了紫色"。当你真心夸奖孩子的时候，孩子是能领会到的。另一个比较好的做法是不要问"这是什么"或者暗示孩子你对他作品的解读。你认为图上画的是一只小狗，其实这可能是你的一幅画像。换个角度，你可以用你看到的内容来启发讨论："我在想，这是你用什么做的呀？"

你还可以用以下几种方法和孩子讨论他带回家的美术作品：

- 和我说说你的彩笔画(雕塑、铅笔画、拼贴画)吧。
- 我看到你把整张纸都盖住了。
- 我注意到你留了很多空白的地方。
- 你创作的时候在想什么?
- 我看得出你在这上面花了很多工夫。
- 你花了很长时间吗?
- 我发现你在这里用了一个图案。
- 我注意到角落里画了个三角形。
- 你在这张图上用了很多波浪线。

不过,你没有必要做过多评论或是说太多话,那会让孩子无所适从。记住,对于幼儿来说,美术创作的过程本身比结果更重要。

音乐和动感时间

在音乐和动感时间,老师会运用音乐、歌曲、肢体动作和手指操等方式促进孩子学习自我表达、倾听、听从指挥以及集中注意力的技能。孩子天生热爱音乐,并且热衷于随着音乐摆动身体。音乐是一种有助于促进课堂凝聚力的极佳手段。歌曲可以用来帮助活动与活动之间的顺利过渡、营造氛围和发布指令。音乐在延长专注时间和提高倾听能力方面也效果显著。孩子们喜欢不厌其烦地唱同样的歌曲。他们在重复中不断学习,还能从一首耳熟能详的歌曲中获得安全感。歌曲也是表达信息的极好媒介。我们每个人都记得儿时学的字母歌,它深深地刻在我们的记忆里。

动感活动能增强孩子的身体意识、协调性、平衡感以及力量和灵活度。早在孩子开口讲话之前,他们就已经在通过身体探知这个世界了。诸如快慢、大小和形状这样的概念也可以在活动身体的过程中教给孩子。试想一下,当你把一个圈放在地上并要求孩子跳到圈里、跳到圈外、围着圈跳或者从圈上跳过去时,孩子会从中学到多少概念?

放学时间

在一天的学校生活即将结束前,大多数课堂都会开展某种形式的放学前仪式。也许是让孩子们坐在地毯上一起唱一首再见歌,又或许是回顾当天的内容或者计划第二天的活动。在离校前,孩子要收拾好自己的物品。为孩子准备一个书包能够帮助他更好地学会管理自己的东西。

家庭和学校之间的沟通:各司其职

作为一个学龄前儿童的家长,不可否认的一点是,你和孩子老师之间的沟通会比孩子整个求学生涯中其他任何阶段都来得频繁。同理,如果不能和家长建立良好的沟通,一个幼教学校就无法有效地满足幼儿的需求。家长是最了解孩子的人,也是他的启蒙老师。一个老师要想充分理解你的孩子,就必须就孩子的最大利益与你达成共识。

首先,老师需要了解一些基本的信息,比如你的家庭中有哪些成员?除了你,还有谁照顾孩子?具体来讲,孩子有哪些喜欢和不喜欢的事物?他敏感吗,有什么健康问题吗?家长告诉老师自己的孩子很害怕消防车的警笛声,或者当他听到自己的名字在大家面前被唱出来的时候会很不自在,又或者坐在大人腿上能给他安慰,这些都是很有用的信息。

和孩子的学校建立良好的关系要从相互尊重做起。你可以用平和的语气说话、有礼貌地互动以及倾听校方的观点。家长和学校意见相左的情况也时有发生,毕竟家庭和学校不同。重要的是,你和孩子的老师要保持沟通、齐心协力。如果和孩子的某位老师沟通起来有困难，你应该告知园长或校长。

开学前

开学前，你会收到很多表格和材料。通常，学校会要求提供健康表、授权书和紧急联系人信息。你可能还会收到一份学校的校历和班级名单。有一点很重要，就是你一定要养成及时阅读并回复学校书面通知的习惯。

学校会采取各种不同的方法来了解孩子的成长史、性情和个性。你可能要和园长面谈或者把这些信息写进一个概况表里。

学校需要了解孩子的以下情况：

- 语言发展（比如是否说其他语言）。
- 生理发育的里程碑，比如走路、说话、睡觉。
- 如厕训练。
- 家庭概况。
- 照看人的信息。
- 以前的学校或课程经历。孩子能比较容易地离开你的身边吗？
- 个性。孩子有哪些喜欢和不喜欢的事物？最喜欢的活动、对陌生环境和陌生人的典型反应、让他感到安慰或不安的事物是什么？

健康问题和过敏症

孩子往往会在入学的头几年里经常生病，这是很常见的。生病的孩子通常会闷闷不乐、无精打采，无法很好地参与学校活动。他还可能会把疾病传染给别人。年幼的孩子无法正确使用纸巾，也无法有效地遮掩咳嗽以保护老师和同学不被病菌感染。当比利用手搓着鼻子打了个喷嚏，然后摸了后来被艾米放进嘴里的玩具比萨时，第二天，艾米可能就感冒发烧了，需要留在家里。我们会提醒家长，在孩子身体不舒服的时候，一定要十分谨慎。如果孩子感到不舒服，应该让他在家休息以免传染给别人。如果孩子得的是水痘、链球菌、结膜炎这类的传染性疾病，要打电话给学校通知老师。孩子应该在症状消失后，能够充分参与学校所有活动的时候再回学校。

当孩子出现任何以下症状时，他们需要留在家里：

- 发烧。
- 流鼻涕。
- 咳嗽不止。
- 腹泻。
- 呕吐。
- 眼睛发红，伴有分泌物；睫毛发硬。
- 出现不明原因的皮疹。
- 烦躁、发脾气、行为反常。

过敏症在幼儿中较为常见，从轻微到危及生命的严重症状，程度各不相同。家长必须在开学前把孩子过敏的具体情况向学校一一说明。为了确保孩子的安全，要告诉学校孩子对什么过敏、有哪些过敏反应的症状以及合理的治疗方案。必须制订一个计划，让家庭和学校双方都知道在紧急情况下应该按什么流程去做。身为过敏孩子的家长，你可以做的是让孩子了解自己的过敏症、教他注意过敏原。通常，有过敏症的孩子有能力辨识什么东西能吃、什么东西不能吃，不会任性。

日常的沟通

作为学龄前儿童家长,一个特别之处是你会时不时地和孩子的老师打照面或打交道。这种沟通可能是在教室门口的简短对话,也可能是一张纸条、一封电子邮件或一通电话。当你有重要的信息要和老师分享,并需要5分钟以上的时间或者要求和老师私下交谈时,最好问问老师什么时间方便和你单独见面或通话。如果你一定要在教室门口说两句,那就尽量简要,不要期望老师会自动为你腾出时间,尤其是在开学的时候。当老师忙着和15个孩子打招呼的时候,家长如果问起"艾米莉在学校的表现怎么样",那么只可能得到一个笼统的回答——"很好!"老师的首要任务是把注意力放在孩子身上,要和你更详细地交流只能另找时间。

其他沟通方式包括学校的指南手册、张贴在教室外的家长通告栏以及带回家的校讯。这些都可以帮助你熟悉学校的校规、流程、人事和每一天的实用信息。校讯可能包括什么时候班级要组织校外参观了、你可以参加的节庆活动、学校的特别项目要求准备哪些材料以及你的孩子在学校学到了什么。阅读校讯并和你的伴侣或其他照顾孩子的人分享是一个好习惯。如果家长不花时间阅读从学校带回去的资料,学校的管理人员和老师会感到沮丧。我们建议你在家专门设置一个放校讯资料的地方(厨房台面、书桌、冰箱门等),供家里所有人阅读和参考。此后,当你问孩子"你今天在学校做什么了",而孩子却响亮地回答说"没做什么"时,你就可以参考校讯中的信息和他展开讨论了。

一种有用的做法是给老师写一张简短但内容具体的便条,比如告诉老师接孩子的人换了,或者孩子放学后计划在没有你陪同的情况下去找小伙伴玩。如果18个孩子的家庭计划都发生了变更,在没有书面通知的情况下老师根本不可能记住所有细节。另外一种比较好的做法是在你的家庭出现某种变化时告知老师。孩子很容易受到生活和家庭中各种变化的影响。可能导致孩子情绪波动并影响他在校表现的情况包括:家里添了新生儿、换了新的照看人、亲戚生病了、父母生疏等婚姻问题或搬了新家。和老师保持此类信息的沟通可以让孩子更好地从老师那里得到支持、关心和理解。举个例子，如果老师知道你出差了，他就会给你的孩子更多关注。

如果针对孩子正在经历的问题，你需要和老师沟通，或者老师需要向你反映他观察到的孩子的某个问题，你一定要认真地听取意见。你可以问问自己，你听到的是否符合你在孩子身上了解到的。对于老师的意见，你的第一反应可能是不同意，但要记住孩子在学校和在家的表现可能有着天壤之别。你可以尝试和老师一块儿集思广益、研讨对策。我们发现，当家长和老师对孩子的要求同步，并有计划地制定目标时，孩子基本上都会配合。一旦制订了计划，就有必要和老师继续保持定期的沟通，跟进孩子的发展情况，评估计划是否有效，是否需要调整。如果在和老师沟通的过程中遇到任何障碍，不要犹豫，可以找学校相关的管理人员谈谈。

和老师面对面的家长会

和老师面对面的家长会一般每年有两次：一次在秋季，一次在春季。第一次和老师面对面往往会让家长感到诚惶诚恐。对于多数家长来说，这将是第一次遇到家庭成员以外的人向他们"汇报"孩子的情况。很多家长向我们透露，他们觉得这好像是第一次收到自己的"育儿成绩单"。他们的感觉是，"如果我教子有方，那么孩子就会拿到一份优秀的报告"。我们告诉家长，这个出发点是不切实际的。孩子的成长轨迹中有太多变量，在家长会上老师不可能只谈论孩子出色的地方。老师的职责在于向你描述孩子在学校的进步，并和你一起制定目标，助推他接下来的成长。

家长可以记住一点，面对面的家长会往往也让老师感到惶恐不安。老师会为家长会投入大量的时间做准备。学校会专门留出一天的时间开会，因此你准时赴约、按时离开就是对老师和其他家长的尊重。如果你觉得和老师交流的时间不够，可以随时预约一个后续的时间深入交流。

家长会上通常会讨论以下主题：

- 孩子对学校的适应情况。
- 孩子在社交、情绪、生理和智力发展方面的概况。
- 孩子在自理能力方面的发展概况（如厕训练、吃饭、喝水以及穿衣服等）。

- 学校一天的安排以及孩子一天的表现。
- 这个年龄孩子的普遍发展情况。
- 孩子有什么样的学习方式。
- 孩子最喜欢的活动和特别感兴趣的领域(老师也许会展示孩子的作品样本)。

你可以利用这个机会提问,分享孩子在家里的相关信息和孩子对学校的看法。你应该提前思考一下自己有什么问题,并在家长会上畅所欲言,就涉及的所有问题要求老师进一步解释或举例说明。

家长经常会问以下这些问题:

- 孩子和谁一起玩?
- 他会在班会时间发言吗?
- 他和别人分享吗?
- 他听从指挥吗?
- 当他感到受挫或哭闹时,会发生什么情况?
- 他在自由活动的时候做什么?
- 他吃午饭吗?
- 有什么可以在家做的活动吗?

如何表达感谢

大多数幼教老师不是为了金钱或被认可才选择这一行的,而是因为他们希望能给幼儿及其家庭带来正面积极的影响。当你对老师说"谢谢"的时候，这是用一种虽然微不足道但很有意义的方式向老师表达你对他日常工作的感激之情。不同的学校在送礼方面有不同的政策，但是正如任何老师都会告诉你的，最好的礼物是一张表示感谢的小卡片或是一条表示肯定的反馈。

表达感激之情可以使用以下这些简单的方法：

- 告诉老师，孩子如何激动地向你汇报了他在学校做的某件事。
- 感谢老师带领孩子制作母亲节贺卡或是为感恩节烤南瓜面包。
- 早上送孩子上学时，戴上孩子在学校用串珠做的项链。
- 在学年结束时写一张感谢卡，告诉老师你有多感激他的关爱和辛勤工作。
- 教孩子拉上自己外套的拉链、把生病的孩子留在家里照顾、给孩子的衣服贴上标签、给孩子买连指手套而非分指手套（因为连指手套更容易戴），这些都能让老师的工作更轻松。
- 即使你上班已经要迟到10分钟了，也请对孩子的老师报以微笑。

如何参与学校活动

作为一名学龄前儿童的家长，你会经常有机会参与学校的活动。这是一个很好的机会，可以让你观察孩子在课堂环境中的表现，并在孩子的教育中发挥积极作用。你可能会受邀担任家长代表，职责包括定期帮助老师分担一些工作，并和其他家长进行沟通以满足诸如项目或活动材料等相关课堂需求。你也可能会受邀到班上来讲故事。如果你有某种可能会让孩子感兴趣的技能、专业或者爱好，你可以主动要求到班里去分享。多数学校都有家长协会，你可以通过办书展、做烘焙义卖或开展募捐活动等形式参与其中。你还可能时不时受邀协助老师组织班集体的校外活动。你也可能获得参加学校举办的育儿专题讲座的机会，讨论诸如兄弟姐妹之争、睡觉或纪律等问题。

我们经常提醒家长，学龄前阶段在孩子的一生中如白驹过隙。当这些机会来到你的身边时，不要错失参与的良机。如果你有机会和15个3岁的孩子一起去公园挖虫子，或是和孩子们一起去农场摘苹果，又或是和他们一块儿烤面包，请不要拒绝。当你的孩子日渐长大，老师就不太可能会如此地欢迎你了。孩子学龄前的这段岁月，你参与得越多，带来的收获也就越多，孩子也会因此而受益良多。

第三章

分离篇:
如何更轻松地说再见

新学年伊始，当新生家长和孩子们第一次步入幼儿园的走廊时，我们都会站在电梯口迎接他们的到来。孩子的脸上写着各种表情，有焦虑和迷茫，也有欢喜和兴奋。家长的表情也是各不相同，有的眉头紧蹙，有的眼含泪水，还有的洋溢着鼓励的笑容，这些都很常见。快要走进教室的那一刻，有些孩子会号啕大哭，紧紧依偎在家长身边；有些孩子则一头扎进了教室，连一句再见都没有；还有一些孩子会勇敢地抓起玩具，像抓着救命稻草一样紧紧不放，下嘴唇还直打哆嗦。

开学第一天，我们通常会在走廊里逗留一段时间，这倒不是为了安慰孩子（那是老师的工作），而是为了安抚家长。尽管多数家长都对开学的到来兴奋不已，但很多家长也发现，离开的时候会感到焦虑不安或矛盾重重。孩子一旦开始上学，他就脱离了你和家庭这个单位，逐步成为一个独立的个体。他人生中第一次鼓起勇气走进一个喧闹又忙碌的教室，而你无法掌控在他身上将会发生什么。你可能会担心孩子无法和老师沟通，表达他的需求，或是担心他哭了没有人会来安慰，又或者担心他会受欺负。在孩子即将踏入人生的新阶段时，家长感到局促不安是很自然的。

我们俩也都记得，当初孩子第一天入学要离开我们时，我们那种不安的情绪。在爱丽丝3岁入学前，艾伦从没把女儿交给除自己父母以外的人照看过。她当时以为爱丽丝会哭着紧紧抓住她不放手，因为爱丽丝遇到陌生的环境一般都小心谨慎。没想到爱丽丝带着灿烂的笑容大步流星地走进了教室，并向她挥手告别。目睹女儿离去的背影，艾伦哭了。她一直以来都十分担心女儿，却从没有考虑过自己会有怎样的感受。当艾伦意识到爱丽丝的世界正在扩大,不再仅仅局限于家和家人时,她感到无法承受,而放手这一举动令她的心中涌起了一股巨大的悲伤。爱丽丝的老师走过来安慰艾伦。老师不是在抚慰孩子,而是在抚慰家长!艾伦解释说,因为她从来没有离开过爱丽丝,真正分离时就特别难受。老师对艾伦说了一句让她终生难忘的话:"你和爱丽丝之间有着牢固的纽带,这是一条可以拉伸的、坚韧的纽带。"然后,老师告诉艾伦会没事的,可以走了,于是艾伦只得不情愿地照做了。几周后,艾伦发现爱丽丝对学校怀有一种天生的热情和钟爱,她的失落感也就慢慢变淡了。

南希的老大迈克尔开始上学的那会儿,她有一份时间上允许她早晨送孩子上学的兼职工作。迈克尔生性安静,南希本以为他需要一点时间才能适应学校。可她错了。迈克尔头也没回就走进去了。学校在教室外面放了一条紫色的长凳,孩子还处在适应学校新生活的阶段时,家长可以坐在那里。没过几天,老师从教室里探出头来对她说:"你现在可以走了。"南希完全愣住了。她原本计划"永远"守候在那条紫色的长凳上,以备迈克尔随时需要妈妈,可现在,没有妈妈,迈克尔也表现得很好。小女儿艾丽莎与迈克尔则完全不同,她性格外向、喜欢热闹。南希本以为艾丽莎适应起来肯定没问题,因为她陪哥哥来过很多次,对学校已经熟悉了。但出乎南希预料的是,艾丽莎花了好几周才逐步适应,她每天都紧紧抱着妈妈的腿,直到老师把她的手掰开。

多年来,我们亲眼看着数百位家长把孩子交到我们手里。我们也看到他们像当年的我们一样不自觉地把自身的期待和不安投射到孩子身上。从家庭成功过渡到学校生活,离不开孩子和父母的相互信任,而这种信任感的培养是需要时间的。在这段时间里,觉知自己对于分离的感受非常重要。你和你的孩子会有什么样的反应是难以预料的。即使是先前有过这种经历的父母也会有困惑,因为即便是来自同一个家庭的孩子,面对分离的态度也往往大相径庭。如何让分离变得更容易,并缓解你对这一过程的恐惧,家长可以做很多事。有老师的有力支持,再加上一点自我觉知,开学伊始的最初几周对家长来说就会变成一种积极的体验,从而帮助孩子进入学习和独立成长的新阶段。

开学前

当孩子第一次上学时,每一位悉心呵护的家长都想帮助他准备好迎接面前这段新的旅程。在他从熟悉的家庭过渡到陌生的学校这一过程中,你希望能帮他走得轻松些。作为一名家长,你自己已经有过上学的经历,这会很容易让你忘记,孩子可能会和你有不一样的体验。孩子自身对上学这件事没有任何经验。南希本以为她的小女儿通过陪哥哥去学校已经对学校形成了一定的概念。但事实上,幼儿只有通过亲身经历才能了解自己的世界,所以在艾丽莎真的走进教室并要留在学校之前,她无法真正体会学校到底是什么样子的。

在给孩子做入学准备的时候,有以下注意事项:

- 不用急着早早为孩子做入学准备,等到开学前一两周再开始也不晚。孩子的时间观念非常有限。你自己想一想孩子才来到这个世界多久,就会明白所谓一个星期或一个月这样的概念对他来说是很难领会的。孩子不会把时间分割成一天天或一月月来看待,而会根据他们每天的作息顺序来理解。午餐之后要午睡,午睡之后可以去公园玩。就算你对孩子初次入学这件事已经期待好几个月了,不到他真正临近上学之际,也没有必要告诉他。

- 开学前一周左右,你就可以开始和孩子聊聊学校了。要记住的是,孩子的思维是具象的,他们只能理解自己经历过的事物。"学校"这个词对于一个之前从没上过学的3岁孩子来说没有任何实际意义。当一位家长兴高采烈地问"你9月份就要上学了,你高不高兴"时,就好比在说外语,孩子根本听不懂。家长不应有先入为主的任何假设,要把这个事情分解成最简单的信息来跟孩子解释。可以谈谈校舍是什么样子的、怎么去上学、谁会去那所学校,并告诉孩子他到了那里会做些什么。

"我们明天去学校。学校在一个大楼里,有一个蓝色的门,旁边就是公园。我们早上吃完早饭以后要坐公交车(婴儿车、汽车)去那里。

"我会带你去教室,一起见见你的老师克里斯蒂和艾玛。老师们都是很友好的大人,就像爸爸、妈妈一样,他们很会照顾孩子。那里还会有其他小伙伴和你一起玩。

"那里有些特别的桌子和椅子,大小正好适合你,还有很多玩具可以玩,有很多有意思的事情可以做。那里有积木、娃娃、小汽车和书。你还会有一个专门的地方存放你从家里带去的东西。学校有一个像公园那样的儿童乐园,里面有滑梯和儿童三轮车。"

较好的做法是和孩子一起温习一下各位老师的名字,好让他熟悉这些名字。

还有一种不错的方法可以帮助孩子理解他们即将开始的学校生活,那就是找一些有关"开学第一天"的书来读一读。故事能给孩子带来安慰,尤其是那些他们翻来覆去听过很多遍的故事。一个关于上学的故事可以给你和孩子提供一个切入点,让你们就上学前以及上学时会发生什么展开讨论。我们特别推荐以下几本书。

《我上幼儿园的第一天》(*My First Day at Nursery School*)，作者：贝克·爱德华兹(Becky Edwards)

这本书从一个小朋友开学第一天准备离开家的场景开始讲起，引人入胜的插图和简单易懂的语言，可以让小读者领略到一个孩子从早餐到放学，整整一天的经历。小读者可以了解到教室是什么样的，有哪些绘画活动和积木游戏，以及老师和孩子是如何互动的。书中的小女孩脸上的表情反映了她最初不怎么愿意待在学校。但当她发现有新朋友和好玩的活动时，她很快就忘记了对妈妈的思念。在故事结尾，妈妈来接她的时候，小女孩已经对学校恋恋不舍了。这本书非常适合用来向2~3岁的孩子引荐"学校"这个概念，通过讲述孩子在一天之中经历的情绪变化，向小读者传递出积极的信息。

《魔法亲亲》(*The Kissing Hand*)，作者：奥黛莉·潘恩(Audrey Penn)

这本书讲述了一只名叫奇奇的小浣熊不愿上学的故事。他的妈妈一再强调说那里有很多好玩的事可以做，并对他解释，有时你必须做一些你不想做的事情，哪怕这些事情让你感到害怕。奇奇从妈妈那里得知一个秘密，而这个秘密也是妈妈从她的妈妈那里学到的，叫作"魔法亲亲"。妈妈在奇奇的手掌心亲了一下，使他感到了一种奇妙的温暖。她告诉孩子，每当你感到孤单的时候，可以一边把这只手贴在自己的脸颊上，一边想着："妈妈爱你。妈妈爱你。"奇奇也报之以同样的吻，在妈妈的手上亲了一下，并说："现在你也有魔法亲亲了。"这本书向3~5岁的孩子传递了"他们有能力克服害怕情绪"的信息，也为他们提供了一个很有用的自我安慰的办法。

《我会找到朋友吗？》(*Will I Have a Friend*)，**作者：米利亚美·科恩**(Miriam Cohen)

这本书首次出版于1967年，是一个关于爸爸第一次带儿子上学的精彩故事。儿子吉姆担心自己在学校找不到朋友。他不情愿地和爸爸告别。起初他并不高兴，因为每个人都有朋友，就他没有。在午休时间，一个叫保罗的孩子把自己的玩具车给他看，于是两个男孩就成了朋友。这个故事很容易让刚开始体验学校新生活的4~5岁的孩子产生共鸣。这本书让孩子找到一扇门，通过它孩子可以和父母讨论自己的担忧和恐惧，比如能不能找到朋友。

开始上学：过渡期

新学年伊始，这也是家长、孩子、老师都要经历的一个过渡期。每个人可能都需要一段时间来调整。对孩子、对孩子的老师、对自己都要有耐心。不到一个月，大部分家庭都会适应，同时老师也会更习惯和你的孩子以及其他孩子共同相处。

家长的感受

孩子刚开始上学，家长自然会有这样那样的顾虑：老师会喜欢我的孩子吗？他们会觉得我是个好家长吗？他们会理解孩子吗？他们能听懂孩子要去卫生间时使用的特殊暗号吗？他们能发现孩子只喜欢红色？他们能明白"苹果桔"是苹果汁的意思吗？他们知道在他哭闹的时候怎么安慰他吗？如果孩子不听话怎么办？如果他咬人或者打人怎么办？如果老师发现他不是十全十美的或者他不是一个有创造力的天才，该怎么办？

家长送孩子第一次上学，有这些感受是再正常不过的。你要认识到，孩子在人生中迈出的这新的一步可能会让你的内心忐忑不安。尽管你兴致勃勃地期待着孩子去上学，但你也可能会因为孩子不再那么依赖你而感到惴惴不安。你甚至可能会有忌妒和矛盾的感觉。我为什么要相信老师？孩子会不会更爱老师而不是我？他是不是再也不会像原来那样需要我了？

父母对和孩子分离有什么样的反应，往往和自己小时候对离别的体验有关。童年的回忆可能会在此刻产生强大的影响。在我们俩身上就是如此。小时候我们俩都十分拘谨,沉静寡言,和现在的开朗外向相差甚远。记忆中,我们都很喜欢上学,但同时我们也清清楚楚地记得和各自父母告别时的痛苦。难怪当我们的孩子也要经历同样的阶段时,我们会感到焦虑。试着回忆下自己最早对分离的感受会有所帮助,这样你在引导孩子完成过渡的时候也能意识到自己的体会。你可能对于第一次上学给你带来的新鲜感或陌生感至今记忆犹新。你当时感到的可能是兴奋、害怕或难过。一盒新蜡笔的味道或是一本新笔记本的手感都能勾起你深深的回忆。无论这些回忆是快乐的还是痛苦的,重要的是要觉知这些是你个人的经历,而你的孩子可能会有和你大相径庭的反应或感受。当你意识到自己有什么感受和回忆时,你就不太会把它们投射到孩子身上了。拥有这些感受和回忆是完全正常的。关键是,你如何处理它们以及如何与孩子沟通。这些才决定了你能否营造出一种正面的分离情绪。

请记住,孩子即将就读的学校很可能和你小时候就读的学校环境不可同日而语。二三十年前,我们期待的只是孩子能去上学就好,而没有过多地考虑孩子过渡到学校生活需要有个过程。那时,家长和老师都不是特别关注学龄前儿童的心理或发育需求。如今,大多数幼教工作者都为帮助孩子适应学校并逐步过渡到一整天的在校生活做了很多周到的安排。正式开学前,孩子通常会到教室里和老师见见面。老师有时还会家访。有的学校会把一天的日程缩短,并在一开始只安排小班课,好让老师有精力给孩子更多的关注。老师能够理解,对家长和孩子来说,初次的分离是非常难受的。他们会帮助父母和孩子缓解这种情绪,同时也为孩子今后应对新事物打好基础。

还要记住,孩子对父母的面部表情和肢体语言是非常敏感的。如果你面带忧虑,事实上就是在向孩子宣布出什么大事了。我们经常会看到一些家长,他们的表情就像是要把孩子送上断头台,而不是送到一个妙趣横生的课堂上。这种时候孩子很可能会以为发生了什么让人担心的事。最初几周,我们会一直在走廊里进行"微笑巡逻",为的是提醒家长要注意自己的表情。不要小看对老师投以微笑并致以热情友好的问候带来的力量。即使心里忍受着焦虑的煎熬，你的一个简单动作（比如把孩子的衣钩和储物柜指给他看）也能让他更安心。当你表现得镇定自若，你的沉着就会传递给孩子，他就能心领神会，相信自己也可以做到。

如果你是那种对新事物毫无畏惧、能够尽情投入的人，那么你可能对你的孩子也会有类似的期待。你的热情可能会让他招架不住，尤其是当他需要慢慢地融入新环境的时候，你可能会因为他没有你适应得快而感到沮丧。多观察孩子。注意他是如何面对新环境的。他有可能是小心翼翼、谨小慎微的。尊重孩子的风格，放慢脚步，跟随他的步伐。

孩子的感受

没有上学前，父母或照看人对孩子的期待和反应左右着孩子生活的方方面面。孩子依照父母和照看人的行为来定义成人世界。当他来到学校，他必须学习适应伴随新环境而来的新要求。老师的有些要求可能和家里一样，也有可能不一样。学校可能会允许孩子在室内玩水或沙子，但在家里这也许永远不可能。在家孩子想吃东西可以随时说，但在学校吃点心可能会有固定时间。在学校，孩子是集体的一员，他有什么需求要经过等待才能得到满足，但在家里会有成人立刻满足他的需求。孩子需要时间才能明白学校和家里到底有哪些不同。

刚开始，一切都是新鲜的。孩子可能会在潜意识里觉得，"这里没人认识我，我也不认识他们。没人知道我不喜欢喝果汁，只喜欢喝水。我不喜欢弄脏我的手。太响的声音会吓到我。我最喜欢的歌是《老麦克唐纳》。别人叫什么名字我一个都不知道，我也不知道妈妈什么时候才会来"。开学最初的日子里，孩子们时刻都在学习新的名字、新的面孔、新的作息制度，同时还要熟悉学校和教室里里外外的环境。

在这个适应期，你能告诉孩子的最重要的一件事，就是老师会照顾好他。艾伦记得自己无意中听到一个孩子对另一个哭泣的孩子说:"别伤心。老师知道怎么让你开心。"当孩子表达出对学校的焦虑时,你也可以这样做,告诉他:"没关系。老师会帮助你。这就是老师专门在做的事情。"最近,我们听到3岁班的孩子肖恩对他的老师说:"我担心,有那么多的事情,我记不住呀!"老师的回答是:"别担心,肖恩。这就是为什么我们要有日程表。我会提醒你的。"

家长对孩子有期待时,就希望结果立竿见影。但是要对孩子有信心,就算孩子不能马上适应,也会很快做到的。日复一日,当孩子对教室从陌生变为熟悉,他一定会开始建立起对课堂的安全感和信任感。

老师的感受

在这个过渡时期,身为一名称职的家长,你可能会把注意力全都放在孩子身上,以至于忘了新学年伊始对老师来说也颇有挑战。在老师暑假结束返校的第一天,我们总会问:"谁昨晚睡不着?"办公室里每一个人都举起了手。

正如孩子和家长一样,老师在开学之际也会感到既兴奋又焦虑。他们需要时间来与孩子和家长建立关系。进教室的时候,家长的脑子里可能只想着自己的孩子。在你看来,教室里除了你的孩子,其他孩子好似根本不存在一样。这是作为家长情不自禁的感觉。但实际上,除了你的孩子,老师有一个班级的学生要照顾。在开学的最初几周,老师的工作就是为整个学年奠定基础。他们必须制定明确的作息制度,树立归属感和集体感。这不可能一蹴而就。

有些学校采取一种"逐步调整"的日程表,好让孩子可以一点点了解每天的作息安排。这个过程一开始会安排孩子分小班上课,上学时间也较短,然后每天的日程安排会逐渐延长,直到整个班级的孩子能安排在一起上一整天学。家长经常会说:"我的孩子已经准备好在学校待更长时间了,为什么他还要上这么短的时间呢?"我们会告诉家长,要等到班里每一个孩子都准备好上一整天学,一个班级才算准备好。

分离的模式

每个孩子都是独一无二的个体,他会用自己的方式来应对分离。用什么样的方式无所谓对错。不同的孩子会用不同的方式来适应新的体验。孩子一旦入学,你就能了解他会以什么独特的方法来应对分离了,而你要学着为他应对的过程做点什么。有的家长看到其他孩子都和父母愉快地说再见了,唯独自己的孩子还迟迟不撒手,会感到尴尬或失败。能不能和父母迅速分离不是一场有奖竞赛。不管孩子的反应如何,最重要的是保持冷静,相信孩子一定能够克服分离恐惧。

多年来,我们目睹了数百名孩子第一次来上学时的反应。观察下来,我们总结了以下几种不同的行为模式,也了解到家长能做些什么帮助孩子顺利过渡。

1. 不回头的孩子

孩子的反应:这类孩子会迫不及待地投入新的体验,他可能连头也不回,或者不和父母说再见,这反而会让父母感到有些失落或者被抛弃了。

家长的反应:和孩子说再见,但是不用执意让孩子也回应你,这么做有可能会影响他高涨的情绪。试着为孩子期待新事物的兴奋而感到高兴,并怀着期待的心情迎接放学后和孩子独处的时光吧。如果孩子的反应延迟到几天后才表现出来,也不要感到惊讶。一定要和老师确认一下,了解孩子一天之中的表现如何。

2. 哭哭啼啼的孩子

孩子的反应:当父母试图离开时,这类孩子就会一下子哭起来。一般有两种哭法:号啕大哭和轻声啜泣。号啕大哭的孩子哭得人尽皆知,但这并不意味着他比在角落里轻声啜泣的孩子更难受。有的孩子在告别的那一小会儿会哭,但很快注意力就转移了,而有的孩子可能一整天都哭哭啼啼。

家长的反应：尽量不要把担忧挂在脸上，否则你会把自己的焦虑传递给孩子。要记住幼儿没有足够成熟的语言或情绪来表达自己的感受。哭泣就是他们表达哀伤或恐惧的方式。如果离开时孩子在哭，很多家长会感到不安，重要的是要知道这是孩子正常的情绪表达。提醒孩子学校里会有很多有趣的活动，还有小朋友和老师；承认说再见是件困难的事，并提醒他你放学后会回来；告诉孩子老师就是在学校照顾他的人，老师会帮助他、安慰他；不要拖延告别的时间，你离开后，老师才能安慰孩子并转移他的注意力，要让你的孩子学会开始信任老师，允许老师来安慰他，这一点很重要。你离开后，他很可能一会儿就不哭了，但你可以请老师稍后给你打电话，让你放心。

3. 勇敢的孩子

孩子的反应：这类孩子挺着胸，却低着头。他不会进行眼神交流，但每天早上都会投入一个仪式般的活动（玩橡皮泥或是用他最喜欢的玩具小卡车玩假想游戏）。他往往连和父母嘟囔一声"再见"都做不到，因为这对他来说太费劲了。

家长的反应：很多孩子在家长说再见的时候都没有响应。有些家长对此不满。这并不意味着孩子没有听见，只是他正在努力保持镇静，可能对他来说要在那一刻回答你是件很困难的事。你一定要和孩子说再见，但不要为了得到他的回应而给他施加压力。放学再见到你的那一刻，他很可能会放声大哭。你一定要给他一些完整的陪伴时间，比如在放学后安排轻松而平静的亲子时光。

4. 反应延迟的孩子

孩子的反应：这类孩子入学的开始几天甚至几周都挺好。但有一天他环顾教室，突然就开始哀号："我的妈妈在哪里？"这类孩子对所有的新体验都如此着迷，以至于他都没意识到父母已经离开了。

家长的反应：不要惊慌。没有出什么问题，这并不意味着你的孩子突然就不喜欢学校了。对于和你的分离，他只是反应延迟了。和他聊聊他的朋友、老师以及他喜欢做的事。和老师谈谈,让他给孩子一些额外的关注,并和他一起设计一个告别仪式。不过,这些仪式要简单短小。

5.独来独往的孩子

孩子的反应:这类孩子更习惯独处,而不是和其他小朋友一起玩。他通过独立探索来适应,并向老师传递了一个鲜明的信息,就是不要管他。他需要时间来逐步适应,并和老师以及小朋友建立联系。他会以自己的节奏和别人相处。

家长的反应:要有耐心。老师和其他孩子需要一定的时间来熟悉你的孩子。你可以和老师沟通下孩子喜欢什么、不喜欢什么,也可以给他和同班小伙伴安排一对一的玩耍时间,这些都会有所帮助。尊重孩子慢热的需求,让他逐步和老师以及同学建立关系。

6.小小观察家

孩子的反应:这类孩子可能刚开始需要对周围的方方面面都观察一段时间,并感觉可以自在地和老师、同学进行互动并参与各种活动时,才会加入其中。

家长的反应:和孩子一起读读关于学校的书。在家和孩子一起玩玩"学校"的游戏。经常在他耳畔提起老师和小朋友的名字。了解孩子在课上学了些什么,并以此为主题和他展开有意义的谈话。告诉老师怎样才能让孩子感到自如。记住,孩子在观察的同时也在学习。

说再见的 N 个要点

- 请在第一天来校时把照相机和摄像机留在家里，关掉你的手机，专注于孩子。此时孩子需要你全心全意的关注。
- 告别要简短。简短的告别对家长和孩子来说都会容易得多。在孩子难受时，延长告别时间就相当于在延长他的煎熬。
- 不要征得孩子同意再离开。当我们听到家长对孩子说："我现在就走了，好吗? 好吗? 好不好?"我们就知道孩子的回答肯定是"不好"。
- 制定一个告别仪式。通常，有一个别致的告别仪式对孩子是大有好处的。同样，这个过程也要简短。你和孩子可以用 1 个拥抱和 3 个吻作为你们的特别仪式，但如果你们已经亲吻搂抱了 14 次，还在为第 15 次而拉拉扯扯，这就有点太长了。
- 带一些家里的东西去学校。对于有的孩子，从家里带些东西陪他们一起上学会在过渡时期对他们起到安慰作用。学校的储物空间有限，所以带来的东西要能塞进他们的小柜子。不要带孩子特别珍惜的东西，否则一旦丢失，孩子会无法接受，也不要带太小、容易遗失（或吞咽）的东西。
- 准时到校。这样老师才能在孩子到校时给予他所需要的关注。如果你的孩子迟到了，课堂活动已经开始，那么还处在适应期的他心里会更加忐忑。

- 尽量不要抱着孩子进学校。你这么做会让孩子觉得他还是个婴儿，还没准备好迎接新的体验。如果你抱着他，他就会更容易对你产生强烈的依赖。所有两岁半的孩子都有能力自己走进学校。

- 尽量避免父母双方同时来送。对孩子来说，同时和父母告别，而不是只和一个家长说再见，可能更为难受。

- 告诉孩子你要去哪儿。对孩子有帮助的一个做法是，让孩子在学校的时候，在脑海里能构想出你会去哪里或者你可能在干什么的画面。如果你说你会坐在教室外的长板凳上，那就不要到走廊另一头去和其他家长交谈。老师可能会带着孩子去找你，结果却发现你并不在那里。如果你穿着运动服，就不要说你要去办公室。我们认识的一位家长告诉孩子她要去买杯咖啡，孩子就回答说："可是妈妈，你不喝咖啡，只喝茶。"对孩子说话要明确，并要说到做到，否则只会给他增添额外的担心。

- 要知道孩子一直在留意你说的每一句话以及你说话时的语气。如果有一天你可能比较着急或紧张，在把孩子送到学校交给老师的时候，你如释重负并跟老师开玩笑地说："哦，老天，今天可有你忙的了。"那么这句话当天绝对会在孩子身上得到应验。孩子无法领会大人的玩笑，反而会对你的说法耿耿于怀。

- 教孩子一个口头禅。有一位我们认识的母亲总是对她3岁的孩子菲比说："再见。现在我要走了，我会在接你的时候回来。"

菲比会犹犹豫豫地跟着老师走到玩橡皮泥的桌子旁，不和别人眼神交流，也不和任何人说话。她会开始用力地揉搓橡皮泥，嘴巴里小声地反复念叨："妈妈总会回来的。"她是在用一句能让自己平静的口头禅一边给自己吃定心丸，一边调整自己对分离的感受。如果你教孩子一句可以让她在你离开后反复对自己说的话，那么可以带来很大的安慰。"讲完故事妈妈就来了"也是一句很管用的话。

- 信任孩子。请记住，当孩子面对新事物时，他们会找到安慰自己的办法。不要感到内疚。学校很有趣，你的孩子会在那里度过愉快的时光。要坚信他能做到这一点。

留还是不留

我们俩刚开始在幼儿园一起工作时，在开学的最初几周我们会允许家长在教室里逗留较长的时间。很快，我们就发现这么做实际上对全班的孩子都会造成不良的影响。虽然对有些孩子和家长来说，延长告别时间确实是有效的，但对其他孩子来说，这却造成了一个无法解决的矛盾。教室里，3岁的乔什正在和其他孩子听故事。老师读的是艾瑞·卡尔的《好饿的毛毛虫》，这是乔什最爱听的故事了。尽管如此，乔什还是不能专心地看着书，因为他一心想着回头去找妈妈。妈妈的在场实际上妨碍了乔什和老师建立感情，因为乔什总是可以去找他的妈妈。一般来说，我们注意到的现象是，家长在教室里会让孩子难以全身心地投入学校的活动。

于是，我们决定重新考虑这种做法。老师将学校的安排以及对家长的期待明确地传达给了家长。第一天，家长和孩子在教室里一起逗留了一小会儿。第二天，家长在门口道别，然后就坐在教室外的长凳上，万一有需要，老师会带着孩子出来找家长。再过几天，家长会到学校的另一个地方，然后老师会告诉家长什么时候可以离开。孩子很快就明白了教室是老师和孩子的空间，不是给家长的。告别期变得顺利多了。每个学校都会采用不同的校规对待分离这件事。有的学校会让家长在教室里逗留一段时间。如果是这样，你应该不声不响地待在教室后面，让孩子学会依赖老师来满足他的需求。这意味着家长要让自己做一个"隐身人"。你可以带一本书或一份报纸去读或者假装阅读。如果你以任何方式让孩子注意你，这只会让孩子分心。有一次，我们看到一位家长在教室里给孩子吃糖——这是不可取的。如果孩子要求你带他去卫生间或是去喝水，你可以告诉他去找老师。如果孩子拒绝跟老师去，你可以陪着他跟老师一起去，但尽量放手让老师去处理。要让孩子学会信任老师。如果其他家长和你坐在一起，尽量少交谈，等你们离开教室再进行社交。永远不要在教室里开着手机。

有些教室的门上有窗或者有单向透视的观察窗，家长可以透过这些窗口看到里面的情况。这对于观察正在适应期的孩子可能是一种比较有用的方法，但我们知道有些家长一上午都站在外面张望，鼻子都贴到玻璃上了。请记住，听不见的时候，透过窗口看到的情景很容易产生误解。有时你可能会认为老师不关注你的孩子，而事实上老师是在响应你的孩子对个人空间的需求。当你透过普通教室的窗口往里看时，要记得孩子也可以看见你。难免会有孩子当"小喇叭"："那是莉莎的妈妈。"这下大家都停下来不玩了，开始朝着窗口指指点点，而莉莎呢？本来一上午都好好的，这下却哭了起来。

偶尔会有个别家长自告奋勇给当天已离开的其他家长充当"情报员"。当你给另一位正在工作的妈妈打电话并告诉她，你看到她的孩子一个人孤零零地坐着、一脸伤心时，这只会给她添堵。多数时候，这种描述可能既不准确也不完整，无法很好地反映出那个孩子当天在学校的经历。

适应期

孩子在开始适应学校的阶段，往往会有一些意想不到的表现。这是意料之中的事。学校每天都在号召孩子学习很多新东西，这可能会使他表现出一些你之前从未见过的行为举止。有时，一个在家里是话痨的孩子到了学校却会变得异常安静。另一个孩子可能在操场上喜欢找小伙伴一起玩，但在教室里却更青睐老师的陪伴。一个愿意和家长一起尝试新事物的孩子，可能会在和老师尝试新事物时变得犹豫不决。孩子的这些反差可能会持续下去，也可能会随着时间的推移而起变化。对此，你不必担心，这并不意味着孩子在学校里过得不自在。这只不过是他正在经历自我发现，探索着当离开你身边、离开家时，自己究竟是怎样的人。

这个年龄的孩子上学的适应期通常会持续2~3周。在这个阶段，你可以注意以下情况：

- 在开学的最初几周，孩子常常会表现出"婴儿式"的行为或者退化行为。睡眠障碍或如厕意外可能变得更频繁。他可能会变得更黏人、爱发牢骚或喜欢斗嘴，他也可能会变得更脆弱，更容易疲倦。家长不要觉得出了什么问题。只要记得提醒自己，孩子适应学校要消耗巨大的精力，是很劳神的一件事。

- 在过渡期建立良好的用餐习惯、就寝习惯和其他家庭常规作息，可以给孩子带来极大的帮助。作息规律一定要明确、从容和平稳，好让孩子能保持放松的状态进入学校。上学的前一天晚上，就寝时间应该尽量保持一致，从而保证孩子能睡足 10～12 小时，这是他们需要的睡眠时间。早上，上学的上学，上班的上班，大家都要赶时间不能迟到，因此会倍感焦虑，此时每天都固定一套作息安排会很有帮助。前一天晚上就挑好第二天要穿的衣服；每天在同一个房间里共进早餐，并关掉电视。这样，每个人都知道接下来该干什么。

- 尽量减少任何其他变化。如果可能的话，尽量不要给孩子换新床、雇新的人照顾他，或者要求孩子在适应期放弃奶瓶、奶嘴或是定时午睡。

- 在健康、安全和作息规律方面要把好关，其他问题（尤其是在早上）就不用样样都苛求完美了。在不涉及健康或安全的问题上灵活应变，可以帮助孩子在迎接新的一天之前定下良好的基调。如果孩子因为吃奇瑞欧麦圈还是吃家乐氏麦片的问题和你闹别扭，最后心烦意乱地去了学校，那他这一天的开始肯定是磕磕绊绊的。又比如，你不让孩子在 1 月穿短裤，但如果他坚持要穿，你就随他去吧！

- 适应期的一个准则是，课外尽量少占用孩子的活动时间。当孩子正处于学习如何离开家长的时期，那么在家不要对孩子提出过于复杂的要求，这一点很重要。如果可以的话，你应该多花些时间和孩子单独相处，晚上少外出。同时，尽量减少小朋友结伴玩耍时间和课后班的活动，周末应当尽可能过得轻松惬意、不紧不慢。

当孩子分离焦虑时，你该怎么办？

两三个星期后，大多数孩子都已逐步适应学校的作息制度，并能自如地说再见了。可对有些孩子来说，这一过程可能更长。如果你的孩子入学一个月后仍在挣扎，那就要跟学校沟通了。老师和家长可以一起制订一个计划来帮助持续经历分离焦虑的孩子。

孩子完全无法离开父母，这种情况是很罕见的，因此，在妄断孩子没有准备好上学之前，一定要花些时间去尝试不同的策略。安娜刚满3岁的时候就进了幼儿园。当时，她的妈妈马上就要生老三了。每天，安娜一和妈妈告别，她那震耳欲聋的尖叫声就会响彻走廊，传遍每一间教室。艾伦不得不把安娜带去室外操场，以免她的大哭刺激到别的孩子。半个小时后，安娜就会平静下来，然后回到教室愉快地和其他小朋友在玩耍中度过一天。我们总是打电话给她妈妈，让她放心，告诉她孩子已经不再大声尖叫了。我们在安娜身上观察到，她其实很喜欢上学，她只是特别讨厌和妈妈告别这件事。在一个月的时间里，我们尝试了各种各样不同的策略——比如进行非常简短的告别，给她随身带些家里的物品，试着转移她的注意力——直到我们终于找到了帮助这个孩子应对分离的关键。我们发现她爱音乐、爱唱歌。于是我们就挑了一本她喜欢的书，给她唱里面的歌，渐渐地这变成了她的早间仪式。现在安娜已经9岁了，她仍然热爱音乐。最近，我们从她妈妈那里得知安娜参加了一个为期四周的音乐夏令营，在此期间她一次都没有尖叫过。

其实那些一说再见就眼泪汪汪的孩子往往很快就不哭了，并在接下来的时间里玩得很开心，然而家长都是带着沉重的心情离开的，脑海中满是孩子伤心哭泣的样子。你可以自己安排时间给学校打电话，或者让学校给你打电话告知下孩子的情况。这样一来，你就不会往最坏的情况去想了。

如果孩子遇到困难，你还可以尝试以下做法：

- 如果你能告诉老师你的孩子最喜欢什么玩具、颜色、歌曲或书，这可能会帮助老师更熟悉孩子的情况。举个例子，老师迎接孩子时可以用他最喜欢的《小火车托马斯》(*Thomas the Tank Engine*)这本书来问候，孩子就会觉得老师很了解他。这样就会形成一种有助于孩子对老师产生信任的纽带。
- 你可以试试在学校留下一张家庭照或其他属于你的东西，让孩子可以和你保持一种视觉上的联系。你还可以给老师拍一张照片放在家里，让孩子更熟悉他们的容貌和名字。
- 有些孩子喜欢对接下来会发生的事情提前了解。可以请老师提供学校一天的作息表，并找出你的孩子目前最喜欢做什么。看看接下来会有什么新活动或不同的安排是你需要帮孩子做准备的。然后，你便可以和他就接下来的一天会发生什么展开具体而积极的讨论了。
- 在分离的策略上，也许有必要为个别孩子想点特别的法子。要做到这一点没有什么灵丹妙药。试试和孩子的老师一块儿制订一个可以分几天展开的计划，必要时可以调整。一种能够奏效的做法是让别的亲戚或帮你照看孩子的人代替你送孩子去上学。这样有益于打破难舍难分的分离模式。
- 如果家里有个新生儿，尽量不要带着他一起接送。这样你的注意力更能集中在你的大孩子身上。
- 如果孩子说"我讨厌学校，我不想去"，不要把他的话当真。幼儿对新环境有强烈的反应是很自然的。当孩子说讨厌上学时候，往往是话里有话："我想你。""我担心。""我还不自在。"这种情况发生时，你要认可一下孩子的感受。["我知道你现在有这样的感受，但还记得玩小火车（或者画画、唱歌）

> 的时候你有多开心吗?"] 记住，不要反应过度。孩子想看看你有什么反应，并见机行事。此时，即使你心里没底也要泰然处之，并做出信心十足的样子。

团聚

大多数家长都能想到早上告别会很艰难，但并不是每个人都会料到晚上放学居然也是一道坎。和父母团聚的时刻常常让孩子心里七上八下的，而当孩子拒绝打招呼或伸手拥抱的时候，家长也会觉得被拒于千里之外。如果孩子本来一天都好好的，看到你却突然哭了起来或者因为你的离开而向你发脾气，不要大惊小怪。如果孩子不愿意离开教室，他可能是饿了，也可能是过度的刺激导致他筋疲力尽。当你不在他身边的时候，他为了吸纳新的感受和经历已经消耗了巨大的精力，他感到疲倦和烦躁是很自然的。

放学准时来接孩子这一点很重要，无论是你接还是你找的照看人去接，如果大人来晚了，这会造成孩子不必要的担心。每天的这个时候，孩子需要的是一个风平浪静的过渡。你和孩子打招呼时要和他平视，并全神贯注于他。向他投以一个温暖的微笑。如果他在哭，不要和他做太多交谈，只要平静并迅速地把他带回家。让他安安静静地吃个点心或吃晚饭，或者给他讲个故事，这些都可以帮助孩子顺利过渡到家庭空间。

家长经常对我们说，一天的学校生活结束时，孩子不愿意提起学校的事。这对于希望能够参与孩子学校生活的家长来说，可能会很受挫。如果孩子不想回答你的问题，请注意，笼统的问题往往会让孩子无从应对，不如问一些他们更能答得上来的具体问题。如果你问的是"你今天在学校做了什么"这样的问题，孩子的回答多半是"没做什么"。问题要越具体越好。

可以参考以下话题展开启发性的对话:

- 你今天吃了什么点心?
- 你用铅笔画画(搭积木、玩游戏)了吗?
- 吃午饭的时候,你跟谁坐在一起?
- 你去外面玩了吗?
- 那个橡皮泥是什么颜色的?
- 你听故事了吗?
- 那个故事讲的是什么?

快速扫一眼教室、通告栏或是最近的校讯简报可以帮助你和孩子找到共同话题。同时,不要对孩子提一堆问题,这样只会让他不知所措。很多孩子难以叙述自己的一天,他们喜欢把学校和家分开来。孩子不愿意谈论自己一天干了什么,这往往令家长很难接受,但这是普遍现象,不必介怀。

放手

永远不要低估开学最初那几天的分量。你和孩子学习如何分离的这段经历,会为你们日后人生不同阶段中反复出现的离别场面定下基调。如今,我们的孩子都已步入20~30岁的年龄段,我们现在可以回过头来重温他们人生每一个成长阶段中所发生过的每一次离别。无论是孩子第一天上学、第一次坐上日间夏令营的校车、第一次参加住宿营,还是第一次离开家去上大学,我们都可以看到实现这些过渡——即使最初是艰难的——帮助我们的孩子明确了自己的能力,并使他们成为独立和充满自信的个体。如果你希望孩子在离开你的时候是一个对自己的力量和能力有信心的人，那么，让他学会自如地离开你就极其重要了。

即使是那些在最初的离别过程中饱经挣扎的孩子，后来也会很快学会独立，令人刮目相看。南希的女儿艾丽莎在开学第一天就紧紧缠着妈妈不放，所以当艾丽莎要去参加日间活动营的时候，南希记得目送女儿上车时自己竟然有点哽咽。但当汽车开走时，艾丽莎把鼻子贴在车窗上冲她做了个鬼脸，南希的分离焦虑就此完全打消了。艾伦的两个孩子都生性谨慎，他们都会从住宿营中给她寄来长长的充满忧伤的信，恳求她让他们回家，但实际上他们都很喜欢露营。爱丽丝和查尔斯现在都已长大成人，他们俨然已蜕变成能昂首迎接新挑战的成年人。

作为一名家长，妥善处理每一次离别，都将帮助孩子在走向独立的道路上，对自己的能力更有信心和把握。这么多年来，我们见证过无数曾经在分离中苦苦挣扎的孩子，最后在离开学前班时变得自信坚强、独立勇敢。家长和孩子都必须以自己的方式来体验分离。这可能需要时间，也可能在一段时间里会带来压力，但孩子终归会学会和你分开。当此情此景真的来临时，这种成就值得我们庆祝和享受，你应该为孩子以及你自己为人父母的成长感到骄傲。

第四章

社交篇：
孩子的社交生活

社交能力是孩子入学最初几年中习得的最关键的一项技能，也是最能说服我们把孩子送进早教班的原因之一。当你让孩子置身于一个满是小朋友并有老师悉心看护的课堂，他的社交能力便一定能得到快速的发展；如果整天只在家里和大人或者兄弟姐妹待在一起，就无法发展社交能力。

每年，我们都会看到幼儿园里年龄最小的孩子开始和同龄人进行互动，这种互动已超越了简单的争抢玩具，可称之为幼儿之间的游戏。在学龄前阶段，友谊成了影响孩子快乐与否的关键因素。当早上还和妈妈难舍难分的孩子发现自己和另一个小朋友玩过家家也很开心时，他很快就会忘记自己哭过。早晨，当孩子们看到自己最要好的小伙伴时，他们的小脸蛋上会焕发出光芒，但是要是得知哪天小伙伴没来，他们的小脸蛋就会失落地耷拉下来。有朋友的孩子才有安全感，也会喜欢在学校的时光。

然而，并不是每个孩子都会在同一个年龄学会怎么交朋友。有些孩子对集体活动望而却步，需要很多鼓励才愿意加入，尤其当他们面对一个较大的集体时。而另一些孩子很快就能和班上所有的孩子打成一片。你的孩子可能喜欢一次只和一个小伙伴玩，也可能在一开始就喜欢一个人玩。一个很不情愿的孩子可能要经过几个月才能完全适应课堂。他可能先要尽全力地学会离开父母并熟悉老师，然后才能自如地和其他小朋友相处。每个孩子学习社交的过程都有自己的节奏。比较外向的孩子可能会显得很"超前"，但沉默寡言、性格拘谨的孩子也能和其他孩子建立起强烈的纽带，只是时间早晚的问题。

身为父母,退一步观察一下孩子在社交风格上有何特点,这能够让你更好地帮助孩子成长。要记住,你的孩子和你可能性格迥异。如果你在整个上学期间一直只有一个最贴心的小伙伴,你可能会难以接受你的孩子总是扎堆玩儿。如果你小时候活泼外向,喜欢和大家抱成一团,你也许就不太乐意看到自己的孩子一个人玩。南希就有这样的感受。当她的儿子迈克尔还是学龄前幼儿时,他更喜欢自己待在操场的一边和他想象中的朋友一起玩耍,而其他孩子都在操场内的设施周围。南希小时候喜欢和别人一起玩,这样的情景不免令她颇为担心,于是她找迈克尔的老师谈了谈,老师让她放心,说迈克尔一个人玩得很开心,他是个天生就充满好奇心和想象力的孩子,有着自己丰富的幻想世界。老师指出迈克尔经常会在教室里和其他孩子一起玩。南希意识到使她不安的并非迈克尔本身的问题,而是她总是从自己的经历出发去判断迈克尔的思维模式。

艾伦的女儿爱丽丝和班上的三个小朋友特别要好,所以更喜欢只和她们几个玩而不是和很多孩子一块儿玩。在家里,她乐于自己一个人玩耍、画画、编故事和玩玩具。而对于查尔斯来说,比他大5岁的爱丽丝就是他与生俱来的玩伴。他俩玩的时候,爱丽丝总爱发号施令,而查尔斯就屁颠儿屁颠儿地跟在姐姐后面。如果爱丽丝告诉查尔斯他是她的一条宠物狗,查尔斯就会心甘情愿地趴在厨房地板上用舌头从碗里舔麦圈吃。查尔斯一上学便和同学们打成一片。即使在他很小的时候,查尔斯也不太喜欢自己一个人玩。他需要有其他孩子的陪伴才能玩得高兴。艾伦意识到查尔斯需要变得更独立些,为此,艾伦既给查尔斯安排了小伙伴一起玩,也拿出时间让孩子跟她独处,以此来平衡。同一个家庭的几个孩子往往会有迥然不同的社交风格,所以你可能需要因人而异,调整你的做法。

在课堂的集体环境中锻炼社交技能的同时,孩子在校外的社交生活也开始起步。约玩是学前班孩子主要的社交活动,开学几周后,有些孩子可能就会主动问家长他是否可以在课后和某个小朋友一起玩,而其他孩子则需要由家长为他们安排约玩。无论是哪种情况,作为家长,你的社交生活都会开始随着孩子社交生活的变化而变化。有时,你会遇到一些和你一拍即合的家长。有时，你的孩子可能特别喜欢某个孩子，而你却发现自己和那孩子的父母几乎没有什么共同语言。虽然没有必要和其他家长成为亲密的朋友，但为了孩子，你还是要尽量显得亲切友好。如果你交友比较谨慎，或是不太乐意和不熟悉的人打交道，那么请努力克服一下你的偏好，好让孩子从这些社交活动中受益。这么做可能对你也有好处。这个年龄段的孩子家长之间往往会建立起能持续多年的友谊。我们俩到现在还与当年在幼儿园和我们儿女同班的孩子妈妈们保持着联系。

孩子的社交生活发展

每个孩子的发展自有张弛，社交能力的习得一般可分为几个典型的阶段。在此之前，你的孩子可能最喜欢的是一个人玩或是和某个大人一起玩。在婴幼儿时期，他几乎完全只关心自己的需求。他的生活中只有当下，他要什么别人就要立刻满足他。他可能会注意到有其他孩子，但通常只会沉浸在自得其乐的游戏中。

与此同时，孩子的社交能力与日俱增。随着他接近入学的年龄，尽管他多数时候还是一个人玩，但他对其他孩子会变得越来越关注和感兴趣。这个时候的孩子仍然是以自我为中心，和别的小朋友只有最简单的交流，但即便只是碰碰摸摸、抢别人的玩具或是模仿别人，孩子之间的互动便已经萌芽了。他也可能只喜欢挨在另一个孩子旁边玩，但两个人没有一起玩，也没有任何交流（发展心理学家将这种游戏模式称为"平行玩耍"）。

在这个阶段，孩子还在学习如何用语言表达自己，并且需要帮助才能理解与他人轮流分享的概念。你从中就可以体会到为什么对孩子来说，要和另一个年龄相同、发展水平也相当的孩子一起玩是件多么不容易的事了。两个孩子都要别人立即满足自己的需求，妥协是一个巨大的挑战。时不时会有家长提出自己的孩子和年龄大一点的表哥表姐玩得特别好，但和其他孩子却玩不到一块儿去，也许他需要的是更成熟的小伙伴。我们的解释是，大一点的孩子往往会照顾小孩子的需求，或者可能会主导游戏过程。和同龄孩子一起玩反而需要更多的社交技能。

对于一个刚进学校的两岁孩子来说，他和老师的关系将是他的第一段社交关系。孩子可能正和其他孩子一起坐在桌边玩橡皮泥，但他的眼睛只会围着老师转。一旦他开始适应学校，他会开始注意到身边的其他孩子。几周后，他可能会从玩橡皮泥的游戏桌前抬起头来惊讶地说："这些孩子是谁啊？"几个月后，他可能会注意到坐在自己旁边的孩子，并问："我可以用这个擀面杖吗？""你在做什么？"到了学年末，孩子们就开始你一句我一句地对话了："我可以在你做的生日蛋糕上插蜡烛吗？""我们一起唱《生日快乐歌》吧。"

3岁孩子的教室更闹哄哄，孩子们的声音此起彼伏。起初，孩子们的朋友圈仍然是按照距离的远近来划分。"朋友"也许是在点心桌上正好坐在他身边的那个孩子，也可能是他在玩沙盒时碰到的，还可能是今天和他一起玩积木的孩子。作为成年人，我们不会把在聚会上遇见的第一个陌生人称作自己的"新朋友"。但这就是幼儿对"友谊"的诠释。在这个年龄，所谓朋友就是坐在他身边玩的那个孩子。

一个集体里的孩子很快就开始更了解彼此喜欢玩什么了。然后他们开始据此选择趣味相投的玩伴。一个喜欢搭积木的孩子自然会和另一个爱搭积木的孩子结伴。如果你的孩子喜欢玩过家家，那么他很可能就会和其他对想象游戏乐此不疲的孩子玩到一块儿。当孩子和同一个小伙伴翻来覆去地玩同一个游戏时，幼儿的社会关系就此崭露头角。

随着孩子日益成熟，语言能力不断提高，他开始具备足够的沟通能力，可以和他人展开更有意义的交流。他开始明白，朋友是一个他喜欢并且认识了一段时间的人。他可能会说："刚来学校的时候，我不认识艾拉，但现在她是我的朋友。"虽然孩子们仍然会因为共同的兴趣而互相吸引，友谊却有了新的意义。孩子们可能因为对方很好玩、很滑稽、傻乎乎的、很友好或是很有影响力而彼此吸引。他们可以长时间一起做游戏，并接受别的孩子一起来玩或出谋划策。两个孩子可能在玩"消防员的游戏"，刚开始他们会穿上工作服、坐上消防车、开车到现场并扑灭游戏小屋里的火。然后，他们可能会把另一个孩子拉进来让他假装是一条狗，好让他们去救他。这样的游戏他们可能天天玩都玩不厌。

孩子在和同学的互动中逐渐学会了分享和妥协这两个重要技能。他们在迁就他人的过程中，学会了等待而不是立刻要求别人满足自己的需求。他们学会了新的沟通方式。他们在一起玩想象游戏时，尝试扮演领导者和跟随者的角色。他们学会了如何处理冲突和冲动行为。教室是一个安全的环境，在这里，孩子们体验到了归属感和关怀；他们学会了新技能并从人际关系中获得了自我认同感和自信心；他们开始明白上学就意味着可以和朋友们在一起。从此，和其他孩子一起玩耍，开始成为孩子们生活的重心。

当孩子感到被冷落的时候该怎么办

同一个班里的孩子彼此越来越熟悉后，难免会出现一些孩子拉帮结伙去排挤某一个孩子的现象。孩子在上学期间，你很可能会听到他说："今天没人愿意和我一起玩。"作为父母，一方面你肯定会替孩子感到难过，另一方面可能会对那些伤害了孩子感情的同学感到生气。你感到心烦意乱是很自然的，但作为父母，你的职责是了解清楚实际发生了什么情况，并在孩子遭遇这种经历时想办法帮他面对。

请尽量不要反应过度。我们可以向你保证，每当孩子说"今天没人愿意和我玩"时，通常是指在长达5小时的一日活动之中，有那么5分钟的时间里，另一个孩子不乐意和他玩。这可能是因为你的孩子要求在过家家的游戏里扮小妹妹，但是此时小妹妹一角已经早有人选了，而且其他玩游戏的孩子也不想再添一个小妹妹了。也可能是因为他问别人："我能来玩吗？"但是这时游戏已经开始了，所以有孩子就说："不行。"又或许是因为他要求和某个小伙伴一起玩，但那个时候，这个小朋友就希望一个人待着，没兴趣和别人一起玩。诸如此类的排斥现象是很正常的，属于社交发展过程的一部分。

与其忧心忡忡，不如保持积极姿态，试着和孩子一起解决问题，否则孩子会真的不开心。先认可孩子的感受（"我想这一定让你很难过"），然后再告诉他你在想办法帮他解决这个问题("我们一块儿来想想看,明天如果你想和杰克和萨拉一起玩的时候,你能做些什么")。你可以和孩子进行情景对话,这样如果类似的情况再次发生,他就会知道该如何应答了。

如果萨拉说:"我不想再和你玩过家家了。"

那么孩子可以说:"好吧,那我们一起骑三轮车吧。"

如果杰克说:"这个游戏只有两个超能战士。"

那么孩子可以说:"没关系,我可以做坏人。"

当孩子感到被冷落的时候,还有以下这些办法可以帮助他:

- 教孩子如何直接加入游戏。告诉他与其征求别人同意,不如直截了当地问"你们在玩什么"。如果孩子问的是"我可以和你们一起玩吗",那就相当于自讨没趣。
- 告诉孩子,如果他在和其他小朋友玩耍时遇到什么麻烦,可以向老师或大人求助。幼教工作者的专长就是帮助孩子进行互动。老师可能会对孩子说:"你们能想出一件你们俩都喜欢的事情吗?""你们可以先按奥利弗的方法来玩,然后再按威尔的方法玩。""凯特可以有5分钟玩球的时间,然后计时器说5分钟到了,就该杰西卡玩了。""看看露西的脸。她看上去很伤心。我们能不能找到一种让大家都开心的玩法?""要不你们俩在板凳上坐几分钟,想想你们那个游戏还有什么新的玩法?"

在幼儿园里,我们还教孩子们唱一首叫作《你不能说"不带你玩"》(*You can't say you can't play*)的韵律儿歌。以下内容引自薇薇安·嘉辛·佩利关于儿童社交生活的一本精彩论述。

- 第二天,如果孩子没有再提起这个问题,那你也就别再自寻烦恼了。无论你内心多么焦虑,都不要一脸担忧地问孩子:"今天有人陪你玩儿吗?"迈克尔·汤普森把这种提问的方法称作"找痛"。这种探询痛点的问法,会让孩子感觉到这是你心里的梗,会令他在将来试图通过表露各种消极的情况来引起你的注意。你还可能会因为担心孩子从此被孤立而焦虑不安。无论如何,最好不要对孩子受伤的情绪反应过度,而是要帮助他积极地应对。这并不意味着你不把他的感受当回事,而是说你实际上在帮助他掌握一些技巧,让他能更好地处理人际关系。
- 如果孩子对你说"我不喜欢佐伊",尽量不要把这种抱怨太当真了。有时候,孩子们之间就是合不来。到了明天,佐伊又会变成他最喜欢的小伙伴也说不定。我们时常听到一个孩子对另一个孩子说:"我不跟你玩了。"他真正想表达的其实是:"我不喜欢你玩的游戏。你没有听我的。我不喜欢你找艾丽克丝来当消防员。"孩子嘴上说不喜欢谁,可能过了几分钟就又开心地玩到一起了。
- 如果孩子告诉你,朋友和他闹掰了,你可以说:"有时候,小朋友不想总是和一个小伙伴玩。也许明天你就又能和你的朋友一起玩了。"你可以建议他在发生这种情况的时候找别的小朋友玩或选个别的活动,或者他也可以对那个小朋友说:"你这样说会伤我的心。"如果有一个孩子总是让你的孩子感到受伤或是烦恼,并且你已经试图帮他解决过了,那么你就可以教他去找别的小伙伴一起玩了。

105

最要好的小伙伴和其他问题

正如成年人的交往一样，有时两个孩子之间也会有一种说不清、道不明的相互吸引。他们就是喜欢对方。这可能是无比美妙的，也可能会滋生问题，又或者两种情况都有。这种吸引很可能也会发生在你的孩子身上。起初，两个小朋友玩得很开心。但过了一阵，问题就来了。孩子很快就能揣摩出怎么惹恼对方，领悟之快令人惊讶。我们幼儿园的一个4岁班里，一位老师发现贝丝和卡罗琳这两个"最要好的朋友"有一段时间经常闹别扭。贝丝知道卡罗琳最最心爱的玩具是一只蓝色的泰迪熊，并且卡罗琳不喜欢和别人分享，于是贝丝就会不断地把玩具拿走，故意找碴儿。卡罗琳知道贝丝在吃点心的时候喜欢坐在她旁边，她就故意把这个座位留给别的小朋友。当老师找两个小姑娘的父母交谈后，才发现原来贝丝和卡罗琳每天放学后都见面，而且两家人在周末的时候还会聚会。两个小姑娘的父母是朋友，看到孩子们玩得来也很高兴。但过了一段时间，好事变坏事，贝丝和卡罗琳因为太熟悉了而产生矛盾。自从两人开始保持一些距离，课外约玩的次数也减少后，两人慢慢重拾了友谊。

我们认为鼓励这个年龄的孩子有一个"最要好的朋友"没什么益处。当你每周总是安排同一个孩子陪你的孩子玩，或者总是在你的孩子面前提起"你最要好的朋友卡罗琳"，这样做只会助长孩子的排他性。更有益于孩子的做法是，鼓励他探索怎么和各种性格、各种兴趣、不同性别的孩子一起玩。你的孩子活泼好动，但他可能会和一个不那么活泼的孩子聚精会神、安安静静地玩乐高。一个本不喜欢体能挑战的孩子可能会因为和一个热衷于户外游戏的孩子在一起而发现自己也很喜欢爬上爬下。一个痴迷于超级英雄游戏的小男孩可能会坐下来和一个喜欢画画或是玩桌游的小女孩进行这些活动。有最要好的小伙伴还会带来另一个问题，那就是班上的其他孩子会因为认定自己挤不进这个小圈子而不去接近这一对"最要好"的小朋友。如果这一对中有一个孩子没来学校，那另一个孩子这天就会很失落。

在和孩子谈论他的朋友时，一定要注意你的措辞。除了最好避免使用"最要好的朋友"这种说法以外，你还应该避免把女儿的男性小伙伴说成她的"男朋友"或把儿子的女性小伙伴说成他的"女朋友"。当一个小男孩和一个小女孩交往密切时，我们经常会听到他们的父母说："哦，这两个孩子真是太可爱了。也许他们将来会结婚。"这实际上可能会让年幼的孩子感到不安，示意他们男孩和女孩不可能有单纯的友谊。孩子会把父母说的话当真。我们就听到过有孩子对父母说："但是我还不想结婚。"孩子可能一整天都在担心，自己除了"男朋友"以外还能不能和其他孩子一起玩。请一定要鼓励孩子既和同性交往，也和异性交往，不要把成人的婚恋观用到孩子身上。

如果孩子有社交障碍，怎么办

不是每个孩子都天生擅长社交。有些孩子可能需要在大人的帮助下才能和其他孩子玩到一起。丽贝卡是幼儿园3岁班的一个小女孩，每当其他孩子一边吃点心一边叽叽喳喳的时候，她总是一声不吭地静静坐着，从来不参与聊天。老师对她的父母提及此事，并建议他们从饭桌上做起，帮助丽贝卡提高会话能力。晚饭时，一家人会轮流分享一件当天令自己最愉快的事情。很快，丽贝卡在吃点心的时候就变得更健谈了。有时，孩子只是需要学会如何解读社交信号，比如一种友好的语气或友善的面部表情。莱恩是幼儿园里一个表情丰富的4岁孩子，每当有小伙伴做了让他讨厌的事情，他便会眉头紧皱，双手叉腰。其他孩子开始在游戏中躲着他，因为他们不喜欢他横眉竖眼的表情和气势汹汹的样子。莱恩的老师把他带到一边，模仿他生气时的样子给他看，并向他解释说，这样做会让他的小伙伴们很不安。老师还为他示范了什么叫作"友好的表情"，并告诉莱恩他生气时可以用什么语言来表达。老师接下来时时都在提醒莱恩保持友善的表情。几番提醒后，他再也不横眉竖眼了。自那以后，其他小朋友就又乐意和他一起玩了。

如果孩子在社交或交友中遇到困难，你可以找他的老师谈谈，这么做能帮你分忧。老师会分享她观察到的情况，并帮你出谋划策来改善这种局面。有时，孩子会告诉你他碰到了一个什么具体的问题，你可以把这个问题告诉老师，以便老师日后对这个问题多加留心。如果老师把你的孩子在社交上遇到的某个问题告诉了你，也不要防御性地反击。孩子在社交方面遇到什么困难，家长并不能总是第一个发现。作为家长，你常常看到的是孩子在家或者和别的小朋友一对一玩耍时的情形。但在学校这个更复杂的社交圈里，孩子如何与他人交往，你就不太了解。

结伴约玩

结伴约玩是一种很好的形式，可以帮助幼儿将刚刚学到的社交技能进一步发展。通过游戏约玩，孩子们可以了解彼此的好恶、家庭成员和家庭环境。他们能玩不同的玩具，如果能学着分享玩具那就更好了。我们总是鼓励家长为孩子安排约玩，尤其建议那些在大集体中有社交障碍的孩子更要这么做。如果孩子不太乐意和他人交往，那么只和一个孩子玩比和全班孩子一起玩要轻松得多。为了保证孩子结伴玩得开心、尽兴，以下这些经验值得父母借鉴：

- 确保结伴约玩是一对一的。限定为两个孩子是效果最理想的。我们告诉家长："三个孩子就是一大群了。"在有三个孩子的情况下，通常会有一个孩子被冷落。一对一的游戏能让你的孩子体会到交朋友需要什么样的付出和回报。这也让他有机会真正了解另一个孩子。
- 请教老师的建议，了解下你的孩子在学校里喜欢和谁一起玩。家长常常会根据大人的关系来安排孩子的玩伴。虽然能和与你合得来的家长交往是件愉快的事，但约玩的主角毕竟是孩子，所以选玩伴还是要找和孩子志趣相投的。
- 约玩活动也并不是多多益善。如果孩子已经开始全日制上学，那么每周一次或两次就足够了。过多的活动对年幼的孩子来说太消耗精力了。有些孩子会要求每天都有一个可以结伴玩耍的小伙伴，尤其是当他们看到别的孩子这么做的时候。作为家长，要有自己的判断，并在必要时减少孩子的社交活动。如果有一天放学时，孩子要求和瑞切尔一起玩，你看了一下日程，结果发现要等三个星期才有一个日子空出来，那么你就安排得太满了。

- 给孩子安排不同的小朋友约玩。这样孩子不仅可以接触到五花八门的玩法，还能认识更多的家庭。我们不建议"固定玩伴"。如果你给孩子安排了每周四都和同一个孩子约玩，那么这两个"朋友"可能很快就会彼此生厌并出现消极的行为模式，然后把这种表现带到课堂上去。
- 不要过早地把约玩安排告诉孩子。如果你一早告诉孩子晚些时候会有一个小伙伴来玩，他可能满脑子就想着这件事。家长并不总能意识到，如果孩子知道自己放学后有一个玩伴，他往往会认为在班上他也应该只和那个孩子玩。多数情况下，等到放学后再告诉孩子约玩的安排也为时不晚。有些孩子很想提前知道放学后的安排，那就需要提早一点告诉孩子。不过，你或许要和老师确认一下有没有出现过上述情况。
- 如果孩子累了或不舒服，就取消约玩。有时候孩子会因为累了或者身体不舒服而无法和事先安排好的小伙伴一起玩。当孩子因为你取消了他的约会而哭起来，同时另一个孩子也感到很失望的时候，你最佳的对策是让两个孩子放心，向他们保证你会再找个时间安排的。你也可以建议孩子先回家休息一会儿，然后再看看他等一下是否有精力玩。如果孩子累了或烦了，就算大家都会觉得很扫兴，但对两个孩子来说都好的做法依然是推迟约玩时间。

- 限制玩的时间。一个半小时是合理的长度。一旦超过一个半小时，这个年龄的多数孩子都会失去兴趣，变得又累又容易发脾气。抱怨、打架、哭泣会接踵而来。同样，如果当天孩子已经有课外活动或生日聚会要参加，就不要把约玩安排在这一天了，孩子会吃不消。
- 要有人看管。幼儿玩耍的时候，一定要看得紧一些。没有大人在旁边看着，本来愉快开心的交往很快就会变成一片打闹和哭泣。如果孩子们打人、抓人或推别人，你可以提醒他们："你们要把自己的手放在自己身上。"如果你不在房间里，至少要做到隔墙有耳，这样一旦你听到孩子语气有变化或气氛变得激烈，就能对情况有所判断并进行干预。如果很长时间都没听到任何动静，这可能意味着孩子和他的朋友已经脱光了衣服或正在你家的墙上涂涂画画。
- 要做好参与游戏的准备。有些孩子会马上投入一起玩的游戏中，而有些孩子可能需要你的引导才能玩起来。通常，玩之前先在心里有个计划会比较顺利。后面我们会推荐一些有意思的约玩活动。
- 不要在孩子来玩的时候打开电视、录像或是电脑。这有违邀请其他孩子来你家的初衷，因为这些活动是个人化的，不是社交性的。
- 找些其他事给孩子的兄弟姐妹去做。如果孩子和小伙伴在约玩，而他还有其他兄弟姐妹在家，试着给孩子的兄弟姐妹另找一个活动吸引他们的注意力。年幼的弟妹可能会破坏哥哥、姐姐的结伴游戏，而年长的哥哥、姐姐对约玩的小伙伴来说可能是一种诱惑。如果把兄弟姐妹分开不现实，你就要做好监督，让孩子既不会觉得要对小弟弟负责，也不会因为大姐姐在就分心，而是充分享受他的约玩时光。

- 告诉孩子，无论他去谁家都要遵守别人家的规矩。每个家庭对于接受什么行为、不接受什么行为都有各自不同的规矩。你可以告诉孩子，去别人家做客的时候，就要遵守那个家庭的规矩。在你家，你可以要求来玩的小伙伴遵守你家的规矩。孩子不论到谁家，结束时都应该把玩具收拾好。

- 要离开之前，给孩子提个醒。孩子们正玩得尽兴时，都不情愿就此结束他们的游戏。而你也很容易就成全他们的心意，直到他们玩腻了为止。但这个年龄的孩子一旦玩累了，很快就会散架。最好在游戏快结束之前多给孩子提个醒，这样他们就有时间整理收拾并逐步过渡到结束离开。如果约玩是在一片其乐融融的气氛中结束的，那对所有参加的人来说都会是一次更美好的体验。

- 如果玩着玩着气氛走样了，那就赶紧收场，提前结束约玩并提议改日等孩子们不那么累的时候再约。你可以对孩子们说："我看得出你们俩现在都很累了。我来帮你们收拾好，很快你们就又能一起玩了。"

让孩子学会分享

有些孩子很难学会分享玩具，也不愿意让其他孩子来家里玩他们的东西。如果你的孩子有这样的情况，行之有效的办法是提前和他讨论一下,他愿意和朋友分享哪些玩具,而哪些特别的玩具是他想要收起来的。这样做可以帮助避免一些分享玩具可能会带来的冲突。如果两个孩子都想玩同一个玩具并因此争吵起来,你可以采取以下这些行动:

- 鼓励他们轮流玩。用计时器让孩子们知道各自的时间到了。
- 想想如何换一个玩法。如果两个孩子在抢一匹玩具马,你可以说:"这里有一头牛。我们来搭个农场吧。"
- 如果两个孩子因为抢玩具纠缠不休,最好的办法就是转移他们的注意力。换成吃点心或者讲故事,别让他们再纠缠于争吵的片刻。幼儿的家长很快就能学会如何成为一名转移注意力的高手。
- 当孩子们玩着玩着开始哭起来,你可以通过提供建议来帮助他们化解冲突(见上文)。你也可以问问孩子,他们觉得有什么好的解决办法。到了4~5岁的年龄,孩子更擅于自己解决问题了。对于这个年龄的孩子,你可以把他从发生冲突的地方带走,转移到另一个房间,然后询问他们:"有没有别的办法可以继续玩下去,而且大家都开心?""你能想一个别的游戏玩吗?""让我们休息5分钟,看看你们能不能想出什么点子来。"
- 当游戏玩不下去时,不要问出什么事了。如果你问很年幼的孩子"出什么事了",可以肯定的是,每个孩子都会各执一词。听听孩子们都有什么说法或许对解决问题有帮助,但也可能无济于事。不过无论如何,你都要接受孩子的感受。
- 如果其他方法都行不通,那就把玩具收走吧。

约玩游戏锦囊

当你邀请另一个孩子来家里玩时,事先准备几项有趣的活动肯定错不了。有时孩子需要热热身才能玩起来。约玩的时候要是能组织一些游戏,对大人和孩子来说都会是更愉快的体验。以下是一些可参考的游戏:

- 美术和手工活动:材料包括各种纸、蜡笔、水彩笔、彩色铅笔、粉笔、水彩颜料、胶带、胶棒、剪刀、冰棍棒、橡皮泥。活动包括拼贴、做纸板隧道或纸盒雕塑、做袜子或纸袋手偶、用毛根穿通心粉或麦圈项链。
- 烹饪:食谱要简单,几个步骤即可。孩子(在大人的监督下)可以用塑料刀切东西、协助量取配料、倾倒、搅拌。特别容易上手的食谱包括英式松饼、比萨、水果沙拉、纸杯蛋糕和曲奇等。
- 读读书、听听音乐:大声地读书、听故事、放一张唱片、演奏乐器、唱歌或跳舞。
- 人物扮演:给孩子们戴上帽子、围巾、手套、太阳镜,拿上公文包、口袋书,系好领带,穿上小马甲和鞋子,任由他们的想象力驰骋。
- 出去走走:约玩不一定非要在家里。户外或公园也是好去处。你们可以一块儿出去吃点心或吃饭,也可以去周围的电影院、动物园、图书馆或博物馆转转。

生日

当孩子到了上学的年龄,他也大了,会开始明白过生日的意义。在那之前,他还太小,无法体会其中的乐趣,但是现在他会开始倒计时了。期盼着自己长大一岁对孩子来说是无比神奇的。他们能感到"3岁了"或"4岁了"是一个非常重大的事件。我们见过5岁的孩子伸出五个手指头说:"现在我要用上一只手了!"对父母来说,孩子每过一个生日都仿佛走过了一个里程碑。孩子出生时的情景还历历在目,让人感叹岁月如梭。生日是可喜可贺的日子,在孩子的这个大日子里,他希望能和朋友及家人一起庆祝是很自然的。但什么才是特别有意思的,对于成人和孩子来说可能相去甚远。当艾丽莎满3周岁的时候,南希和所有尽心而为的家长一样绞尽脑汁地琢磨着,怎么才能办好一个生动活泼、让人兴奋的聚会。那时艾丽莎已经上学了,南希发现其他家长都会邀请全班同学参加生日会,并安排娱乐活动。艾丽莎已经受邀参加过在体操馆的生日派对,还去过有魔术师和木偶戏的派对。当南希问艾丽莎是想要体操馆派对、魔术师表演,还是木偶戏小剧场时,艾丽莎的回答是:"我们不能就让爱丽丝和查尔斯过来吃比萨和蛋糕吗?"后来也正是如此,艾丽莎的3岁生日如愿以偿。

在我们那个年代,生日聚会意味着请一些朋友和亲戚来你家一块儿吃汉堡包、热狗和蛋糕。你穿上漂亮的生日礼服,头戴尖尖的生日礼帽,一起玩钉驴尾巴的游戏。你在大家的围观下打开各种生日礼物。如此便是快乐时光。现在,40多人的生日聚会屡见不鲜,还有精心策划的娱乐活动和配餐。家长们透露，为了跟上其他家庭的潮流习惯，或者为了礼尚往来而举办生日派对——还情，让他们倍感压力。其实，多数孩子都像艾丽莎那样，更喜欢小规模的派对。

事实上，生日派对对于幼儿来说可能是一种让他们难以应付的过度刺激。从孩子的角度来看，派对吵吵嚷嚷、忙忙碌碌，并且一片混乱，他可能会觉得自己好像要失控了，而事实也常常如此。如果他是生日派对的小寿星，他可能会因为自己是众目睽睽的焦点而感到不自在。小客人们可能会想打开礼物，吹灭蛋糕上的蜡烛，或抢他的风头。很多孩子都害怕小丑。他们不习惯吃那么多零食和蛋糕。他们也不喜欢气球爆裂时的啪啪声。当派对上拿到的氢气球飞走时，他们会哭。

与亲朋好友来一个小小的庆祝活动，一个生日蛋糕，几根蜡烛，当然还要有一些礼物——这就足以让学龄前的孩子感到自己备受关注了。

请哪些嘉宾来参加生日派对有时会成为敏感的家庭问题，事实也的确如此。如果你决定只和几个好友办一个小型的家庭聚会，那就不要再为没有请班上其他孩子来而烦心了。你也可以随时带着纸杯小蛋糕去班上和孩子们一起庆祝。多数学校都有关于庆祝生日的规定。你要了解清楚，是邀请全班同学还是只邀请一两个特别的好朋友，以及学校在这个问题上有哪些规定。如果你遵照学校的规定来，这就避免了令孩子们觉得受排挤或者受伤害。同样，把请柬直接寄到受邀孩子家里而不是带到学校来分发也能避免上述的问题。别的不说，光是从邮箱里收到请柬，对孩子来说就是一种乐趣，而送去学校的请柬十有八九会被弄丢。

反之亦然，不要觉得孩子有必要参加每一个受邀的派对。如果他对生日派对这种事实在热情不高，可以婉言拒绝一些。但是如果是非常要好的朋友请他去参加派对，你也可以鼓励孩子前去赴约，并对孩子解释，他不去可能会伤害小寿星的感情。

还有一些帮你打造一个快乐生日派对的小贴士：

- 规模不要太大,尽量限制人数。
- 尽量把生日派对安排在周末,而不是在学校漫长的一天结束之后。
- 让孩子帮忙挑选请柬和装饰品。
- 为派对选定一个孩子心仪的主题。把餐桌和蛋糕装饰成孩子最喜欢的动物或人物角色的样子。
- 餐饮从简,比萨、炸鸡块和形状有趣的三明治即可。
- 设计一些简单而有趣的活动:装饰纸杯蛋糕或曲奇饼干、制作圣代饮料、装饰帽子、用贴纸装饰餐垫或桌布。
- 时间不要太长,1.5~2小时足矣。
- 玩一些简单有趣的游戏,例如钉小毛驴的尾巴和抢音乐椅子这类,或者设计一些诸如寻宝或敲打皮纳塔拿糖果之类的活动。
- 礼物小手袋很有意思,孩子们收到都很喜欢,但是没必要不惜代价。
- 如果孩子们是在没有父母陪同的情况下参加聚会,而其中有某个孩子调皮捣蛋,可以让这个孩子暂时退出活动,并提醒他大人希望看到他有什么样的行为举止。
- 当孩子收到礼物时,教他说谢谢。
- 在派对结束后,孩子可能会感到既疲倦又失望,所以要让孩子安静一会儿。

课外活动过度

在过去的15年里,对儿童课外活动过度现象及其负面影响的研究和出版物层出不穷。在这个问题上,心理学家、儿科医生和教育工作者的观点可谓不谋而合:过度的课外活动对幼儿是有害无益的。但尽管证据确凿,近年来我们观察到孩子投入课程化活动的时间还是明显增加了。很多老师都收到过下面这样的家长来信。

> 亲爱的萨默斯女士,我要出差几天,我想让您了解下贾斯汀这周的活动安排。他的保姆玛丽周一会提前半小时接他去看牙医,之后他会去爷爷奶奶家过夜。周二他会直接去上陶艺课,然后回家和里奥结伴约玩、共进晚餐。周三他要去上每周一次的小提琴课,还要和住在我们楼上的双胞胎卢克和杰里米一起玩。周四格莱美和波比会来接他去自然历史博物馆,然后出去吃晚饭。周五我就回家了,我会接他去参加萨曼莎的儿童体操馆派对。贾斯汀很喜欢上学,每天都迫不及待地要去学校。如果他看起来有点累,请让他多休息一会儿。祝您一周愉快。周五见。
>
> 吉尔·亚当斯

我们很难去责怪这样一位一心只想把最好的一切奉献给孩子的家长。从孩子出生的那一刻起,就有人告诉他孩子大脑早期开发的重要性以及早些接触各种活动能够提高孩子的学习能力。他了解到的信息是,幼儿的社交经验对他们学习如何跟别人玩到一起至关重要。现在孩子已经上学了,他又听说别的孩子要么参加足球班,要么在上陶艺课,觉得自己也应该给孩子同样的机会。不仅如此,这段时间他还忙着工作,儿子只好经常和保姆待在一起,这让他感觉不太舒服,他宁愿儿子能参加一些课程化的活动。他最担心的是,如果他不像班上其他家长一样让孩子接触五花八门的教育和社会体验,孩子就会掉队。

在这样一个我们可以随时随地使用笔记本电脑和手机且效率至上的时代,我们自然而然会认为孩子也需要卓有成效的生活。许多用心良苦的父母都掉入了这样一种陷阱,以为给孩子报名参加多种活动就意味着他们是更称职的父母,从而能养出更好的孩子。带孩子马不停蹄地从一门课辗转到下一门课的时候,你可能会觉得你是在尽为人父母的职责——这甚至能减轻你因为没有足够的时间陪伴孩子而产生的内疚感——但事实上,父母给年幼的孩子过度安排课外活动会给孩子造成困扰。

我们一再强调的是:学龄前儿童越忙,效果越是适得其反。过早背负太多活动的孩子容易紧张、焦虑、产生自卑感。在幼儿园,我们已经看到,过多的课外活动安排使得孩子无法充分参与学校生活并从中获得最大收益。娜塔莎是一个4岁班的小女孩,刚开始上学时她对课堂生活充满了兴趣和热情。每到班会活动的时间,她的手总是举得高高的,并会长时间地投入美术活动。然而,开学一个月左右,她开始变得无精打采,无论是一个人玩还是和别人一起玩,都无法集中注意力。经常到了放学时,她会哭着说不想走。老师向她的家长谈起了她的这一表现,才发现娜塔莎原来每周都要参加四次课外活动。在老师的建议下,家长明智地给娜塔莎退了两门课。这位母亲告诉老师,女儿居然因为没再要求她每天都去参加课外活动而感谢自己。娜塔莎很快就恢复了往日的精力,又兴高采烈地来上学了。

老师总是能觉察出一个孩子的课外活动是否过度了。有一些非常明显的迹象可循。课外活动排得过满的孩子往往有以下的表现:

- 疲惫或多动，难以集中注意力关心以及掌握基本信息。
- 由于总是想着下一个活动而心事重重、心不在焉。
- 因为希望被人接受而焦虑不安，无法信任自己的判断力，做什么事都需要得到别人认可。
- 没有成人的指导就没法自己玩。
- 不想去参加某个课外活动，但又不想让父母失望，导致内心矛盾重重。
- 实际上想表达的是"我不知道该做什么"，但说出来的更可能是自己感到"无聊"。
- 面对新事物时容易提不起劲头，主动性不高，反而会说："我早就做过了。"
- 独处能激发孩子们的创造力，但他很难自己找点有意义的事情打发时间。
- 更脆弱，承受力更差。

我们建议的课外活动频率是：3岁的孩子每周不要超过一次活动；4~5岁的孩子每周不要超过两次。

给孩子机会在校外探索各种课外活动并没有什么不妥，但你没有必要把所有这些活动都一股脑儿塞进一个星期甚至一年的时间里。人生漫长，幼儿以后有的是时间学打网球、弹吉他或是说法语。他不需要在5岁前完成这一切。如果获得这些技能的代价是牺牲了一些基本自理技能的学习，比如穿外套、上厕所或是拿杯子，那说明你应该给孩子减负并重新审视这个问题。如果你开始感觉自己仿佛是在充当孩子的私人助理（安排和协助他的各项日程），而不是真真切切地参与他的生活，那你就是做过头了。如果你发现自己无法和孩子坐在餐桌前好好吃一顿饭，而是需要在一堂课外班结束后在车上给孩子喂饭吃，那你要做的是让家庭时间归位。

在家长小组中，我们请家长追忆一下自己的童年，回想一下有哪些事曾经丰富了他们的生活并带来幸福的瞬间。有些家长承认，彼时的他们最喜欢的无非是一些很简单的事情，比如和别人一起玩或是自己一个人待着。他们最快乐的回忆和他们上过什么课几乎无关，也没有人在人生的头五年里就发现了自己的兴趣爱好。牢记这个事实很重要，要让自己彻底明白，限制孩子的课外活动是在帮孩子，而不是在害孩子。

这个好玩吗？

如果你决定每周给孩子报一个（或最多两个）课外活动，选择有很多。社区报纸上到处都刊登着各种各样针对幼儿开设的活动和课程。这些课程大都是寓教于乐的，但在考虑给孩子报班时，一定要斟酌什么才是最适合他的。孩子在有人情味、有足够支持并考虑到他们发育节奏的环境下，才能收获最理想的学习效果。在一个没有压力的环境中，孩子能变得自信并产生终身学习的热情。对于这个年龄的孩子，课外活动应该选择孩子感兴趣的，而不是你觉得会对他有用的。涉及大量练习、等待时间过长或指令过多的课程会让幼儿倍感压力和气馁。应该找一些有创意，又好玩，并让孩子的不同能力得到综合锻炼的课程。与其给孩子报传统的器乐课，不如首选那些可以让孩子通过一起用乐器打击出节奏而把音乐玩起来的活动。你还要考虑到孩子有多少精力以及他的注意力一般能持续多长时间。因材施教，那些专门针对这个年龄段孩子发展特征设计的课程，才能更好地满足孩子的成长需求，并给孩子带来更多快乐。

在给孩子报班之前，有一点很重要，那就是要搞清楚你对孩子上这个班抱有什么样的期待，并注意你的期望值如何影响你给孩子做出的选择。

- 这项活动是出于孩子的兴趣还是出于你儿时未实现的理想?
- 这项活动反映的是你自己的兴趣,还是孩子的兴趣?
- 是你觉得孩子会喜欢这项活动,还是你认为他"应该"上这门课?
- 你是以孩子的兴趣为目标,还是先入为主地认为他有必要"加强"某项技能?
- 孩子在体能和心智上是否都已准备好,足以达到这门课对他的要求了?
- 孩子是否具备了诸如大提琴或芭蕾舞这类教师主导型课程所要求的注意力?
- 最重要的是问问自己:"这个好玩吗?"

　　有时,孩子会要求参加某个特定的课外活动。但这并不意味着他们明白上这个课要做些什么。当艾伦的儿子查尔斯4岁时,他非常喜欢在客厅的钢琴上敲击琴键,还经常要求学习如何演奏。虽然他很喜欢"乱弹琴"、听音乐,但艾伦知道他的注意力还没有达到上课的要求。一直等到8岁时,他才正式开始学习钢琴,而这让查尔斯有了足够的学习自律的时间,正是这种自律让他后来在走向成功的道路上少了些挫折、多了些乐趣。过早开始可能会使他在未来本应真正准备好的阶段丧失兴趣和学习的欲望。查尔斯的钢琴课一直上到他18岁,现在他仍然喜欢弹钢琴。

　　有一点很值得注意:幼儿往往无法充分理解报班上课是要去做什么。有一位妈妈曾经来找我们。她的孩子西蒙4岁了,自己要求"去"空手道班。她答应了这个要求,给他报了空手道班并买好了衣服。西蒙激动地穿上白色的裤子、上衣和腰带,兴高采烈地去上课了。但第二周准备去上课时,他却说:"我不想去了。我已经去过空手道了。"西蒙没有意识到"去"

空手道课意味着每周去一次并且要坚持12周。他是想去参加空手道班，他也去了，现在他不想再去了。他妈妈执意让他继续上课，但第二次课后西蒙还是同样的反应。他妈妈想知道自己这时应不应该继续鼓励西蒙去上课。她既不希望儿子还没入门就放弃，也不愿意看到孩子因为被强迫而讨厌空手道。我们建议她问问孩子空手道课有什么地方令他不喜欢，通过这种方式和西蒙一起解决问题。他之前可能是饿了，需要补充些小点心再去上课；也可能是担心找不到厕所；还可能担心别的孩子对他不友好；或者担心谁会来接他下课。我们告诉这位母亲，如果西蒙还不能自己表达问题出在哪里，她应该去观摩一下孩子的上课情况或者找教练谈一谈。我们还建议，虽然鼓励西蒙再继续上1~2次课是个好想法，但不要强扭孩子的意愿也同样重要。每当孩子表现出抵触或不高兴，家长却往往不愿意到此为止，因为他们不想让孩子觉得可以轻易"放弃"。我们认为在这个年龄，孩子不开心就退课是天经地义的。我们总是告诫家长，上学是有必要的，除此之外的课外活动一律可有可无。

如果孩子很喜欢某项活动，这并不意味着你应该给他再报一个类似的活动课。举个例子，如果他表现出跳芭蕾舞的潜力，那就没必要给他再报个爵士舞班。如果硬逼着极其年幼的孩子在某一个领域有所建树，这种付出往往会收效甚微。孩子可能在3岁的时候钟情于芭蕾舞，但如果你强迫他在这么小的年龄就在舞蹈上出类拔萃，这是很冒险的，因为这样做可能会完全扑灭他对芭蕾的热情。就算他有天赋，过早施压也可能会磨灭他的兴趣，使他日后无法展现天资。如果你想鼓励他发挥潜力，最好的办法就是在家里放放音乐，让他在房间里和你一起翩翩起舞。

停摆时间

我们如今的生活忙碌且复杂。活动安排过度，约会、聚餐和社交活动把我们的日程塞得满满当当，这些情况我们所有人都有。通常，家长以为孩子也要忙起来才好。但如果你问一个5岁的孩子什么让他快乐,他的答案不太可能是体操课或马术课。他更可能会说"是妈妈带我去上学的时候""是爸爸给我讲故事的时候""是我们一家去公园玩的时候"。孩子最珍视的是这些平淡无奇的日常。5岁前幼儿的需求再简单不过了。

我们告诉父母,如果想给孩子一个"尽可能理想的人生起点",他们就要少给孩子安排各种赶场式的活动,要给孩子"放空"的时间。每周要有意识地给自己和孩子放一会儿游手好闲的小假。不要因为自己"无所事事"或"不务正业"而感到难受。无所事事的时候,你其实在做一件非常重要的事,那就是在向孩子示意,你是多么珍视和他共处的时光,这个过程也能让你进一步了解孩子。

你为孩子腾出这个时间后要做的,就是放慢脚步来迎合他的节奏。把台面上堆积如山的邮件撂在一边,等一下再看你的手机短信和邮件。放低身段和他平视并进行眼神交流。和他聊聊你的一天、你的工作、你的经历。问问他这一天过得怎样、都做了哪些事。在这个专门为他留出的空间里,你可以专注地倾听他畅所欲言,可以让他知道你很重视他说的话。你们可以一起观察周围的世界,谈谈你们注意到的自然界或天气的变化。鼓励他提问,了解一下他对自己的生活有什么感受,也聊聊你对自己的生活有何感受。放一段你最喜欢的音乐,谈谈这给你带来的感受。如果孩子把美术作品带回了家,你们可以坐在一起看看他创作了什么,再共同决定把它挂在墙上的什么位置。有时,和孩子一起安静地待着就可以了。孩子可以在你看报纸的时候坐在一边看自己的图画书,你们俩都能感到在一起。一天中你给孩子留出的这段时间也是培养孩子自理能力的好时机,诸如脱衣服准备睡觉、自己刷牙、把自己的衣服扔进洗衣篮、收拾玩具等等。

即使你因为时间有限而要忙着做家务,你仍然可以在这个过程中陪伴孩子。鼓励他参与进来,叠衣服、整理杂物、摆餐桌以及帮忙准备晚饭都是适合5岁以下孩子做的家务事。这样做可以给你机会和孩子谈谈你手头正在忙的事情："摆桌子我们需要什么？""先把水果都收起来，然后再把蔬菜放好。""请你帮我把洗衣液倒进洗衣机里好吗？"当你们一块儿做这些事的时候，你会让孩子觉得他对家庭有一份责任感。

据我们多年教育生涯中的观察，那些可以经常和父母自由自在共度时光的孩子更可能具备对知识的好奇心，更不害怕冒险，也更善于做决定。他们往往是班上那些主动提出想法、领导想象力游戏、对学习充满热情和善于解决问题的孩子。当你允许孩子无拘无束地消磨时间时，你就是给了孩子创造、想象、发现和试验的机会。

停摆时间不仅对孩子有好处，忙忙碌碌的父母也能从中受益良多。当你放慢脚步跟着孩子的节拍走，你就是给了自己一个休息的机会，让自己从成人生活的诸多要求和压力中解脱出来。当你放下身段和孩子平视，你可以收获一个从他的视角看到的新世界。有一位妈妈告诉我们，有一天她和上司闹了一天的别扭，下班后她4岁的孩子对她说："妈妈，那个讨厌的男人，我想对他大吼一声！"和孩子在一起，可以带你重温童年时代的美好时光，那些冒着傻气、打打闹闹、尽情欢笑和忘我表达的时光，同时，你也会在孩子的发现和体验中获得双重的乐趣。你每天投入这么多时间工作，也是为了能给孩子最好的条件。而你腾出精力和时间与孩子相处，不仅是在为孩子做些什么，也是在让孩子为你留下一笔特殊的财富。

第五章

成长篇:
了解在孩子的成长历程中,要注意什么以及何时介入

身为父母，孩子的成长变化将是你人生中最不可思议的经历。孩子到3岁时就已经跨过了无数个惊人的里程碑——第一次学爬、学走、学说话。现在他到了学龄前的年纪，还将继续飞跃式地成长。他会掌握更大的词汇量，体格变得更强健，社交能力也将日益增强。在一个高品质的早教机构，孩子这些与生俱来的能力将在各个层面得到有保障的培养和提升。研究显示，幼儿在最初这几年的学习能力比任何其他阶段都要快。作为教育工作者，我们亲眼见证，在适当的支持和指导下，学龄前儿童突飞猛进地成长。

这并不意味着我们认为孩子应该从3岁起就开始阅读和写作。学习能力的培养需要时间。我们告诉家长，孩子学会走路前要先学会爬。孩子能够抓起笔在纸上写写画画之前，他需要先锻炼手臂和双手的肌肉，从而具备这一能力。在学前班的教室里，他可以在画架上画画、揉橡皮泥、用蜡笔画画，这些都有助于培养孩子日后握笔写字所需的肌动技能。虽然积累词汇量和认字母表对幼儿来说很重要，但蹦蹦跳跳或是和别的孩子分享玩具的能力一样重要。这个年龄的孩子，所有的能力都是互相关联的。当孩子在身体、情感或智力等任何一个发展领域缺乏自信时，他对学校的热爱程度或者整体学习的综合能力才将受到制约，这种情况屡见不鲜。举个例子，如果一个孩子体能上无法胜任户外器械的活动，那么他的自信心将会受到打击，从而影响他情商的发育。如果他缺乏自信，那么他可能会在操场上做游戏时避开其他孩子，进而影响他社交能力的发展，而这种影响还可能会进而体现在他的课堂表现中。

对父母来说,所谓"典型的"发育特点是个很难把握得准的概念。孩子的变化一天一个样,尤其当他是你第一个孩子的时候,你不太可能有什么参照可以囊括他成长过程中涉及的方方面面。孩子应该在几岁时能认出自己的名字?他什么时候能在早晨上学前自己穿好衣服?一般的孩子是3岁还是4岁学会单脚跳、双脚跳?即使你有了老二,也很难判断两个孩子的表现是天生的差异,还是某一个真的发育滞后。艾伦的大女儿爱丽丝在一岁半的时候就已经能说出句子了。艾伦一直以为这是正常的发育进度,直到她生下查尔斯才知道并非如此,因为老二到了两岁半仍然说不出一句完整的话来。艾伦最初很担心,不过儿科医生告诉她,查尔斯的语言能力没有问题,他只是有自己的节奏而已。与姐姐一开口就能说出各样东西的名字不同,查尔斯虽然开口相对较晚,但是一开口就直接说出了完整的句子。

尽管学龄前儿童的每个年龄段都有典型的发育范围,孩子的成长仍将依循他自身独特的规律、性情、性别特征或身体特点。所谓"正常"发育在每个年龄段都有较大的表现差异,年龄越小,就越难给出一套精确的指标。多数孩子的发育不是一个均匀、连续的过程——更多的情况是,他们在某一方面发展迅速,而在另一方面却有些落后。南希的小女儿艾丽莎很早就表现出优秀的身体协调能力。她可以爬到攀爬架的上面,还能轻而易举地接住并击打棒球。但和她很早就认识字母表并开始阅读的哥哥迈克尔不同,艾丽莎学会字母表要晚得多,而哥哥至今接球还接不利索。在整个青少年时期,艾丽莎热爱运动,而哥哥则更喜欢宅在家中,窝在屋子里抱着一本书啃。南希就像大多数家长一样,她也希望鼓励孩子们去做自己天生擅长并喜欢的事情。但是作为一名教育工作者,她深知鼓励迈克尔和艾丽莎全方位发展的重要性。孩子们会自然而然地被自己擅长的活动所吸引,同时会避开对自己能力感到信心不足的领域。南希经常带儿子去游泳,以帮助他有更好的体能发展。艾丽莎一读书就感到困难,所以在她整个小学期间,南希经常给女儿大声朗读故事来鼓励她。当你找到一些轻松有趣的方式帮助孩子既能参与对他来说有难度的活动,又能发展他所热衷的兴趣时，你培养的就是他的自信心，能够让他变得更愿意尝试新事物。

还有一点很重要，那就是不要在孩子还没有准备好的时候就逼他做到什么程度。他在某项技能上遇到困难，有可能是因为年龄还没到，如果你不断逼他，会使他心灰意冷。那如何知道孩子是否准备好了呢？在这方面，老师可以成为你很好的信息来源。幼教工作者专攻儿童发展问题，他们可以说出某个孩子的发展是在普遍的范围内，还是可能需要一些额外的支持。一个有经验的老师多年来已见证数百个同年龄的孩子进出他的教室，他可以向你说明你的孩子和同龄孩子相比发展如何。如果你对孩子的能力有任何担忧，老师能告诉你什么时候该推孩子一把，让他在某方面得到锻炼，或者他会告诉你放心吧，因为没有需要感到担心的理由。

孩子的发展如果有些不平衡，老师可能是第一个注意到的。老师和家长不同，他们观察孩子时，总是在很多同龄孩子在一起的集体环境中，而不是孩子单独一个人或是和他的兄弟姐妹相处时。在有些情况下，你的孩子可能的确需要一些额外的帮助，但这并不一定意味着需要找专家帮忙。你可能就是需要和孩子的老师一起商量下，找一个可以鼓励孩子学习某项技能或改变某种行为的办法。

本章的目的就是揭开围绕学龄前儿童发展问题的种种迷思，以便帮助你更好地了解自己的孩子，并对他抱有恰当的期望。当你对各个阶段"典型发育"的具体所指有所了解后，在老师找你谈孩子的发展时，你至少有个依据，而且也更容易在如何帮助孩子的问题上和学校沟通商量，达成共识。

发展标准

在家长小组中，我们通常一开始就会向家长介绍一下，幼儿时期不同年龄的孩子在体能、情商和语言的发展上有哪些典型的标志。一般情况下，每当家长获得了这些信息，他们的反应是如释重负："哦，原来这就是为什么我的孩子还没有做到：他还没准备好。""现在终于明白他为什么会那样做了，他还是个3岁的孩子。"

我们发现，一旦家长更了解孩子发展的这个过程，他们就更可能给孩子设定合理的期望值。家长往往在孩子还没有准备好的时候就推着他去做某件事，或者忽略了孩子已经准备好学习一项新技能。如果你期望3岁的孩子自己穿袜子，结果因为孩子做不到而十分沮丧，那你就是要求太高了，孩子还需要更多的时间来学习这项技能。然而，如果你4岁的孩子还是不会自己穿袜子，那你就得教他怎么穿并和他一起练习了。用不了多久，你就会发现他已经准备好自己穿衣服了。

不过，我们的意图并不是要家长把发展指标做成一个期望清单，或者总是拿自己的孩子和其他同龄孩子比较。衡量标准是有用的，但前提是你要明白每个孩子在不同领域的发展是不尽相同的，孩子的进步有时大步流星，有时一步一步来，有时前进两步退后一步。与其用这些指标衡量孩子应该做到什么，不如想想你可以采取什么方式协助孩子在不同年龄阶段发展。老师就是这样给自己定位的：他们把自己看作每个孩子自然成长过程中的助推者，而不是孩子发展训练营的教官。潜力本就存在，但要靠我们所有人去鼓励孩子发挥。

体能发展

无论是在户外跑跑跳跳、拿着蜡笔画画，还是在吃点心的时候从水壶里倒水，或是放学时自己穿外套，孩子们在学校做的几乎所有事都会涉及某种体能活动。一个体能技巧缺乏的孩子，可能会在自理方面遇到更多困难，独立性的发展从而也会受到限制。一个体能发展好的孩子可以为自己制定目标、挑战自我并在自己可以做主的时候不断鞭策自己。这些技能让他有信心主宰自己的世界。

1. 大肌肉运动技能

3~5岁孩子的身体正处在大肌肉发育阶段，那些受大肌肉控制的技能也会随之发育。因此，这个时候加强大肌肉的锻炼，会为孩子协调性的发展和新技能的学习打好基础。鼓励孩子使用他的大肌肉变得格外重要。可以让他在户外的儿童器械上玩，或者在一个倾斜的画架上进行艺术创作，也可以和他一起玩"小推车走路"的游戏，让他趴在一块滑板上，用手臂向前推进。让孩子用蘸了水的笔在你家房子的一面墙上"挥毫泼墨"，也不失为另一种让他锻炼大臂肌肉的有趣方法。

下面列举了一些孩子在学校进行的有助于大肌肉运动技能发展的活动，你也可以鼓励孩子在家里尝试。

3~4岁：
- 奔跑和跑跳；
- 原地跳；
- 上下楼梯；
- 原地踏步；

- 展开双臂投掷和接住一个大球;
- 攀爬;
- 踢大球;
- 双脚交替上楼;
- 一次一个台阶地下楼(双脚不交替)。

4~5岁:
- 双脚交替上下楼;
- 跳来跳去;
- 单脚跳;
- 单脚平衡;
- 跳跃障碍物;
- 驾驶三轮自行车转向;
- 在攀吊架上用双手交替摆动;
- 用手接住球或沙包;
- 翻跟头;
- 跑"8"字路线;
- 对周围事物和人与自己的距离有概念。

孩子在学校会接触到各种各样旨在促进大肌肉运动技能的用具和器材。如果你有足够的空间，不妨在下面的清单中选几件放在家里:

- 大橡皮球、沙包、滑梯、攀爬设备、三轮自行车、滑板车、呼啦圈、锥体障碍物。
- 平衡木、球门、彩带、运动垫、空心木块。

2.精细运动技能

3~5岁这个年龄段也是手部小肌肉控制的精细运动技能发展的阶段。日后写字一定会用到这些小肌肉。在孩子能够写字或画出形状之前,他的手部肌肉必须具备抓握和运用书写工具的能力。学前班的课堂上之所以会有很多橡皮泥,是因为搓橡皮泥有助于这些肌肉的发育(也很好玩)。3岁的孩子会用手压平、揉捏、敲打、搓动橡皮泥。到5岁时,孩子的肌肉控制力更好了,这时他们就可以捏出小人、小动物、鸟巢或小碗。但是孩子要等到大臂肌肉发育好之后才能捏出这些形状。

以下是一些孩子在学校会参与的促进他们精细运动技能发展的活动,你也可以鼓励孩子在家里尝试这些活动。

3~4岁:
- 一页一页地翻书;拼简单的拼图;剪纸;用笔刷画画;从凉水壶里倒水;画线;画圆圈。
- 穿大珠子;搭积木塔;撕纸;画出一个由2~3个部分组成的人物,比如一个脑袋加上四根棍子(代表四肢或躯干)的火柴人;用手指拿起小东西。

4~5岁：

- 扣扣子和解扣子；拉上拉链和拉开拉链；完成8块及以上的拼图；用剪刀沿线剪开纸张。
- 画一个由6个部分（身体、脑袋、双臂和双腿）组成的人物；画简单的物品；抄写大部分字母（大写），用大写字母写出自己的名字（不用写姓氏）。
- 玩乐高、用小（塑料）钉板、搭建玩具、玩磁力板、用手工卡穿线；玩橡皮泥和黏土、擀面杖和饼干模具；搭积木；用画架和粉笔板；用剪刀；翻看书本；穿道具服过家家；用打孔器和胶带。
- 开始接触粗细水彩笔、蜡笔、大粉笔、挤压瓶、喷雾瓶、镊子、衣料别针、手指画颜料、拓印模板、沙子和水桌、印章和印泥盒、贴纸、缝纫材料、小水壶、眼药水瓶。

语言发展

儿童学习语言的能力可谓人类发展中最令人惊异的奇迹之一。孩子在3~4岁的时候很可能已经掌握了大约1000个词汇。到5岁时，他的词汇量将会达到约1500个（不是让你开始统计孩子的词汇量）。有效沟通的能力对幼儿来说是一项关键技能。当孩子能够交流时，他可以让别人明白他在说什么，可以和朋友一起玩耍，还可以表达自己的需求和想法。语言给了孩子自主性，是他们开始掌控自己周围环境的第一步。一个有语言障碍的孩子会难以解决和其他孩子的分歧，难以和他人建立关系，无论是表达自己的想法，还是理解他人的想法，都会更费力。随着孩子越来越善于谈论自己的观察和体会，他会自然而然地进入一个更广阔的世界。

家长经常会把语言和说话混为一谈。南希最近告诉一位爸爸,他的女儿詹妮弗具有出色的语言能力。这位家长的反应是:"你在说什么呀?她总是把各种东西念错。"南希解释说,虽然詹妮弗讲话时会出错(口头表达语言的能力),但她在语言能力上毫无问题(表达自己想法的能力)。她可能会把"意大利面"说成"大理面",但她能围绕晚上出去吃意大利面这件事讲出一个完整的故事来。幼儿说话常常咬字不清、不知所云。他们可能会混淆语音、混搭词语,或者无法掌握某些特定的发音。他们也可能会结巴或讲起话来磕磕绊绊。这种不流利通常是语言发育过程中的正常现象,这只是意味着口部肌肉的功能还跟不上大脑工作的速度而已。通常孩子到了5岁,这种现象就会逐渐消失。

还有一个事实就是对语言的理解力和单纯拥有较大的词汇量是有很大差异的。我们有时会遇到滔滔不绝的孩子,但他不一定总是明白那些单词背后的意义。4岁的麦克斯就是这样一个孩子,他能说会道,我们第一次见到他时,他就可以将世界各国的名称和著名古典音乐作曲家的名字娓娓道来,但如果你问麦克斯为什么故事中的某个角色会那样做,他就说不上来了,因为他不理解这个故事的意思。在故事时间,由于听不懂故事在说什么,他经常会走神或借口要上厕所而离开听故事的地点。

语言专家把孩子的交流方式分为"表达性语言"和"接受性语言"两种形式。表达性语言指运用恰当的句法(一个句子中正确的用词顺序),以清晰、有条理的方式表达思想和感情,包括回答问题、联系事件和参与双向的对话。接受性语言指的是理解和处理语言,包括听从简单指示以及理解故事和问题。例如,詹妮弗有很好的语言表达能力,但同时也表现出她这个年龄普遍的表达不流畅。麦克斯的词汇量不小,但接受性语言的能力却比较差。

3~4岁的孩子正在发展的语言能力可能包括以下这些方面:

- 可以用 4~5 个字造句说话。
- 能讲一个连贯的故事。
- 可以用句子提问。
- 能说出自己的全名。
- 开始用语言来表达感情。
- 能够参与一来一去的对话。
- 能听从包含 2~3 个步骤的指令。
- 理解昨天、今天和明天的概念。
- 理解尺寸（更大、更小）和距离（旁边、中间、后面）的相对概念。
- 能让家庭以外的多数人理解自己的意思。

4~5岁的孩子正在发展的语言能力可能包括以下这些方面：

- 会用 6~8 个字造句说话，会问"为什么"。
- 能够描述事物的用途。
- 开始询问单词的意思。
- 能够复述简单的故事。
- 在讲一个故事的时候可以做到不跑题。
- 能够按照事情发生的先后顺序进行叙述。
- 可以复述 4 个词以上的短语。
- 理解反义词。

- 能用简单的押韵词。
- 能数到 10。
- 能列举出一周的每一天。
- 能坐更长时间,听情节更复杂的故事。

孩子的老师会通过以下方式推动孩子的语言发展,家长也可借鉴:

- 和孩子说话语速要放慢,口齿清晰,语气富有表现力,为孩子树立良好的语言模范。
- 以积极的倾听回应孩子的问题和想法(与孩子进行眼神交流,点头或微笑,并拓展他的想法)。
- 每天给孩子读各种书籍(虚构类题材、非虚构类题材、诗歌)。
- 玩语言游戏:押韵、唱歌、讲笑话。
- 玩一些诸如"西蒙说"这样的听力游戏。
- 不要用"宝宝口吻"与学龄前儿童交谈。
- 切记不要纠正错误的发音——示范正确的发音即可。
- 随着孩子成长引入更复杂的故事和词汇。
- 鼓励孩子用嘴巴说他要什么,如果他用手去指,不予回应。
- 问一些开放式的问题。
- 让孩子试着预测,读故事时你可以问:"你认为接下来会发生什么事?"
- 用物品(比如一根香蕉和一个苹果)进行比较。

- 帮助他学习新的词汇来表达他的感受。
- 等待孩子的反应——他可能需要几分钟才能组织好语言回答。
- 如果有人在和孩子说话,一定不要代替孩子发言。
- 鼓励孩子自己编故事、讲自己的故事或复述他听到的故事。

对于双语儿童,这里说一句:一个孩子能说两种语言并不意味着他的语言发展就一定会受到什么有利或不利的影响。我们见过有的孩子来学校的时候就会三门语言,交流也没有困难。我们也见过有些双语孩子两种语言的发展不太平衡,他们会把两种语言的单词混着用,不能总是把两种语言有效分开,或者其中一种语言要学得比另一门快。正如其他幼儿发展领域,学语言上孩子们也有自己的节奏。如果一个双语的儿童把单词混淆在一起或是在一门语言上有所落后,这不应被理解为一种发育延迟——这只是幼儿学习多语种的一个过程。

对于双语儿童的家长,有一点很重要,那就是你应该在两种语言上都给孩子提供丰富多样的体验。如果你用一种语言给孩子读书、唱歌、讲故事并和他交流,你也应该用另一门语言这样做。当双语本来就是家庭文化的一部分时,这样做也会更顺手。但如果父母本身不会某一种语言,只是为了让孩子获得一种有用的技能而决定让他学这门语言,对孩子来说难度就会更大。只有第二语言在孩子的日常生活中真正有用武之地,才能赋予它更大的意义。

有时,双语儿童进校时还没有在任何一门语言上掌握足够的词汇量,无法进行有效的社交。这些孩子需要额外的帮助和一些时间才能适应课堂的语言环境。如果担心孩子无法很好地理解某一门语言或者他在沟通上的障碍造成了社交困难,你可能需要和老师一起想想办法,然后再决定是否需要联系语言方面的专家。

社交情感发展

孩子的社交情感发展最初是在和家庭成员的关系中建立的，然后才会扩展到与朋友、老师以及家庭以外其他成人的交往中。与同学和老师建立的友谊会令孩子收获巨大的快乐。因此当孩子不能顺利地与他人建立关系时，他在学校的方方面面都会受到影响，后果就是孩子变得厌学。孩子的社交情感技能还包括自理能力，例如整理自己的玩具、自己吃饭和自己穿衣服。若家里不鼓励孩子学习这些技能，会有碍于他全身心投入学校生活。同样，如果你在家不给孩子立规矩，到了学校再要他接受课堂纪律、学会自制并对自己和自己的行为负责，那就难上加难了。

3~4岁的孩子正在发展的社交情感技能包括：

- 与父母分开。
- 向大人表达自己的需求。
- 学会分享。
- 学会轮流。
- 听从指挥。
- 和别的孩子以及大人对话。
- 遵守规定。
- 开始为自己的行为负责。
- 珍惜物品。
- 能在一些日常活动中帮忙。
- 吃饭时能在餐桌前坐一小会儿。
- 会服从大人的权威。
- 学会忍受挫折。

- 开始用语言来表达感情。
- 在提出要求时会使用"请"和"谢谢"。

4~5岁的孩子正在发展的社交情感技能包括：
- 交谈时有眼神交流。
- 尊重他人，有礼貌。
- 能参与合作性的活动并为共同的目标而努力。
- 尊重他人的权利并懂得捍卫别人的权利。
- 帮助有需要的人。
- 能通过妥协和商量来解决矛盾。
- 能够进行双向的对话。
- 别人说话的时候，懂得倾听而不是打断别人。
- 理解和尊重他人的差异。
- 开始拥有一些特别的朋友。
- 开始具备是非观念。
- 表现出同理心。
- 可以接受延迟满足。

正如老师会帮助孩子在社交和心智方面更好地发展，你也可以通过以下方式帮助孩子这些方面的发展：

- 给孩子树立明确的规则。

- 让孩子为不良的行为承担后果。
- 表扬好的行为。
- 让孩子做力所能及的家务（整理玩具、摆桌子、把衣服放进脏衣篮）。
- 帮助孩子培养自理能力（穿脱衣服、刷牙、上厕所）。
- 教孩子言行举止要有礼貌。
- 在孩子面前要以身作则，教他如何爱己敬人。
- 玩具坏了，不要立马换新的。
- 对打人和骂人的行为零容忍。
- 让孩子一起参与帮助他人的活动（给福利院送食物或给儿童医院送玩具、给生病的朋友打电话）。
- 给孩子二选一的方案，通过这种方式鼓励孩子自己做决定。
- 不要讽刺孩子或故意让孩子难堪。
- 不要在孩子面前谈论他而无视他的存在。
- 期待孩子做事有始有终。
- 允许孩子吃一堑长一智。
- 教孩子运用新的词汇表达自己的感受。
- 让孩子自己动手，借此向他传递"你可以"的信息。
- 对过程和努力进行表扬，而不仅仅是赞美孩子的成就。

问题行为

在孩子的成长过程中，你或多或少要应对一些棘手的行为，比如乱发脾气、哭喊、任性、跟你对着干、焦虑、冲动、害羞、拒绝分享、注意力不集中或有攻击行为等。其中很多像"乱发脾气"这样的行为会在孩子3~4岁时得到改善。而"拒绝分享"这类行为，在你给孩子做出明确的规定并要求他对自己的行为负责时，也会有所改变。事实上，不同的方法都能改善问题行为。家长告诉我们，借鉴老师在课堂上使用的一些技巧令他们受益匪浅。

- 问题行为1——不听话和对着干：这类孩子可能会经常乱发脾气，动不动就大哭、爱吵闹、喜欢吸引别人负面的关注、拒绝服从、固执己见。他们可能会有睡眠、饮食或如厕方面的问题。

老师的做法：对孩子提出明确的期望，并前后一致。在过渡到另一个活动前，给孩子提个醒；对孩子的抱怨和哭闹不予理会；坚定立场，但同时保持冷静和中立；用幽默的手段，创造挑战和游戏来鼓励孩子之间的合作；对好的行为加以注意并给予奖励。

- 问题行为2——焦虑或恐惧：这类孩子是慢热型的。他们在投入参与某件事之前先要保持距离，打量一下情况。他们可能会拒绝参加一些其他孩子乐在其中的活动，也可能会忧心忡忡并提出很多问题。他们可能会大哭，并拒绝离开父母或老师。

老师的做法：给孩子很多支持和赞美。用坚定的眼神告诉孩子，他可以做到；为孩子示范有自信的行为（"哦，灯灭了！我们去找一个手电筒！"）；鼓励孩子独立并让他承担责任；提前让他为下一步做准备；以角色扮演的方式帮助他应对焦虑；提醒孩子，大人会一直保护他们的安全；用拥抱或握手的方式来安抚他们；鼓励孩子一点点直面自己的恐惧。

- 问题行为3——非常好动和冲动：这类孩子往往很好动，遇到人和东西总是喜欢去触碰、跳上去或撞上去。他们说起话来喋喋不休，还喜欢不停打断别人。他们难以倾听他人，容易过度兴奋。他们做起事来很跳跃，任何一件事都只能持续做一小会儿。他们很难适应大的集体环境，也很难交到朋友，或从一个活动过渡到另一个活动。

老师的做法：建立规律的作息并安排有序的活动流程。通过小组活动让孩子少分心，多专注；创造很多体能活动的机会；在活动过渡前给予提醒；如果孩子过度兴奋，就让他先停一停；鼓励孩子进行一些放松的触觉性活动，例如玩水和橡皮泥；不要说"不"，而要进行积极的重新引导:"在沙发上跳还不如我们双手双脚开合跳呢!";建议家长不要让孩子看带有攻击性主题的电视节目;尽量不要给孩子过多的选择或讲太多的话,让孩子不知如何是好。

- 问题行为 4——注意力不集中和散漫:这类孩子难以倾听他人和集中注意力。他们可能很难融入集体,难以遵守作息制度,会显得有点儿孤僻,只沉浸在自己的世界里。他们可能比较健忘并很难和其他孩子一直玩下去。

老师的做法:帮助孩子在完成任务时有始有终。用图表展示一天的作息安排,坚持按作息流程走;给孩子布置一些简单的任务;让孩子重复刚才说过的话;和孩子进行眼神交流并教导孩子不要打断别人;把玩具放在指定的位置并用标签表示特定的物品,建议家长规定孩子最多可以在玩具架上放几件玩具,并把孩子的房间布置得宁静祥和。

- 问题行为 5——害羞或沉默寡言:这类孩子不太活跃或是不那么愿意参加活动。他们不喜欢向成人求助。他们融入集体的速度很慢。他们不愿意和家人以外的人说话。他们回避眼神交流并缺少朝气。

老师的做法:慢慢地让孩子接触新的体验。陪伴在孩子身边,但不要老是围着他们或逼迫他们;通过关注孩子的兴趣点和鼓励孩子发展特长来培养他们的自信心,如果一个孩子很害羞但身体灵活,老师可以突出他体能上的成绩；示范何为友好的行为，并模拟一些难解决的情境进行角色扮演；让孩子和每天见到的熟人打个招呼；建议孩子与其他小伙伴约玩来建立友谊；给孩子读一些有关主人翁克服困难的故事。

如果孩子有发育迟缓的问题怎么办

近年来，幼教工作者注意到，越来越多的孩子在入学之初就有各种各样的问题并表现得发育迟缓。我们经常从同事那里听说类似的情况，而且不仅出现在纽约这样的城市，全国各地都有。所有人都在问同一个问题：为什么会出现这样的情况？社会对这个问题猜测纷纷，但部分原因似乎是老师的观察能力变得更为敏锐了。当今的幼教工作者在儿童非典型发育问题方面一直接受培训，因此越来越有能力识别出有问题和发育迟缓的儿童。同时，儿科医生也更倾向于评估考察孩子的整体需求，而不仅仅是关注他们在体格和医疗层面上的健康，会更积极主动地推荐专家进行早期干预。

如果你已经尝试过鼓励自己的孩子并在一段时间内对他进行了仔细的观察，但仍然没有看到他的某个行为有任何改善，同时孩子自己也越来越灰心丧气，那么你可以问问自己以下这些问题：

- 有没有什么特殊情况是引发孩子问题行为的导火索？
- 孩子的语言能力是否影响了他的社交能力或别人理解他的能力？
- 孩子的声音是很尖锐还是很嘶哑？
- 孩子是否一直口吃？
- 孩子听从简单指令的时候有什么困难吗？
- 家庭是否为了避免冲突或对抗而总是迁就孩子？

- 孩子是不是在椅子上一刻都坐不住？
- 孩子是否对事物只有三分钟热度，没法好好地利用玩具？
- 孩子是否对噪声或刺激性的环境有过度反应？
- 孩子是否难以控制自己的冲动，也无法遵守明确的纪律？
- 孩子在和其他孩子互动时是不是动不动就攻击别人？
- 孩子是否会回避或大或小的涉及运动能力的活动？

如果你对上述一些问题的回答是肯定的，而且孩子的情况也已持续了一段时间，你可以和孩子的老师、幼儿园园长或儿科医生交谈沟通，进一步了解情况，必要时也可以请儿科医生介绍相关专家给你。

有时，就算家长尽了最大努力，孩子在成长过程中还是会出现一些实实在在的问题。如果发现孩子有问题，你首先应该找老师谈谈，问问老师是否也察觉了类似的行为问题，以及这些现象是否属于典型的发育表现。老师可以帮助你判定，你的担心确实有道理还是你需要给孩子更多的时间来慢慢成长。例如，你4岁的孩子即使每天都能看到挂在教室墙上的字母表，也还是不认得它们，这可能是很普遍的。很多4岁的孩子字母表都认不全。但是，如果你的孩子反复看到用清晰的印刷字体写出来的"大卫"，却还是不认识自己的名字，那么老师可能就需要在课堂上特别关注一下他的字母识别能力，并建议你在家里也多花些心思。老师们通常都很有经验，能提出各种策略帮助孩子学习对他来说有难度的东西。

当家长和老师从孩子的最大利益出发而进行建设性合作时，就会有很大的收获。4岁半的阿丽的妈妈就道出了她的担忧：女儿似乎无法有逻辑地拼图。她无法对颜色或形状进行配对，也不会通过看图来辅助找到拼图块儿正确的位置。阿丽的老师说她也注意到了同样的问题。老师还发现阿丽难以找到自己的柜子，并且常常是最后一个在点心时间找到自己座位的孩子。问题似乎出在阿丽对事物的视觉感知上。老师帮助阿丽在她的柜子上贴了特殊的标签,并指导她在把拼图拆开之前先描述一下上面的图形,这样阿丽就可以用她较强的口头表达能力来弥补她视觉观察力的发育不足了。在家里,妈妈给阿丽布置了同样简单的拼图任务,并和她讨论拼图上的图形,好让阿丽获得乐趣的同时对自己的能力建立信心。没过多久,阿丽就玩起了更有难度的拼图。

碰到有些情况时,找儿科医生交流一下很有必要。例如,如果孩子的问题和语言有关,儿科医生可能会建议做一个听力测试,特别是在孩子经常患中耳炎的情况下。有时,老师会发现孩子在集体活动时心不在焉,叫他的名字时他没有察觉,也无法很好地听从指挥。如果家长也有同感,那我们通常会建议家长去咨询一下儿科医生,有可能是孩子有中耳炎导致的耳部积液。一旦这种情况得到解决,孩子的语言发展就会有很大的进步。

和孩子的老师齐心协力

老师通常会告知家长孩子有哪些问题,而家长一开始往往会不高兴或开始为自己辩护。当别人暗示孩子在学校过得不太顺利时,你感到焦虑是很正常的,但试图否认这种表现无济于事。要保持冷静,并尽量避免过激反应。如果你不理解或不同意老师的说法,可以对老师重复一遍他的话以确认自己听到的内容。给自己一点时间来思考和消化老师所提供的信息。用一段时间观察一下,孩子在家里是否也有类似的行为表现——你可能以前没有注意到他的一些行为。不要因为一时冲动而延误你为孩子采取对他最有利的措施。当你把孩子的老师当成你的盟友时,你们双方都可以本着孩子的最大利益而携手努力。

在某些情况下,家长可能有理由对老师说的话持保留意见。如果老师陈述了一个问题,但却没有对孩子的行为做出充分描述,你应该让他给你举例说明,然后再和他一起一步一步找到解决方案。如果老师马上就给孩子贴上了某个标签("我觉得你的孩子有注意力缺乏症"),你就需要提出问题。老师永远不该给孩子做诊断或"贴标签",那是专家的工作。老师的职责是描述孩子的行为,并为了帮助孩子改善在家和在校的表现而提出一些切实可行的建议。他可能会建议你带孩子去做一个评估,但是他本人不该做这件事。如果老师提供的信息和你的感受有出入,较好的做法是在采取进一步行动之前先和你的配偶、儿科医生、园长或专家交流一下。

什么时候找专业机构进行干预?

即使是最有办法的家长和老师,在试遍了所有可能的办法却无果后,也需要专家的支持和专业意见。当你已经和孩子的老师协作了一段时间并咨询了儿科医生,但孩子还是没有好转,那此时可能就需要专业机构介入了。我们认为这种形式的干预是正常的。我们永远不希望家长觉得孩子背负了耻辱或是被贴上了标签。因此,我们将孩子的发育障碍描述为一种不平衡或是迟缓的表现。多数孩子的发育并不是均匀而连贯的,而且孩子也会有各自的优缺点。当发育不平衡或发育迟缓确实影响到孩子的社交、情商或认知能力时,从我们的经验来看,早期干预是大有用处的。

学龄前的这个阶段为家长、教育工作者和专家提供了一个介入孩子发育问题的黄金窗口期。早期干预能对治疗效果起到关键作用——这是因为学龄前儿童在这个阶段学得比其他时期都要快。早期干预不仅能推动孩子的发展,还可以防止发育受阻的孩子因此表现出自卑和挫败感。家长有时不太愿意寻求专业帮助,因为他们担心自己的孩子会被人贴上标签。然而,根据我们的经验,如果家长在孩子小时候回避这个问题,不予处理,随着孩子的成长和学校的要求越来越多,情况就会变得越来越棘手。

有些家长通过学校或儿科医生的推荐,私下寻找专家为其服务,也有家长通过联邦授权、州政府运营的干预计划获取服务。要接受这些服务,必须有医生的确诊,表明孩子在以下一个或多个方面有残疾或被确诊的发育迟缓,包括身体、认知、沟通、社交、情商和适应能力。不过,各州的标准可能不尽相同。如果想了解所在州的早期(0~3岁)干预或学前

（3~5岁）干预计划，你可以和儿科医生、当地的学区或医院进行交流。

一旦决定咨询专业人士的意见，至关重要的一点是，你要一直参与其中，以使干预效果最大化。家长往往期望专家能解决孩子的问题。而事实上，家长本身应该为孩子发声，要协调专家和学校之间的沟通，还要在家里按照专家为孩子提供的建议进行配合。如果出于某种原因，心理医生或其他专家让你感到不安，或者孩子经过一段时间的干预治疗后仍然没有起色，不要放弃，试着去找一位更符合孩子和家庭需求的专业人士。我们看到，当一个家庭找到一位更契合自身需求的专家时，不仅家长觉得获得了更大的支持，孩子也会随之在学校变得更快乐、更成功。

劳伦和她的家人就是一个例子。虽然劳伦在3岁班里一直很开心，但当她加入4岁班后，学校生活的种种都让她感到极度不安。她早上很难和妈妈说再见，每次不得不和妈妈分开时都会大哭。虽然劳伦很依恋她的一位老师，但还是整天哭哭啼啼，无法全心全意地投入和其他孩子的活动中去。到了上体育课的时候，劳伦就会战战兢兢地抱住她最喜欢的老师不放，并拒绝上课。在家里，据父母观察，尽管她很喜欢她的保姆，但每次父母外出时她都会恐慌不安。有时，孩子在过渡到一个新的班级时确实会遇到困难，但如果这种表现在过了一个普遍的适应期后还在持续，我们就应该有所警觉。我们建议家长去咨询心理医生。通过游戏疗法，治疗医师了解到最近劳伦的祖母去世了，劳伦担惊受怕，害怕自己的父母也会死去。于是，这位心理医生为她制订了一个行为计划，并在家里和学校一起执行。在治疗医师、父母和老师的帮助下，劳伦终于获得了处理焦虑的能力。她不再那么担心了，整个人开朗了很多。最终，她可以不用眼泪汪汪地和妈妈分开了。她放松了下来，并重新喜欢上了上学。

第二部分

家庭

第六章

家庭篇:
日常家庭生活

学校对幼儿来说固然重要，但孩子生活的核心还是他的家庭和家人。无论你在哪里上学，他一天中和老师及同学在一起的时间也只有3~6个小时，大部分时间还是在家里度过的，家庭将是影响他一生最重要的一个因素。我们告诉家长，你们日常的所作所为才是孩子得以建立自信、取得成功和对学习充满热情的基础。点点滴滴的细节才是真正重要的：早上坐下来和孩子一起共进早餐，在孩子上学前给他一个充满爱意的拥抱，睡前一起读个故事。你是孩子最大的活力来源，无论天涯海角，他的心里都装着你。

这并不是说，和孩子每天在一起生活是一件轻松的事。你会发现，做一名学龄前儿童的家长面临着一系列独特的挑战。在学龄前阶段，孩子的变化和成长速度都非常快，家长经常会发现自己要跑着才能跟上孩子的步伐。孩子可能在试探你所有领域的极限，他有自己的主张，并寻求独立；他发现语言很有威力，会用语言来试探你；他有自己的想法，渴望我行我素。活动之间的过渡在这个年龄变得很难办。当你让3岁的孩子不要玩他的了，好让你给他穿衣服时，他的公然反抗会出乎你意料地强硬。大哭和发脾气在所难免。有时，你可能会觉得自己好像是和一个迷你版的小小少年同在一个屋檐下。

家长经常对我们说，早上仅仅做完让孩子穿好衣服、吃好饭、走出家门这些事，就已经让他们觉得仿佛耗了整整一天——都还没走进办公室或者先送孩子去学校再回家。对此我们太有共鸣了。我们俩刚认识那会儿，都是职场妈妈，都在努力地平衡着家人和家庭生活带给我们的各种要求以及工作加诸我们的种种责任。成为朋友以后，我们发现我们遇到的困难很相似。仅仅想到第二天有哪些事情要做，就已经让我们感到精疲力竭了。同时，我们也在摸索着建立日常作息习惯，并发现当我们安排好固定的就寝和用餐时间之后，生活就会变得更顺利，困难也会随之减少。我们想让孩子明确知道我们的期望。我们希望孩子知道说"请"和"谢谢"，希望他们明白永远不要指望靠哭闹得到自己想要的东西。

我们交流越深入，就越发现我们有很多相似的经历，这种经历对我们为人父母的影响巨大。我们都是在比较传统的家庭中长大的，有着稳定的家庭生活，每周的安排可谓"周"而复始。父母对我们的期望很明确，立的规矩也是前后一致的。艾伦仍然记得晚饭时大家要等到所有人都上桌才会动筷子的温馨时光。她的母亲为一周的每一天都制定了特别的菜单。星期四晚上总是吃鱼，而星期五则是烤鸡。屋子里一尘不染，所有的东西都井井有条，大家都认为你就应该把自己的东西收拾好。在成长的过程中，艾伦和她的弟弟斯蒂文都很清楚他们的父母是统一战线的——妈妈和爸爸是齐心协力的队友，而且他们的权威不容置疑。同时，她的家庭生活也是轻松愉快的，充满欢声笑语。艾伦的家庭氛围一点儿也不死板。在这样的家庭架构下，每一天都充满朝气和乐趣。

虽然南希的母亲要应付三个精力旺盛的孩子，但南希的家也一样井然有序。南希的弟弟巴里尤其活泼好动，一刻也不让人安宁——他走到哪里，他的玩具和乱七八糟的东西就会出现在哪里。在母亲一尘不染的家中，这就带来了挑战。但是，本可能会乱作一团的家却没有变成那样，因为所有孩子都知道家里的规矩是自己的东西自己收拾，也都遵规守矩，每件事都要有条不紊和有规律可循。每天晚上，摆桌子或是收拾桌子是孩子们的职责，没有人会专门讨论这次该轮到谁，也没有人讨论你是否喜欢干这件事。爸爸妈妈无论说什么，你都得照做。坐下来吃饭时，每个人都会说"请"和"谢谢"，把自己盘子里的食物吃干净是理所当然的。每当南希回想起家里每天吃饭的情景，欢笑声是让她最记忆犹新的。饭桌上是个吵吵嚷嚷的地方，你必须见缝插针才能说上一句话，但在饭桌上度过的都是快乐的时光。

轮到我们养育自己的孩子时，父母的处事风格自然也影响到了我们。然而，和我们的母亲不同的是，我们同时还要离开家庭外出工作。我们两人的丈夫工作时间都很长，除了周末不一定有时间能帮上忙。我们发现，要管理好我们职场妈妈的家庭生活并且不至于感到不堪重负，关键的一点就是要规划好一天的生活——正如我们的父母所做的那样。当然，为了满足更为现代化的生活方式下的各种需求，我们也做了一些相应的调整。比起我们的母亲，我们的时间更少，但要做的事情却更多。我们学会了走捷径——没时间去超市，我们就让人把比萨和沙拉送上门来。有时候，家里的地板并不完全是一尘不染，要洗的衣服也堆积如山，但我们却选择睁一只眼闭一只眼，因为多花一个小时陪伴孩子更重要。我们可能并不总是亲自下厨做好所有的饭菜，但我们一定保证只要时间允许，一家人都能坐下来一起吃饭，同时我们也努力让孩子对食物和一起吃饭树立起一种健康的态度。我们想让孩子的作息每一天都尽量保持一致。即使放学时妈妈不一定在家，他们也知道保姆会去接他们，父母会及时回家吃晚饭。

根据我们多年来总结出来的经验，每天有规划和有规律的生活使幼儿受益匪浅。来自很有组织性的家庭的孩子，在学校往往也表现优异。当一个孩子的家庭生活很规律，当他能和家人坐在一起吃饭并且学会有礼貌地提出自己的要求，那他在课堂上也会更游刃有余。他喜欢每天有规律的生活，知道如何在点心时间和其他孩子聊天，也会很快学会在向老师提问前先举手。总而言之，他更可能具备适应新环境的出色能力。他对自己有信心，并相信自己在这个世界上有一席之地。而如果孩子每天的睡觉时间都不一样，如果不要求孩子坐在饭桌前吃饭，如果父母经常在孩子的任性面前妥协，那么孩子往往会对在有组织的课堂环境中如何表现感到困惑。

现代生活充斥着奔波忙碌的家长以及同样忙忙碌碌的孩子，你可能会问，作息制度、家人共餐、尊重他人这样传统的育儿方式是否还适合现代家庭的生活。但事实上，通过这样的方法安排家庭的日常生活，有助于减少你和幼儿共同生活的忙碌和紧张。当每个家庭成员都能各司其职，知道自己要做什么时，风平浪静地度过一天就不再是一种奢望。当家长明确规定孩子要遵守什么纪律并一以贯之地执行时，孩子会因为完全清楚家长对他们有什么要求而更快乐、更有安全感。冲突、过渡期的艰难、对立——所有这些常见问题都可以通过更有规划的生活得以缓解。规划家庭生活不是一朝一夕的事情，但是，通过日复一日的践行建立一套日常规律，对你和孩子都是有帮助的，这将使你们的生活变得更轻松。

作息规律

孩子生性依赖习惯，所以，知道接下来会发生什么对他们很有好处。如果午睡时间总是在午餐之后，讲故事总是在洗澡之后、睡觉之前，那么孩子就会有一种安全感，而这种安全感对他的身心健康大有裨益。有些父母担心，如果他们把作息"强加"给孩子，就等于在压制孩子。事实绝非如此。在多年对孩子的观察中，我们看到他们是多么喜欢并且需要预先知道自己这一天的安排。课堂上，每一天都遵循着几乎一模一样的规律，用不了几个星期，孩子们就能对这套规律熟记于心了。偶尔，当我们不得不出于需要打乱一天的安排规律时，孩子们总是最先抗议的。他们更乐于按部就班地过一天。

有了规律的安排，对于每天都要做的事就没有必要争吵和唠叨了。与其展开长篇大论向孩子解释为什么要穿好衣服，不如建立一套每天早餐之后要穿好衣服的作息制度。不过，对于所有家庭都适用的、所谓"正确"的日常作息制度是不存在的。如果你或你的伴侣在外工作，但希望有一方可以给孩子洗澡和哄他睡觉，你可能会决定孩子晚上8点睡觉；另一个家庭可能想把孩子的就寝时间定在晚上7点，而把陪伴他的时间放在早上。最重要的是你要建立一套对你家管用的作息制度并持之以恒。如果孩子前一天晚上是7点睡的，而第二天晚上却是8点睡的，你可能更容易和孩子发生争执，因为孩子认为睡觉时间是可以随便改动的。保持前后一致是关键。

在建立作息规律时，可以参考以下这些事项：

- 家长一直问的一个问题是:"建立一套作息规律需要多长时间?如果这个作息制度不适用,我应该什么时候放弃?"答案是建立作息制度一般需要两三天,有时可能会需要几周。建议不要在一个作息规律还没生效的时候就提前放弃。孩子在重复中学习,你不能指望他们说变就变。但是假以时日,他们会适应的。

- 有些父母确实无法很好地围绕作息制度安排一天的生活。在学校,我们把日程安排钉在墙上。很多家长告诉我们,他们在家如法炮制,起到了很大作用。当所有的事情都白纸黑字地写清楚,所有人就更容易统一了。不管是母亲、父亲、照看人,还是祖父母来家里照顾孩子,每个人都可以对这一天的安排一目了然。这种提醒对孩子也有好处。你可以运用孩子洗澡、刷牙、穿上睡衣的图片或照片表示活动内容,这样他就可以通过这些画面预知接下来的步骤。如果需要添加或改变一些内容,你可以通过在图片的背面贴魔术贴来灵活调整位置。

- 建立了一天的安排框架之后,你可能还需要根据家庭变化的需求进行调整。艾伦从前认为,她给爱丽丝培养了一套很好的生活规律,但后来,查尔斯出生了。两个孩子相差5岁,突然之间,艾伦就面临着在帮助爱丽丝做好上学准备的同时还要照顾一个婴儿的挑战。她以为自己可以在早上既照顾好查尔斯又让爱丽丝做好准备,但顾全所有事的想法让她在实践中屡屡受挫。于是,她和丈夫巴里一起想出了一套对大家都更有利的作息制度:巴里给爱丽丝做早饭并送她去上学,同时艾伦负责照顾查尔斯并在照看人来接手之后再去上班。巴里经常工作到晚上,所以爱丽丝和爸爸能利用早上这段时间相处,这对他们都很有好处。而这样安排也让艾伦不再那么有挫败感了。

- 作为家长,你通常会怎么省事怎么来,可是还没等你回过神来,这一切就变成了习以为常,即便这套做法并不好使。南希的孩子们小的时候,她会在给迈克尔穿衣服时让艾丽莎看电视。过了一段时间南希才意识到,早上要把艾丽莎从家里弄出来对她来说真是越来越困难了。到了艾丽莎穿衣服的时候,她就会开始哼哼唧唧,不愿意关掉电视。最后,南希索性对她说:"电视坏了,现在我们去穿衣服吧。"从那天起,早上家里就再也不开电视了,这样一来让两个孩子准备上学就容易多了。南希当时已经养成了一种无效的生活规律——也就是所谓坏习惯——所以需要改变它。

- 虽然为家庭建立生活规律很重要,但还有一件同等重要的事,那就是不要受制于你自己制定的生活规则,让自己沦为它的奴隶。我们认识一位母亲,她的持家之道就像在指挥美国海军陆战队。如果学校出于什么原因需要调整当天活动的顺序,她的孩子就会暴跳如雷。下雨了,孩子们只能待在屋里而不能在规定时间到户外玩耍时,她的孩子就会一下子哭起来。生活规律固然很重要,但如果这个制度太死板,孩子就无法学会灵活应变并在必要的时候顺其自然。你可以改动你的制度,只要框架结构还在。如果今天是孩子的生日或者他祖父母从外地来访,那么晚点睡也没什么关系。当孩子在浴缸里发明了用洗发水做帽子的新游戏,那么这天晚上的洗澡时间延长些也未尝不可。作息规律永远不该僵化到令你都忘记了什么叫作"享受和孩子在一起的时光"。

过渡时间：早上和晚上

过渡时间，也就是早上大家都要离开家以及晚上快要上床睡觉的时间，往往有很多事情要做，很多家庭都会在此时手忙脚乱。过渡时间对幼儿来说也颇具挑战。毕竟什么时候该做什么事是由大人决定的。如果不受干扰，多数孩子都能在玩具堆里旁若无人地玩上几小时。如果不给孩子提醒或者额外的时间来调整，孩子很难从一件事上突然掉头，转去做另一件事。制定一个清晰的过渡模式，实际上是在防止孩子情绪崩溃或者和你对着干。当孩子要过渡到下一个活动时，给他留出足够的时间是很有用处的。一而再，再而三地催促只会换来孩子的抵触和反抗，如果给孩子充分的时间，并按照孩子的节奏一样一样地去做，你就会发现事情会顺利得多。

早上

在学校，哪个家庭早上过得一团糟，我们总能看出来：家长的神情就好像是刚刚打了一场仗，孩子则烦躁不安，处于失控状态。这个开头为接下来的一天定了个调——早上过得一团糟的孩子更难融入课堂。如果能在早晨建立起一套有规律的作息制度，你会发现这能让孩子更平稳地过渡到学校一天的开始并享受课堂的乐趣。

孩子早上的作息包括穿衣、洗漱和吃早饭。这些事什么时候做，怎么去做是你要提前想清楚的。对孩子和对你自己的期望都要现实一点。你可以通过尽可能地简化早晨的程序来减少压力。有用的做法是在前一天晚上就把衣服摆好、把背包准备好、把午餐袋收拾好,这样你早上自然就能更轻松了。这样一来,你就可以集中精力一步一步帮孩子穿好衣服、洗漱好、吃好饭,而不是匆匆忙忙催着他出门。

为了让早上的过渡衔接更轻松,以下的经验法则可供参考借鉴:

- 分配任务。早上是很忙碌的时候,但是如果父母或照看人可以安排好各自的职责,这会非常有帮助。父母双方有一个在喂宝宝的时候,另一个可以给大孩子穿衣服。这样一来,大孩子就知道接下来要做什么,同时父母也不再需要为谁该干什么浪费口舌。
- 在早餐和衣服的问题上,让孩子二选一。如果你问孩子:"你早餐想吃什么?"他必定会因为选择太多而无从对答。更好的问法是:"你想吃麦片还是吐司?"否则你只会迟迟做不了决定。选衣服也是如此。如果你问的是"你想穿红衬衫还是蓝衬衫",就等于既让孩子参与了选择,也避免了因为要劝孩子别穿成蜘蛛侠而不得不浪费半小时的情况。
- 把电视关掉。很多家长告诉我们,不开电视让他们觉得早上更容易应付。这样做使得每一个人都有了不受干扰的交流时间。这也使离开家的过程更轻松,因为大家不会再为孩子"想看完这个节目"而发生争执。
- 一起吃早餐。要保证父母当中有一个人能和孩子坐下来一起吃早饭。当你和孩子坐在一起而且没有电视的背景干扰,你就可以把注意力集中在孩子和孩子当天的需求上。
- 舍轻就重。你可能希望孩子早上能自己穿袜子,但如果这个过程变得令人灰心且困难重重，同时你又感觉时间压力很大，那些可能就不是坚持锻炼孩子独立性的最好时机。
- 好好说再见。不管是你要外出上班还是孩子要出门上学，你都可以提醒他晚饭时你们便又可以见面了，或者告诉他你会在他回家时给他打电话或是去学校接他。这样可以让你们更轻松地告别，并帮助他了解下次见到你是什么时候。
- 制定一个清清楚楚的接送时间表。任何一天，孩子都需要知道当天的安排。如果是不同的人送孩子上学，你就需要安排好，制定一个流程。如果孩子抱怨说："妈妈，我要你送我去。"你可以说："周一保姆送你，明天我送你。"
- 让孩子知道放学后有什么安排。让孩子了解放学后的作息制度，他的心里会更有着落。早上，你可以告诉孩子"我安排了小伙伴和你玩"或者"我会去接你，然后我们一起吃午饭"，又或者"爸爸带你去上运动课"。

晚上

晚间作息包括吃晚饭、给孩子洗澡和哄睡觉。对很多家庭来说，这往往是一个问题重重的时间，因为一天快结束时，每个人都已经疲惫不堪了。

下面这些良好的经验法则可以帮助家庭的晚间作息进展得更顺利：

- 给自己留出调整的时间。外出工作的家长经常向我们诉说，从办公室的环境切换到一个有幼儿在家的环境是多么困难。典型的一幕是，父母一踏进家门，孩子就开始哼哼唧唧，要这要那。他想你，他需要你，他一整天都没看到你了。同时你感到内疚，不想让矛盾冲突成为这个夜晚的开篇。因此，在一天临近尾声、即将踏进家门时，你可能需要留几分钟给自己，先把情绪调整好。如果工作让你倍感压力，在进屋前坐在车里闭上眼睛听听歌曲，或者在小区周围散散步都会有所帮助。

- 让团聚时刻变得有仪式感。分开数小时后，为了表达你有多高兴再次见到孩子，用一种特殊的方式来问候孩子会有莫大的帮助。孩子寻求的是你花时间关注他。与其说"为什么地板上乱得要命"，不如花一些时间抱抱他并和他坐下来聊聊，可以等一会儿再让孩子收拾好。此时此刻是团聚的时刻，不是用来争吵的。如果你走进家门时电话正好响了，外套也还没来得及脱，而孩子正在试图引起你的注意，此时你就不得不做出选择。首先，脱掉你的外套。用一个拥抱问候孩子，蹲下来和他对视一会儿。你可以等下再查看电子邮件和别人给你的留言。但这一刻，你们要把注意力放在彼此身上，可以说说你一天都干了什么，也问问孩子过得怎么样。重要的是当你刚回到家时，要专心致志地和孩子待一小会儿。当你这样做了，那么稍后要回个电话的时候，他可能就不需要你的关注了。

- 让孩子一起准备饭菜。你可以让孩子参与准备晚饭或摆桌子，这样你们就有机会在一起并分担责任。他可以把生菜叶子撕碎拌沙拉、在你准备饭菜时帮你添加配料或者帮忙洗菜。

- 在孩子吃饭的时候,你也要一起坐下来。即使做不到全家人都坐下来,或者你要稍后才能用餐,和孩子一起坐下来也是一件很重要的事。这是一段学习礼仪和展开对话的时间。
- 至少提前一小时启动睡前仪式。随着夜色渐深,你需要放慢节奏,让一切安静下来,慢慢过渡到睡觉时间。每个家庭都需要制定一些每天都能持之以恒的仪式,并让孩子逐步为睡觉做好准备。你要负责管理这些作息制度,并就每个人每晚该做些什么提出明确的要求,营造一个平静的氛围。我们经常听到妈妈抱怨爸爸在孩子准备睡觉的时候走进房间和孩子打打闹闹:在床上蹦来蹦去、玩骑马游戏都无助于孩子顺利过渡到睡觉时间。相反,这个过渡时间可以包括洗澡、刷牙、讲故事、聊天和拥抱,或者听些安静的音乐。如果你很晚才下班回家并觉得有必要陪孩子一段时间,但这样做又令他无法准时上床睡觉,那么更为重要的就是给孩子营造一种平静和放松的氛围。如果孩子累了,你可以等到早上再和他共度特别的时光。
- 别开电视。睡前看电视绝不是个好主意——即使是最温馨的节目也会对幼儿产生刺激。我们幼儿园有一位孩子的家长,之前他的孩子每晚都会歇斯底里地哭醒,这让他很担心。要让孩子平静下来并且重新入睡是一件很困难的事。当我们问起孩子日常生活中是否有什么新安排或不同之处时,他提到孩子每天都会要求看《小飞象》视频,而且通常是在晚饭后、睡觉前观看。我们建议不要再给他看了。一两天内,孩子的噩梦就停止了。
- 如果能做到的话,父母可以轮流给孩子洗澡并哄他们睡觉。

在洗澡的时候，孩子的心情变得放松和舒缓，常常更容易敞开心扉谈论他们的一天。如果父母能轮流给孩子洗澡并陪伴他完成睡前的一系列事情，那么每位父母都有机会在这段时间里和孩子建立纽带，这对整个家庭都是一件好事。每当我们回想起从前和自己年幼的孩子在一起的时光，我们仍能清清楚楚地记得洗完澡后用毛巾把孩子裹起来的感觉，那种柔软和亲密，干净的皮肤散发出来的清新味道，以及帮他们擦干身体后再给他们穿上睡衣的美妙。对我们来说，这些日常的家庭仪式是千金不换的。

- 如果你有不止一个孩子，你就要制定一套可以让你在几个孩子之间分配注意力的作息制度。当你两岁的孩子用哼哼唧唧的方式吸引你关注的时候，还要给大孩子读一个睡前故事就可能会变得很难。可以试试错开孩子的睡觉时间，哪怕只相隔 15 分钟。你可以让大孩子在自己的房间里安静地玩耍，借这个时间哄小的睡觉。你可以告诉大孩子："你可以晚点睡，因为你更大了。"与此同时，年龄小的孩子也可以得到更充足的睡眠。

睡觉时间和睡眠问题

对于有幼儿的家庭来说，上床睡觉往往是一天中最让人头疼的事情。每个人，包括父母在内，都很疲倦，并因此容易发生争吵。在家长会上，这个话题是我们常常讨论的，可见这个问题的棘手程度。我们听了不下数百个家长讲述他们如何绞尽脑汁地让孩子入睡并好好待在床上。在我们看来，没有一个万全之策能解决所有家庭的问题。但在这方面成功的父母往往都制定了每天一致的睡前作息，并坚持贯彻，直到孩子养成良好的习惯，同时这些家庭里的孩子也清楚大人有什么期望。

所有家长都知道良好的睡眠对幼儿多么有益。因为没睡好而犯困的孩子第二天到学校更容易烦躁不安，无法很好地参与一天的活动。我们已经见证了这对孩子在学校里的影响有多大。当一个孩子缺觉时，要聚精会神并记住信息对他来说就会变得更困难。我们幼儿园里一个叫朱莉的4岁孩子就是一个例子。老师注意到朱莉总是记不住字母表里的各个字母。有些时候她能记住，有些时候就不记得了。这种反复无常让老师感到困惑，于是就向朱莉的父母了解情况。原来，朱莉上床睡觉的时间很不规律，父母经常要在早上把她强行叫醒以免她上学迟到。老师意识到，每当朱莉疲倦的时候，她认起字母来就很费劲，而当她休息好了的时候，就能轻而易举地认出来。在朱莉每天晚上按时上床并保证充沛的睡眠以后，她记住信息的能力就稳定了。

如果你在早上必须叫孩子起床孩子才起得来，这可能意味着他睡眠不足。你应该考虑是否要将他上床睡觉的时间提前。有家长告诉过我们，让孩子早早上床睡觉不但可以避免孩子由于过度疲劳而闹情绪，也能让孩子睡得更久、更香。3~5岁的孩子每天需要10~12小时的睡眠，他们上床睡觉的时间应该在晚上7~8点。如果早上必须由你来叫醒孩子，他就不会得到很好的休息，可能会变得烦躁和疲惫，尤其是在一天结束的时候。此外，这样还可能导致早上急急忙忙，那这一天就没法有个好开端了。

孩子在3岁左右会经历一个过渡期，此时他们开始不再睡午觉了。如果你的孩子已经超过3岁半，但是白天依然要睡午觉，而且晚上入睡也变得越来越困难，就要着手缩短他的午睡时间了，这样他晚上就会有疲倦感，并因此更容易入睡。制定规律的入睡时间和仪式可以保证孩子有个好睡眠。

还有其他一些已被证实有效的方法可以帮助孩子安然入睡，比如：

- 睡前在床上听一两个故事，以一种平静和放松的方式入眠，是任何时代的孩子都特别钟爱的一种仪式。一遍又一遍地反复听同样的故事能给孩子带来慰藉，孩子也许会要你在睡前给他读《晚安，月亮》作为帮助他入睡的仪式，一读就是好几年。我们知道有一位家长在孩子睡前读的书本里放了一些孩子洗澡、穿睡衣、刷牙、读故事然后睡觉的照片，让这一体验更加真实生动了。我们还认识另一位妈妈，她会给孩子讲自己小时候的经历。有时故事里的小女孩很淘气，有时选的故事正好描述了当天发生的某件事。

不过，在睡前和孩子一起读故事或给他们讲故事时，一定要事先说好最多讲多长时间或者讲几本书，并且要说到做到。如果你事先让孩子自己选他想看的书，他就感觉有了一定的决定权。如果你准许了他的要求，讲更多的故事，那么他的睡觉时间就会被推迟。一般来说，两个故事就足够了。如果他要求再读一本，你可以说："我们把那本书放在旁边，明天晚上再读。"

- 有的孩子喜欢在睡前听音乐或听你为他唱歌。如果你每晚播放或哼唱同一个曲调，就为孩子创造了一个良好的睡眠联想。但是如果你要播放的是录音带，要确保音量已被调低并且放的是舒缓的音乐。我们认识的一位妈妈会把孩子一天的内容编进歌里唱出来："杰米早上起床去上学，和他的小伙伴在一起玩耍，晚饭吃了意大利面，洗澡、刷牙、上床去，和房间、玩具说晚安，闭上眼睛睡一觉。"
- 很多孩子需要一件特殊的物品帮助他们入睡，比如最心爱的毛绒玩具或一条毯子。南希的女儿艾丽莎喜欢抱着南希的枕头——她说这是因为它闻上去像妈妈的味道。其他孩子可能更喜欢不会让他们分心的物品。我们认识的一位家长曾经问过女儿觉得什么能帮助她睡着，她说："我床上的毛绒玩具太多了。我想把其中一些放在地板上。"这一招神奇地奏效了。

无计可施时……

无论你多么努力，总有孩子会拒绝入睡并声称自己一点都不累，即使你知道他们实际上已经筋疲力尽。许多孩子把睡前的讨价还价当作一种对你和他们的自我世界施展控制的方式。这是很多幼儿家长面临的最大挑战之一。孩子拒绝睡觉可能是因为这意味着要和你分开。他也许难以克服对夜晚的恐惧，或是还没有学会如何安抚自己入睡。也有时，他可能是过度兴奋了——虽然看上去和感觉上都非常清醒，但他其实已经困得不行了。

很多家长都向我们倾诉过一场漫长和拖拖拉拉的睡觉拉锯战让他们感到多么沮丧和疲惫。如果孩子就是公然拒绝上床睡觉，尤其是在你感到疲惫不堪的时候，这对家长来说是很难应对的。此时，你要尽可能地保持平静和坚定。该睡觉的时候就要睡觉，没什么可多说的。不要让孩子讨价还价，因为这只会让他更亢奋。你要做的就是坚持下去，别动摇。

有些家长会躺在孩子身边帮助他安定下来。这看起来好像是能让他最终闭上眼睛睡觉的最简单的一个办法。有你躺在他身边，他能感觉到你的陪伴，因此也就更容易放松下来。你可能会发现，你也很喜欢这种相互依偎的时间，尤其是你经常不在他身边的时候。但事实上可能发生的情况是，久而久之，5分钟的相依相伴会演变成一场不欢而散，因为孩子不想让你走。要注意有哪些习惯妨碍了孩子学习如何安抚自己入眠。睡前陪孩子躺一会儿没有什么不对，但是如果这几分钟越拖越长，使你没有时间给自己或者陪伴你的伴侣，让你感到无可奈何，那么你就要考虑调整这种入睡仪式了。许多精疲力竭的父母最后都会在孩子身边酣然大睡。艾伦还记得，当她去查尔斯的房间查看时，发现查尔斯还清醒得很，而她的丈夫巴里早已在一旁鼾声四起了。

如果孩子习惯了你在睡前陪他一块儿躺着，那么一旦你试图改掉这个习惯，他很可能会哭。很多家长都不喜欢让孩子自己哭着入睡。如果你家正好是这样，那么你可以分几天逐步缩短躺在孩子身边陪伴他的时间。一开始你可以把手放在孩子身上，让他觉得你离他不远。你可以先挪到床边，再从床边坐到椅子上。

一位家长和我们分享了以下这个建议，我们继而把它传授给了很多其他家庭：试着告诉孩子，他不需要马上睡着，但他必须待在床上。要求孩子立刻睡着往往会给孩子带来压力，让他们无法入睡。所以你不如就索性告诉他："你可以抱着你的玩具小动物，也可以休息或者舒服地蜷起来，但是你要待在床上。"很多家长告诉我们，每当他们对孩子说"我一会儿再回卧室来看你"之后，等他们真的回去检查时，孩子往往已经睡着了。

你不妨留一盏夜灯或放一些舒缓的音乐。有位家长告诉我们，她会在床上留一只手电筒和两本书。你也可以给孩子讲一个他最喜欢的故事并用录音的方式录下来，离开前播放给他听。

最重要的是要记住，随着时间的推移，孩子的睡眠习惯是可以调整的。只要有耐心、有恒心并始终保持一致，你就能树立起一套良好的睡前仪式和作息习惯，孩子也会开始能够更轻松地入睡并沉浸在睡梦中。

怕黑

另一个家长们常常提到的问题是怕黑。孩子有诸多恐惧，而他们的想象力又非常活跃，尤其是在睡觉的时候。成长发育或者生活中发生的变化往往都会给他们带来恐惧感。搬家、换新保姆、家里添了新的弟弟妹妹或者换了新的学校都会扰乱孩子的生活，导致他夜里做噩梦，从梦中惊醒。这些梦境和焦虑对他来说很逼真，你要倾听并向他保证，你会保护他的安全。你可以说："和我说说这个梦，说出来你就能忘掉它，它就不会再回来了。"不要否认有怪兽存在，那样不管用。准备好亲自检查衣柜里和床底下是否藏着怪物，你看上去要像那么回事。试着编造一个想象中的"怪兽捕手"或"怪兽驱逐物"来抚慰孩子。如果他怕黑，你可能要在孩子的卧室里放一盏夜灯、安一个调光开关，或者给门留道缝。

你也可以给孩子读一些关于害怕黑夜的故事。梅瑟·迈尔有本书叫作《我的壁橱里有个大噩梦》，最受孩子们欢迎。这个故事讲的是一个小男孩通过掌控怪兽的经历来克服自己对黑暗的恐惧。一开始，小男孩试图吓唬怪兽，但后来怪兽真的害怕了，于是小男孩就邀请怪兽与他共眠。这样的书很能安抚幼儿的情绪。

留在被窝里

很多孩子都会在半夜醒来并想爬到父母的床上，尤其是在他们从婴儿床过渡到儿童床这个阶段（多数孩子到3岁就睡儿童床了）。这可能会是一个很难改掉的习惯。多数家长发现，如果他们陪孩子回到他自己的床上时，既不说话也不对他表示任何关注，孩子用不了多久就能甩掉这个习惯。如果你的孩子坚持要和你一起睡，你随时都可以先试着在地上铺一条毯子，让他在那里睡一段时间，然后再一步步让他适应回到自己的房间。当孩子学会在自己的床上睡觉并且因为尝试而得到表扬或奖励时，他就会有一种成就感。这是孩子开始产生自信并且越来越独立的一种表现。有一家人发现儿子在自己的床上睡了整晚之后，早上给他唱了一首特别的歌来鼓励他留在被窝里。最重要的是坚持你的计划，不要贪图一时的方便而对孩子让步。

一大早

很多孩子一大早就醒过来，有时是因为他们的卧室太亮了。你可以试试在孩子的卧室里装上遮光帘，这样孩子就不会太阳一出来就醒过来了。如果孩子已经养成了早起的习惯，你可以让他在房间里安静地玩会儿。有一个家庭在电子钟旁边贴了一张写着"早上7：00"的便条，以此来提醒孩子要等到这个时间才能去父母的卧室。请记住，如果你养成了一大早就给孩子吃早餐的习惯，那么他会以为每天都应该在这个时间吃饭。即使孩子早上5点就醒来了，早餐也可以等到7点再吃。

用餐时间

我们从家长会上了解到，很多家庭不会按时坐下来一起吃饭，晚饭是在各项其他活动之间见缝插针地安排进去的，吃饭时大家会打开电视，或者父母下班回到家太晚而无法和孩子一起吃饭，又或是大人允许孩子在家里的任何地方吃零食。我们甚至听有的家长说起，他们是在接孩子从课外活动回家的路上，在车后座上给孩子喂的饭。诚然，家庭生活是忙碌的，我们常常无法完完整整地做一顿饭或是让每个家庭成员都坐下来一起吃饭。但即便如此，也不能忽视家庭为进餐时间做出一定安排有多么重要。

每当和家长谈起吃饭这个话题，我们总会引用一项调查，这项调查旨在总结获得美国优秀学生奖学金的孩子们有什么共同点。该调查结果显示，这些表现优异的学生无一例外都有一个共同点，那就是他们的家庭每周至少有三个或三个以上的晚上会共进晚餐。其他研究也显示，如果孩子来自经常一起吃饭的家庭，那他们日后出现吸毒、饮食失调、抑郁症和青少年怀孕的概率就比较低。显然，家里人一起吃饭的意义不仅仅是吃饭而已。一家人围在餐桌旁用餐，实际上是在向孩子传达一个强烈的信息，那就是作为家庭成员的归属感和认同感。当孩子以这种方式感受到自己与家庭联系在一起时，他就更有可能接受这个家庭的价值观。在一家人吃饭的过程中，孩子学习的是如何在社交场景中与他人互动，如何分享与合作，并在家庭的格局中找到自己的位置。他们会通过观察和模仿家长的言行举止学习餐桌礼仪。他们开始懂得欣赏对话的艺术，同时也学会了享受食物和饭桌上的社交互动。

即使你的家人出于现实原因,无法每天晚上都共进晚餐,孩子在吃饭时还是应该和某个大人坐在一张桌子旁(而不是在你忙其他事情的时候,孩子自己坐着吃东西或是拿着吃的满屋子转悠)。不要打开电视。当你坐在孩子身边时,你是在向他表明你很重视和他相处的时间。你可以谈谈你一天过得怎么样,也可以让他聊聊他的一天。你可以教他运用餐桌礼仪并鼓励他能做的事情自己做——到3岁时,孩子已经可以自己使用叉子和勺子了。多数幼儿一次只坐得住15~20分钟,但是如果你和孩子一起坐在桌边,他更可能会在座位上多待一会儿。如果你在吃饭的时候接电话或是时不时去看对面的电视机,那么孩子无疑也会走神。增高座椅也会有所帮助。当孩子越来越坐得住时,你可以逐渐延长他在餐桌上的时间。

即使你工作日的晚上都很忙,也还是应该每周抽时间尽量全家人一起至少吃上一顿饭。工作日要安排全家人共进晚餐可能有难度,周六或周日全家一起吃一顿早午餐或周日一家人共进晚餐会更容易实现。为这一顿全家人一块儿吃的饭设计一套专属于你们家的传统,铺上一块特别的桌布或在桌子上放一束花。给每个家庭成员分配一项适龄的任务,比如布置餐桌或者帮忙准备部分饭菜。当你们坐下来吃饭时,让每个人都轮流分享这周发生在自己身上的最好和最糟的经历。如果没有时间做饭,你们可以一起去最喜欢的餐厅吃饭,这样既可以陪伴彼此共度时光,也不用分神忙着做饭和饭后收拾。建立这样的模式,你实际上是在为孩子的成长过程创造很多令他珍惜的回忆。

在专用的吃饭时间要注意,不要把其他矛盾带进来——如果某个问题和吃晚饭这件事没有关系,那就不要在饭桌上就这个问题管教孩子,这里也不该是孩子们互相打小报告的地方。另一方面,不要期盼着十全十美——如果你期望每次全家人吃饭都是"其乐融融"的,你会大失所望。饭桌上可能生趣盎然,也可能会发生争吵和冲突,因为每个家庭成员都试图在这个集体中发表意见。如果你能保证每个人都有发言的机会并且每个人的发言都受到尊重和倾听,那么管理饭桌上的冲突也会更容易。有位母亲告诉我们,她会给每个孩子一段"发言时间",从年龄最小的到年龄最大的,或者反过来。

孩子的饮食

所有的父母都希望自己的孩子能茁壮成长,但为幼儿提供营养丰富的饭菜相当具有挑战性。幼儿往往会挑食。他们想自主决定要吃什么、不要吃什么,而且没有太多耐心一直坐在一个地方。很多父母在给孩子吃什么以及给他们吃多少的问题上倍感压力。在一家人吃饭的时候,你可能在盘算孩子吃的东西里有多少营养,而不是真正地在和他对话。如果你太看重饮食的质量和数量,可能会破坏吃饭本身带来的乐趣,饭桌很容易变成一个战场。

围绕"吃",你要做的第一件事就是尽量创造一个轻松的氛围。如果你总是担心孩子吃不完盘子里的东西,就等于每天都在自寻烦恼。如果你在孩子面前埋怨他总是吃得不够多或者因为担心他会发胖而拿走一些东西,那么可以肯定的是,孩子会感受到"吃"是一个大问题。他可能会利用这一点摆布你和控制局面。

以下列举了一些很好的经验法则,有助于孩子对食物建立起健康的态度:

- 着眼于一个星期的整体饮食,而不是仅关注一顿饭。尽管营养很重要,但最好不要只盯着一顿饭有多少营养并为此纠结。当艾伦的两个孩子还小的时候,他们都非常挑食。她很操心孩子吃了多少以及都吃了哪些食物,于是就向儿科医生征求意见。

儿科医生告诉她："不要只想着一顿顿的饭——想想他们一周都吃了些什么。"这就让艾伦放心了，孩子吃饭不再让她那么紧张了。她的孩子日渐成熟后，都养成了健康的饮食习惯，喜欢吃各种各样的食物。儿科医生能够判断出孩子是否在健康成长。

- 明白一点：孩子的饭量比成人的小。事实上，大多数学龄前儿童一天吃不了三顿完整的饭。一个小孩子可能第一天吃得很少，第二天却吃得很多。他也可能早饭吃得很好，但午饭和晚饭却少得可怜。当你给他盛了满满一盘子的食物时，孩子会无从下手。最好是一次少给一点，让他想吃了再要，而不是逼着他把盘子里的都吃光。如果孩子只吃了一小口，你随时可以哄他"再吃三口"或"就吃一半"，这样他就不会因为要把所有的食物都吃光而觉得很有压力。有些孩子就像草食动物，更喜欢少食多餐。如果孩子有这样的饮食习惯，你就要给他准备诸如苹果切片、奶酪、胡萝卜、酸奶等健康的零食。

- 不要给孩子太多的选择。很多家长为了哄孩子好好吃饭，孩子点什么就立马做什么。虽然这些"厨师家长"用心良苦，但对于一个小孩来说，五花八门的菜品可能会让他不知所措。在学校，我们见过有些孩子的午餐盒里有五种不同的食物。他们盯着自己的午餐发愣，不知应该从何下嘴，咬了几口三明治，吃了几口水果或者几口奶酪后就吃不下了。家长要对孩子的饮食把好关。如果你在晚饭的时候让孩子选择吃意大利面还是鸡肉，但是他却要求吃别的东西，你可以说："我明天可以给你做。"不要去主动迎合孩子的各种心血来潮。

当孩子总是自己做主吃什么的时候，他们很少真的挑选食物，更多的是在借机提要求，吸引大家的注意力。

- 当孩子只盯着一样东西吃的时候，不要过于焦虑。孩子常常想反反复复吃同一样食物，只要他喜欢的食物是健康的，你大可以放轻松，多数孩子终有一天会改吃其他东西的。与其小题大做，不如借题发挥，向孩子提议来过一个"颠倒日"。让他穿上睡衣，把早餐当晚餐吃，姑且就称作"早晚饭"，而昨晚的比萨可以拿来当早餐。有时，比较管用的一个办法就是让孩子吃他最喜欢吃的东西，同时在旁边放上少许新食物让他尝试，这一招往往会奏效。然而，即使是最坚定的家长也可能会发现，他们的孩子会坚守自己的阵地。当南希的儿子迈克尔还很小的时候，有一阵子除了肉桂吐司什么东西也不吃。他一天三顿饭都要吃肉桂吐司。南希想找到一些办法让他吃些其他东西。她就告诉他："我有个好点子。我们来吃吃肉桂吐司加炒鸡蛋怎么样！"迈克尔回答说："这是个好主意，妈妈。不过鸡蛋就不要了吧。"南希只能选择相信，迈克尔终有一天会成熟起来并喜欢上新的口味，事实证明正是如此。

- 不要完全禁止孩子吃甜食和垃圾食品。多数家长都担心孩子吃太多甜食或垃圾食品，当然，你应该在家里提供健康的零食给孩子选。麦片、水果干、果汁冰棍或椒盐脆饼都是很好的可以用来代替曲奇饼干和冰激凌的零食。然而，如果完全不让孩子吃糖果或曲奇饼干，他们往往会渴望这些被禁止的东西，从而对这些食物产生一种病态的兴趣。当这些孩子去朋友家玩时，他们可能会抓起自己家里不许吃的东西大吃特吃。有一件事令我们终生难忘，那就是我们发现一个家里从来不让吃甜食的 4 岁孩子偷偷从垃圾桶里拿了一块曲奇饼干。偶尔给孩子来点特殊待遇并无大碍。

- 给食物来点有趣或新颖的造型。如果孩子挑食，要说服他尝试一些他不熟悉的食物是非常困难的。如果你能在烹煮一种新的食材时发挥奇思妙想，那孩子会更愿意尝试。在我们的家长会上，孩子吃东西困难的问题总是被提起。这里我们列举了一些能够帮助家长有效应对孩子挑食问题的建议：用饼干模具切出带形状的三明治；生蔬菜加蘸料；用牙签或木头签子把蔬菜穿起来做烤串；把火鸡和奶酪卷起来并用牙签固定。南希的孩子们喜欢一起动手帮忙，将各种不同的水果（或蔬菜）切出有趣形状，制作"水果表情包"。

- 尽量在孩子面前避开节食这个话题。如果你在谈话时把体重和自己的外表以及你的个人感受联系在一起，就是在传达一个强烈的信息。我们曾听见 4 岁的孩子说："我不能吃贝果，它会让我发胖的。"在我们这个崇尚瘦身、成年人节食比比皆是的社会里，家长要把食物和对食物的选择当作关于健康和成长的话题来讨论，这一点非常重要。成人的健康饮食不同于孩子的健康饮食，孩子需要均衡的膳食，既有脂肪又有碳水化合物。作为家长，你要帮助孩子明白，食物是推动他成长的燃料。你可以谈谈牛奶、奶酪和西蓝花为什么可以使他的骨骼更强健。胡萝卜有助于保持健康的视力，鸡肉等肉类食物可以加强肌肉的发育。我们认识一个 4 岁的孩子，有一天在学校吃午饭时，他自豪地向老师报告，他的午餐里含有一种蛋白质和一种复合碳水化合物。他的父母给他上了很重要的一课，并教了他一些可以在学校里炫耀一把的有趣单词。

- 要注意孩子的体重，但不要把它变成困扰你的问题。如果你的孩子看上去超重了或体重不足，应该问问儿科医生，这个体重对于他这个年龄的孩子来说是否正常。你还可以和医生一起看看有哪些健康的食物可供选择，同时估计下孩子每周是否有充足的体能活动并摄取了足够的营养成分。不要在孩子面前讨论这些问题，否则他可能会变得焦虑不安或对食物产生不正确的看法。
- 允许孩子下厨房给你当小帮手。你可能会发现，当吃起东西来挑三拣四的小朋友能一起动手做饭时，他就会去尝试新的食物。孩子喜欢做饭，也喜欢和你一起下厨房。孩子们能在做饭时学习如何量取，再倒一倒、搅一搅、切一切，就可以吃了。通过烹饪，孩子还可以了解不同的文化、家庭历史以及营养和健康方面的知识。有很多优秀的菜谱是专门根据儿童的口味和兴趣撰写的。

礼貌

作为家长和教育工作者，我们始终认为礼貌不仅仅是个习俗问题。礼貌是教育孩子尊重他人、为他人着想的重要方式。在学校，学习彬彬有礼是孩子日常课堂体验的一部分。当老师向孩子问候"早上好，奥利维亚"时，奥利维亚学习的是和老师进行眼神交流并做出应答："早上好，克莱尔女士。"在点心时间，孩子们会感谢分发零食的孩子，而在他们想要更多零食的时候，我们会要求他们说"请"和"谢谢"。他们还学会了发言之前先举手，并做到在别人发言时不打断。教师要为孩子树立礼貌行为的榜样，以身作则教导孩子。同时也要在孩子表现得彬彬有礼、善待他人或互相帮助的时刻加以肯定。

如果父母在家已经开始教导孩子要有良好的礼仪，那么孩子在融入课堂文化时就很有优势。当孩子学会有礼貌地提出请求时，别人会更愿意倾听并帮助他。帮孩子树立基本的礼仪规范，这不仅是在帮助他更好地融入课堂，也是在协助他在拜访亲朋好友时顺利地踏入一个更为广泛的社会环境。

家长常常以为等到孩子年龄大一点再开始教授基本的礼貌也没什么大碍，或者以为随着时间的推移，孩子能够自然而然地学会礼貌行为。其实，此时此刻就是最好的时机。每当孩子说"我想要"的时候，你就应该提醒他要说"请问我可以要……吗"并说一声"谢谢你"。

基本的餐桌礼仪

孩子到了3岁的时候就基本能用勺子和叉子吃饭，而不是用手抓着吃了。一旦孩子能够独立用餐，你就可以开始教他基本的餐桌礼仪了。孩子通过大人的言传身教来学习，模仿大人的行为举止。当你和孩子一起坐下来吃饭并亲身示范得体的餐桌礼仪时，他们会通过观察来学习这些礼仪，也会听从你的指导。以下是你可以对这个年龄的孩子开始提出的一些要求：

- 让孩子把餐巾放在自己的腿上并向他示范如何使用。
- 鼓励他坐在自己的座位上，双脚放在桌子底下，不要跷在椅子上。
- 让他连续坐上 15~20 分钟，不要站起来。
- 让他等所有人就座后再开始吃饭。
- 提醒他先咀嚼并吞咽食物后再说话。
- 鼓励他闭上嘴巴咀嚼食物。
- 提醒孩子食物应该留在盘子里。
- 教导他不伸手去抓东西吃，而是说"请把……递给我"。
- 如果他不喜欢自己盘中的食物，还说"太恶心了"，你应该告诉他"不需要对此发表评论，但可以把不喜欢吃的东西放到盘子一边"。
- 让他在离开餐桌前礼貌地请求。
- 吃完饭后，让他帮忙收拾盘子和杯子。

咳嗽、流鼻涕、挖鼻孔和打嗝

幼儿难免会不捂嘴就咳嗽或打喷嚏、在公共场所挖鼻子或者打了嗝而不说"不好意思"。当你看到自己的孩子有这样的表现时，就该教他不要这样做。这样做其实是在教他在意别人的感受。

- 咳嗽和打喷嚏。学校里教孩子们要对着肘弯咳嗽，这样病菌就不会传染给其他同学。这比用手捂住嘴要好，因为手会传播病菌。如果你的孩子得了感冒，而且正处在传染阶段，你当然要把他留在家里。
- 流鼻涕、抠鼻子。我们都见过这样的孩子：当鼻涕从他的鼻子里流出来并顺着小脸蛋一直淌下来时，他只是无辜地站着。在教室里，纸巾盒放在孩子们可以顺手拿到的地方，老师会教他们怎么擦鼻涕、把纸巾扔进垃圾桶并洗手。当孩子们抠鼻子的时候（他们一定会的），我们会拿一张纸巾给他们。毕竟，没人愿意和一个刚挖过鼻子的孩子手拉手。
- 打嗝。孩子们觉得打嗝很好玩。你要教孩子在打嗝之后说"不好意思"。如果孩子反复或者故意打嗝，不要让他觉得这是件有趣的事，否则你的家里就会有人不停地打嗝了。

打断别人

幼儿喜欢想到什么说什么，而且还要马上就说出来。对一个年幼的孩子来说，等待发言是一件非常困难的事。即便如此，你也要教导孩子，让他们懂得，不打断别人说话是一种有礼貌和得体的表现。你可以心平气和地说："把这个想法放在脑子里，等我讲完了再听你讲。"多数孩子不理解"不好意思"这句话是什么意思。他们不等你说完就会说"不好意思，不好意思，不好意思"，直到引起你的注意才罢休。如果你想让他们学会等待，你就得告诉他们，你说完以后就会听他们有什么要说的。如果你在孩子的第八次"不好意思"之后就撑不住了并答应了他的请求,那就是在示意他"打断别人是可以的"。

发牢骚

孩子说话时使用什么语气是非常重要的,尤其是在他们请求得到某件东西时。孩子常常会在提要求时使用很不客气的语气。可能没什么能比嘟嘟囔囔发牢骚的孩子更让家长崩溃了,因此很多家长会为了让孩子闭嘴屈服于孩子的要求。然而,如果你碰到这种语气就让步了,那么只会鼓励孩子再次使用这种语气提出要求。当你的孩子在教室里或其他孩子的家里用发牢骚的语气表达意愿时,他会变得难以相处。要求孩子客客气气说话,是在教他一种更有效的沟通方式。

当你让孩子不要再哼哼唧唧时,有些孩子可能无法完全理解你的意思。我们知道有一位家长是这样向他的孩子解释的:"哼哼唧唧的意思是一边说话一边哭。"这有助于孩子更好地理解妈妈是什么意思。你也可以说:"你发牢骚的时候,我听不懂。请你用大姑娘的声音和我说话。"不予理睬也是一种方法,以此告诉孩子嘟嘟囔囔的语气是不对的。记住,以同样的腔调回应孩子,只会让这个局面更加糟糕。对孩子唠唠叨叨其实就相当于成人式的哼哼唧唧。

有问必有答

有些孩子和别人进行眼神交流时会不自在,也不愿意和他们不太熟悉的或是有一阵子没见过的人说话。如果你的孩子有这种情况,这样向他解释会有所帮助:"如果你在别人说话的时候看着这个人的眼睛,那么他就知道你在听;如果你没有回应,那么你可能会伤害对方的感情。"如果你告诉别人自己的孩子很腼腆,以此为孩子开脱,就等于是给孩子贴上了一个负面标签,而不是在建立他的自信或鼓励他。你可以先让孩子学习和家人以及老师进行眼神交流，对他们做出回应，这样他就能变得自在起来，继而逐步建立起这种能力。

打人和骂人

对父母或照看他的人发脾气，遇到挫折时就拳脚相加或开口骂人，这种现象在孩子中间并不罕见。但是，如果你允许孩子打你、骂你，不对他加以纠正，就等于在对他示意你赞成他的行为。当孩子叫爸爸"笨蛋"而爸爸仍无动于衷时，孩子可能会以为对别人使用这种语言是正常的。你要用坚决果断的声音告诉孩子这种行为是不可取的："不许骂人。"这样做非常重要。有一次我们看见班上一个3岁的孩子在学校的走廊里打他妈妈，原因是妈妈那天把他情有独钟的那个玩具忘在了家里。他的妈妈不但没有指出他打人不对，甚至还为自己"忘记了"而道歉。当老师后来向我们报告每当这个孩子的心愿没有得到满足，他就会出手打别的孩子时，我们一点儿也不意外。

粗鲁的言语

孩子有敏锐的观察力，常常想到什么就说什么。当孩子很大声地说"妈妈，那位女士是个胖子"时，他并不是故意要伤害别人。但孩子确实需要教导，你要告诉他，当他在评论一个人的长相时，应该悄悄地告诉你或者等那个人离开后再说。你可以教他，让他知道有自己的想法并没错，但是如果他想说的话可能会伤害别人的感情时，就不该大声说出来。

孩子生性好奇，这常常导致他们会对自己觉得不一样的事物进行评论，也包括肤色。虽然听到孩子对此评头论足可能会让人感到羞愧，但事实上这是一个很好的机会，可以教孩子了解所有人都是不一样的。如果以实事求是的态度对待孩子的言论，就是在示意差异本就存在，而没有做出任何评判。给孩子读一些介绍不同人口和文化的书会很有帮助。当你向孩子指出人们在很多方面可能既有差异又很相似时，他就会对周遭的世界产生更深的理解。

说"谢谢"

当你教孩子说"谢谢"的时候，其实是在教他感激别人对他的努力和关怀。无论是在朋友家对小伙伴说"谢谢"，还是在接受礼物、吃饭或者在餐厅对服务员说"谢谢"，说出"谢谢"这两个字对孩子来说在各个层面都是受益匪浅的。孩子说"谢谢"时不仅会有收获，心里也会觉得自己做得很好，因为别人的回应认可了他的感激和体贴。当孩子在没人提醒他的情况下就会说"谢谢"二字时，请记住要表扬他，以鼓励他的这种良好行为。你的肯定和期望会进一步激励他。

做个好榜样

幼儿就像海绵一样，会天然吸收周围的一切。当你在公交车上给一位老人让座或者在超市对收银员面带微笑地说"谢谢"时，孩子都在观察和学习。如果家里的人都遵守良好的礼仪，你也要求孩子有礼貌，他就会顺理成章地养成好习惯。当你4岁的孩子学着你的样子伸出小手去和别人握手时，或者在亲戚家不需要别人提醒就知道要把餐巾放在自己的腿上时，你会感到无比欣慰。你就知道自己一直都在给孩子做好榜样。

第七章

人物篇:
孩子生活中的人

我们在过去的25年里目睹家庭这个概念发生了显著的变化。大多数家庭不再是女主内、男主外的模式。在很多家庭中，父母双方都要外出工作，或者可能爸爸留守在家而妈妈外出工作，还有单亲家庭以及离婚后父母双方共同监护孩子的家庭，而父母各自再婚并和重组家庭共同抚养孩子的情况也不少见。有一些家庭中，祖父母或叔伯婶姨可能也会参与孩子的养育工作，但亲戚之间还是住得比较远，父母更多的是依靠朋友和照看人的帮忙，并从这些关系中寻求归属感。

虽然我们俩是在纽约市组建的家庭，但我们都是在小镇上长大的孩子，妈妈留在家里，爸爸外出工作。巧的是，我俩都有亲戚，就住在街对面。无论是照顾孩子、买东西还是进行日常活动或家务琐事，家里总能找到额外的人手来帮忙。在我们小的时候，根本不知道何为"约玩"。这压根儿就用不着。我们可以兄弟姐妹一起玩，或者和就隔着一条马路、住在街对面的堂表亲一起玩，根本没有闲下来的时候。然而，当我们自己为人父母时，生活已不可同日而语。我们没有一大家子亲属住在近在咫尺的地方。我们过着都市人的生活，家在一栋大大的公寓楼里，邻居中有小孩的家庭并不多。我们很可能会因此在生活中孤立无援。但我们是幸运的，在我们认识并成为朋友后，我们设法有效地复制了童年时代的社区模式。我们互相帮忙照看孩子，出去买东西的时候会留心要不要帮对方稍带些牛奶或面包，每当家里没了糖或鸡蛋的时候，我们就会去对方家里要一小瓶糖或几个鸡蛋。作为生活忙碌的职场妈妈，我们靠的是配偶以及照看人来帮我们带孩子、过日子。

自从我们为人父母，家庭生活的节奏又大大加快了，很多父母要长时间地工作，用于家庭生活和持家的时间越来越少。近25年来，离婚成了普遍的现象，家庭结构变得更加支离破碎，亲属往往居住在不同的州，甚至不同的国家。我们经常听到现在的父母倾诉他们多么希望有更多的支援、更多的时间、更少的压力。仔细听来，这些担忧是如此熟悉。家长向我们吐露的烦恼无外乎孩子们兄弟姐妹之间的争执、养孩子引起的各种复杂问题以及和伴侣的矛盾。他们透露，每当孩子的祖父母不请自来给他们提建议时，他们就很恼火，同时也为自己无法"面面俱到"而感到灰心丧气。对此我们可谓感同身受。毕竟，没有不闹别扭的兄弟姐妹，没有不拌嘴的伴侣，也没有不爱插手的祖父母。而且，父母自身有时也难免感到力不从心。我们开始意识到，尽管家庭生活的结构和节奏都发生了翻天覆地的变化，但无论身处哪个时代，家长在日常生活中都面临着同样的困难。

无论你的家庭有着怎样的结构，你可能都会想象曾经有那么一个更趋完美的时代，那时的生活更简单，压力也更小。现代家庭都忙忙碌碌，对父母的要求也与日俱增。但是，不管你的家庭成员是谁，也不管你有多少时间陪伴孩子，所谓理想的完美家庭都不存在。所有家庭都会经历分歧、压力、失望和坎坷，而且向来如此。当挑战来临时，如何处理才是决定生活质量的关键。我们一再对家长强调，放弃追求完美有多么重要。当你不再浪费精力憧憬所谓"完美家长"和"完美家庭"时，你就有精力去做一个"足够好"的家长了。

家庭生活中的轻重排序

抚养幼儿的父母面临的最艰巨的挑战之一就是区分孰轻孰重。如何在孩子、家庭、工作、伴侣、其他家庭成员和你自己之间分配精力？如何维持平衡是令我们一直头疼的问题。如果你总是更重视工作而不是孩子，那你的家庭生活一定会受到影响。如果你总是更重视孩子而不是工作，同时你也没有把自己的健康和你的人际关系放在首位，那么每个人都会受到影响。我们见过很多围着孩子团团转并过度重视孩子的家庭，孩子在家里发号施令并支配着家庭生活的方方面面。发生这种情况时，父母会不可避免地透支精力，还可能会忽视自己的健康、幸福和其他重要的关系。

要平衡家庭、工作和家人十分不易。无法陪伴在孩子身边时，很多父母会感到内疚，并因此希望自己在家时能弥补这一点。虽然要兼顾各种重要的事情总是困难重重，但千万不要让内疚妨碍你在孩子面前树立有效权威，这一点极其重要。内疚可能会导致你屈服于孩子的要求，即便孩子是在无理取闹。你可能会为了即刻满足孩子多看一张影碟的要求而挂断一个重要的电话。当孩子说"我只想让妈妈给我穿衣服"时，你可能会立即上前，尽管你正准备出门上班。你可能会因为把孩子留给保姆的话他会哭闹而舍弃和伴侣共进晚餐。诸如此类的事情发生时，孩子就会领会到，他才是家里的头号人物。如果一个家庭的生活总是围绕着年龄最小的成员，孩子就没有机会学习如何扮演一个集体成员的角色，或者明白他们迟早要服从集体的要求。在你教导孩子，他只是集体的一员而不是众星捧月中的那个"月亮"之后,在他将来走向外面的世界摸索自己的道路时,就能对自己有更切实的定位,毕竟在外面的世界里,人们不一定会满足他每一个心血来潮的想法。

作为家长,你要帮助孩子理解,家庭中的每个成员都同等重要。你可以通过制定明确的规则,让他明白你要先打完电话才能帮助他,而且你也不是唯一能帮助他的人。对成年人来说,有单独相处的时间很重要。定期的二人约会可以成为你和伴侣保持感情联络和沟通顺畅的一剂良药。出门共进一顿晚餐,在公园里散散步,或者看一场电影,都可以让你们在需要放松的时候能够休息一会儿,享受二人世界的美好时光。虽然这可能难以做到,但你仍应该有意识地为自己留出时间,哪怕每周只有半小时。只身赴约去和朋友喝杯咖啡,来一次快速健身,或者独自出去散个步。向伴侣主动提出你可以照顾孩子,这样你的伴侣也可以稍事休息。当一个家里的两个成年人都拿出时间来滋养他们各自的关系、健康和幸福感时,压力就变小了,而你们也将更有能力克服逆境,这么做等于造福全家。而当孩子看到自己的父母更加放松并乐于陪伴彼此时,他也会感觉良好。

当你和孩子在家时,请记住,家庭时间不代表全家人都要在一起。健康的家庭时间也可以是你和孩子独处的时间。如果你家里有两个大人和两个孩子,一个家长可以带其中一个孩子出去吃一顿特别的午餐,另一对孩子和家长可以留在家里。当你拿出这个时间和孩子一对一地建立感情时,你们是作为个体对彼此进行了解,你们的关系也会更加深入。

然而,你不可能样样兼顾,所以在平衡各项重要事务时,要给自己定一个节奏并制定合理的目标。从一周着手考虑,想想什么计划对每个家庭成员都是最好的。有时,这意味着你要和伴侣达成妥协或是比原来计划的少做一些。如果要等孩子上学后才能整理卧室,或者不得不为了孩子放学后睡上一觉而把去干洗店的计划推迟到第二天,那么该调整就调整,也不要在你的伴侣偶尔为之的时候苛责他。有时,比起为了准时上舞蹈课急匆匆地赶场,待在家里陪孩子静静地玩一会儿才是更好的选择。

身为家长,你的部分职责就是创造一种家庭意识,让每个家庭成员都得到尊重并对整个家庭有担当。我们看到,当家庭成员尝试彼此尊重和关心,家长也营造了一种支持和理解的氛围时,家庭生活就变得更令人愉快。当你们在共同生活中有妥协也有商量时,当你们试图以建设性的方式解决分歧时,就等于在把一些终身受用的经验传授给你们的孩子。在这样的环境中长大的孩子拥有极好的榜样,可以指导他们学习如何与他人进行互动和相处。

你和你的伴侣

家长经常向我们透露在分担养育孩子的责任时所遇到的困难。如果父母共同参与对孩子的抚养，那么意见有分歧是必然的。父母中可能有一方对孩子的着装要求很高，而另一方可能看到孩子出门时外套穿反了也乐呵呵的；一个对孩子吃糖或看电视管得很松，而另一个却会严格要求并让孩子坚持遵守；一个总想让孩子的生活忙忙碌碌并时刻在运动，而另一个想到的是孩子有时会疲倦，需要在家休息。共同抚养孩子必然会出现挑战。毕竟，你和你的伴侣来自不同的家庭，有着不同的父母和价值观。你们的性格和脾气也各不相同。你们还可能有不同的宗教信仰和文化背景。同时，异性之间的观点也势必有差异。

当你们刚搬到一起生活的时候，你们必须学习如何妥协，如何容忍彼此的日常习惯，如何协调工作时间，以及如何兼顾各种家庭责任。而当孩子出生后，你们必须从头开始，重新调整和妥协。孩子的到来占领了你们的生活。抚养年幼的孩子是件既费体力又耗精力的高强度工作。身心疲倦和生活重担会导致你的承受能力大不如前。你更可能会感到脆弱，并且只要伴侣（同样精疲力竭）稍有差池，你就会一触即发。你和伴侣有时难免会就养育孩子的问题各持己见，而当你们陷入冲突时，很难保持头脑清醒。即使有时意见相左，你们也是同一条船上的，记住这一点可能会有所帮助。面对这类家庭问题时，能保持一种幽默感也往往大有裨益。

在和伴侣共同承担抚养孩子的责任时，以下这些建议值得借鉴：

- 如果你和伴侣在养育孩子的方式上各有各的看法，其实并不见得是坏事。孩子可以从每个家长身上学到很多东西，并受益于不同的育儿方式。然而，如果父母中的一方成了育儿"专家"并坚持一切都要按他的方式行事，那另一方很可能会感到对方在批评自己并因此减少参与度。这往往会导致在抚养孩子的过程中挑大梁的一方会有积怨，即使这个负担是他自己主动揽到身上的。你们应该时不时地评估一下分工。如果你发现自己从早忙到晚、从周一忙到周末地带孩子，原因是你事事都喜欢按自己的想法做，不相信伴侣能够处理好这些事情，那就应该重新考虑一下这种局面了。作为父母，没有必要去争夺"天下第一"这顶帽子。事实上，如果发生这种情况，真正吃亏的是孩子，因为他需要的是一对同样关注他、对他有爱心的父母。在良好的育儿伙伴关系中，父母相辅相成，知道如何取长补短，共同为这个家庭添砖加瓦。

通常，陪伴孩子时间最多的父母一方会自然而然地承担起"专家"的角色。如果另一位家长接手，这对大家都有好处。南希的丈夫理查德有一次在学校放假期间带着迈克尔和艾丽莎去了一趟华盛顿特区。南希要上班，不能一起去。家里的每个人都对这段没有妈妈陪伴的长时间相处忐忑不安。最后发现爸爸有能力管理好孩子们的日常需求时，可谓皆大欢喜。只有一件事是迈克尔、艾丽莎和南希几乎只字不提的——理查德在带孩子们前往威廉斯堡时，把艾丽莎所有的裤子都忘在了酒店里。

- 虽然你需要孩子把你们当成两个个体来看待，但与此同时你也要确保孩子明白，你和伴侣在纪律、健康和安全问题上是属于同一阵营的。如果孩子没有在一个家长那里得逞，他肯定会找另一个家长试图钻空子。如果爸爸对孩子要吃第四块饼干的要求说"不"，而妈妈却在没有弄清到底和孩子说好了可以吃多少饼干的前提下，不假思索地说"好"，那么对父母双方都不利，因为这有损于你们自己的权威。父母意见不同往往让孩子失去方向，对孩子来说，父母立场越一致越好。为了有效地解决家庭问题，父母往往需要统一战线。你们需要在包括健康和安全、就寝时间、食物选择、看电视以及庆祝节日的问题上达成一致。如果你和伴侣能够未雨绸缪，事先就把这些问题讨论好，会有助于避免冲突。

- 突发事件时不时会冒出来，除非身临其境，否则很难预知当下会有什么样的感受。如果你确实对伴侣处理某一情况的方式感到不满或不赞成，你要想清楚这件事到底有多重要以及你是否需要就这个问题和对方谈谈。术业有专攻——你无须把每一条不满都变成矛盾的导火索。如果爸爸觉得孩子的衣服没有搭配好也无所谓或者他带孩子在公园里多玩了半小时，这无须互相发难。请记住，真正重要的是你如何处理矛盾。你和伴侣以何种方式相互合作和妥协，和你最终做出了什么样的决定同等重要。如果你们在孩子面前发生了分歧，但却能在不发脾气或不指责对方的情况下解决问题，那你们就给孩子树立了一个积极应对矛盾的好榜样。

- 不过，有时你们可能会在孩子面前互相发脾气，情绪失控。请记住，这会吓到孩子，使孩子陷入无比的担忧和焦虑。孩

197

子会向老师报告说:"我爸爸对妈妈大喊大叫,把我吓坏了。"如果使你们产生分歧的问题带有强烈的感情色彩,那么最好在私下里孩子听不见的时候再说。等孩子上床睡觉后再讨论你们的问题还有另一个好处——可以让你们双方都有时间冷静下来想想。正在气头上的你觉得很重要的事情,可能在一小时后就显得不那么重要了,而此时你们也更有可能倾听对方的观点,达成谅解或找到解决方案。

- 当然,这是理想情况。有时,当着孩子的面和伴侣争吵无可避免,那么,一旦这样的情况发生,你就要向孩子保证,大人吵架不代表他们不相爱了。你可以给伴侣一个拥抱或一个吻来证实这一说法。这就是事实胜于雄辩的道理。

照看人

家长会的讨论让我们意识到一个缺失的环节：和我们直接沟通的是家长，而不是孩子的照看人本人——他们在很多家庭的生活中承担着尤其重要的角色。为了解决这个问题，我们开始每年和照看人开一次会，讨论孩子的发展问题，帮助照看人更好地了解学校的动向以及他们可以采取什么行动助推孩子的成长和学习。他们的反应让我们既感动又出乎意料。照看人也感到被当作家庭的一分子，受到了尊重和重视。当照看人和学校之间的沟通得到改善时，孩子是最大的受益者。照看人和家长对孩子的期望变得更加一致，这对所有人都大有裨益。在家庭中，和孩子的照看人沟通时越具体、越开明，你和孩子与照看人的相处也就越轻松。

照看人也许是保姆、临时看孩子的人、管家或交换生，无论他是否和你同住，每天还是偶尔为你工作，你和这个上门来照顾孩子的员工所形成的关系，都要比你最初设想的复杂得多。你要经常和照看人分享有关孩子的信息和你的期望，并且多多益善。孩子的行为问题或学校在他的成长和发展过程中提供的反馈，也应该纳入你们的讨论范围。当你专门腾出时间和照看人交流时，你们就都会有机会指出发生的问题并就此采取一致的行动计划。

你应该把自己看成雇主，以职业的态度对待孩子的照看人并给予其尊重，这一点很重要。照顾孩子是一项要求很高的工作，设立切实可行的期望值是关键。一位因为家务太多而疲惫不堪的照看人，将无法按照你的期望来照顾孩子。此外，如果你尊重孩子的照看人，实际上是给孩子上了一堂重要的人际关系课，孩子也更容易像你一样懂得尊重。

以下列举了一些在和孩子的照看人合作的过程中可用的经验法则：

- 在招聘孩子的照看人时，判断你是不是对这个人感到放心，要相信自己的直觉。你一定要核对一下推荐材料，还要了解这些推荐的信息来源。另一方面，就算这个照看人可以拿出最无懈可击的推荐材料，也有可能从性格角度来看，不适合你或你的孩子。这位照看人是否和颜悦色，令人倍感温暖？他的外表是否干净整洁？他能否以清晰、明智的方式进行沟通？他能否和孩子相处融洽？你觉得他适合你的家庭吗？你放心让他给孩子做榜样吗？
- 你所选择的照看人一定要能很好地使用你们的家庭语言。有些父母会聘请一名讲外语的照看人，帮助孩子熟悉第二种语言。如果照看人每天陪伴孩子的时间很长，这可能会带来问题。在某些情况下，如果照看人不能充分地和孩子沟通，那么孩子的语言发展可能会受到压制。如果此人不具备足够的语言能力以处理紧急情况，你就不应该雇他。
- 一开始就要和照看人建立一种职业关系。事先就和他讨论一下这个岗位的确切内容：薪水、假期、福利、病假、加班要求以及你希望他如何处理涉及你家庭隐私的情况。为了使照看人高效地工作，你的工作要求必须很明确。这包括界定工作时间、有几个孩子要照看和基本职责（可能包括做些家务、为孩子做饭、开车或接送孩子去约玩或赴约）。你需要谈谈你希望他如何处理日常开支，还要明确告知照看人，你对于他在照料孩子期间打私人电话、看电视、招待朋友、出去买东西或去别人家有什么要求。
- 请记住，在新照看人上岗的第一周前后，一定要拿出时间帮他入职。照看人要了解孩子的具体日程安排——什么时候吃午饭、睡午觉、洗澡等。我们总是很惊奇地发现，新的照看人在来学校接孩子时甚至不知道教室在哪里。
- 针对紧急情况的处理要有一个明确的计划，双方讨论过并有书面文字的记录。所有的紧急电话和联系人电话都应该张贴在电话机旁边。有些家长还为照看人报了心肺复苏和急救课程。有些社区会开设照看人课程，你也可以决定是否让新来的照看人报名参加。
- 考虑一下在孩子成长过程的各阶段，你需要怎样的照看人。现在孩子已经到了学龄前阶段，而照看人可能还是在孩子婴幼儿时雇的。请记住，学龄前儿童更加好动，他们需要更多的智力启发，需要新的纪律形式，需要有人鼓励他们学习自理和语言技能。这就给照看人带来了一系列的挑战。你可能会发现把新生儿照料得细致妥帖的那位保姆，在照顾3岁孩子的时候，却不那么得心应手了。虽然你不能指望他马上就调整过来，但如果假以时日，这位照看人仍然无法适应这些要求的话，你可能就要考虑换人了。
- 在照顾孩子的方式方法上，帮助照看人和你保持一致。如果你是用勺子喂两岁的孩子吃饭，但照看人却让他用手吃饭，那么你们给孩子传达的信息就是有出入的。不习惯管教孩子的家长可能会请来一位管教相当严格的照看人，这也会让孩子感到非常迷惘。如果你对管教孩子的某种形式、看电视、饮食或其他任何育儿问题都有自己强烈的立场，就要把这些感受明白无误地表达出来，并和照看人取得一致意见。有时孩子会问一些涉及性、死亡或宗教的敏感话题，你要让照看人了解你的处理风格。

- 帮助照看人建立他的权威。如果听到孩子对照看人说"你不是妈妈，我不要听你的"，这时你必须干涉并力挺照看人以加强他的权威性。如果你对他处理某种情况的方式有意见，要等到孩子离开房间后再和他谈，这一点很重要。当只有你和照看人在场时，你可以解释为什么你觉得这个问题很重要以及你希望他如何处理。如果你们当着孩子的面发生分歧，只会让孩子感到困惑，也削弱了照看人的有效作用。你们不一定要事事都意见一致，但非常重要的一点是，你要赋权给照看人，让他在你不在场的时候按照你期待的那样做事。

- 要注意，一早一晚的过渡时间对很多家庭来说都是个挑战。早上，记得要热情地和照看人打招呼并让孩子也打招呼。这样就为大家一天的生活定下了基调。当你一天结束后回到家时，记住，对自己离开时所发生的事情，你不一定了解来龙去脉。要小心的是，不要妄下结论并因此破坏照看人的权威。如果你回家时发现孩子被关在他的房间里反省，他肯定会告诉你："诺拉（照看人）对我很不好！"如果你接下来并没有弄明白到底是什么原因导致孩子受罚，就马上对孩子说"没关系，你现在可以看电视了"，那么其实给孩子传递了一个令人不解的信息。相反，你可以说："你觉得诺拉为什么让你回房间冷静一下啊？"然后再向诺拉核实一下究竟发生了什么。了解了事实后，你可以对孩子说："诺拉让你在房间里反省，是因为你打了弟弟。你知道打人是不允许的。你要回你的房间去，一直待到我进来。"

- 如果有必要，不要害怕解雇照看人。多数父母都不太愿意更换照看人，尤其是在孩子对照看人产生了强烈的依恋后。我们见过一些父母出于对既有照看人的依赖，以及担心孩子会因为此人的离开不高兴，而没有在出现问题时让照看人离开，反而任其发展。也许情况是，孩子开始上一整天的学，或者是原来的照看人虽然将幼儿照顾得很好，但现在却无力应付4岁的孩子，所以你不再需要别人来帮你带孩子了。也许是这位照看人不听你的意见或是拒绝和你一起为了孩子而协作。无论是何种原因令你和照看人相处不下去，变一变可能对你的家庭来说是一件好事。请记住，你才是孩子生命中最重要的那个人，如果你用心处理，孩子会适应的。

- 如果有人告诉你，他看到过你孩子照看人的某些情况，你要注意听。有时，如果朋友、家人或老师向家长反映了某些有关照看人的负面信息，家长会感到不安或想去辩解。此时，你应该进一步了解情况，必要的时候，你可以向照看人说明你的期望并让对方做出回应。如果对方的解释令你不放心或是这种情况再次发生，那么你应该考虑终止关系。

- 当照看人离开时，给孩子一个告别的机会。无论离开是你的决定还是照看人的决定，孩子都需要有一个了结。最好在照看人离开的前几天预先告知孩子。孩子可以做一张卡片或买一件小礼品作为送别礼物。他可能会希望留一张自己和照看人的照片。如果你们彼此友好地告别，让孩子和照看人保持定期的书信往来或时常打个电话给彼此也是不错的主意。

- 如果照看人突然离开，你要帮助孩子把这件事放下。有时，帮你看孩子的人可能会不辞而别，这令你措手不及，也令你无法帮孩子做好心理准备。我们幼儿园的一位家长就遇到了这样的问题，长期帮她照看孩子的人突然不辞而别了。彼时，这位妈妈还怀着身孕，而孩子正处于适应新学校的过渡期。3岁的瑞切尔因此出现了分离焦虑。每当早上出门要去上学时，她都会哭，到了学校要和妈妈告别的时候，她又会在教室门口哭起来，并紧紧抱着妈妈不让走。我们建议母女俩给照看人写一封信，让瑞切尔得以表达自己的感受并在某种程度上心里放下这件事。这是瑞切尔向妈妈口述的信。

亲爱的苏菲：

我想你。我爱你，一直爱到月球上，爱到绕了一圈又回来。请回来吧。我原谅你。我爱你。我想你。

瑞切尔

那之后，孩子心中的一副重担终于卸下来了。虽然这位妈妈并没有地址可以寄出这封信，但写信的过程帮助了瑞切尔。孩子的焦虑消散了，分离的感觉没那么难受了，她也慢慢恢复了。

新生儿

如果正在期待一个新生儿的降临,那么你可能心里矛盾重重,可能担心老二的到来会让老大不开心,也可能担心自己不能对两个孩子一视同仁,还可能担心自己不能匀出同样的时间和精力分给两个孩子,甚至还要考虑是否重新布置家居、安排工作日程以及和伴侣相处的时间。

你所有这些担心都再正常不过。我们见过的几乎所有父母,在怀二胎时都曾担忧过这些问题。诚然,第二个孩子的出生会带来很多新的挑战。但另一方面,这对你的家庭也有很多好处。

- 如果你自己有兄弟姐妹并和他们相处得融洽,你就会明白手足之情的重要。你们共同成长,分享父母的爱。当你有了兄弟姐妹,就有了和你有着共同回忆并可以分担家庭问题的人。现在,你正在期待你的第二个宝宝,你可以憧憬孩子们一起成长,并由此建立这一特殊的纽带。
- 生二胎还有一些现实的好处。那就是,孩子们可以随时随地一起玩。老大在逗老二玩耍的时候,你会发现这其实给你省了不少时间。
- 生二胎真正的乐趣之一在于,你会意识到,你有能力同等地去爱两个孩子。

虽然老大为了适应和老二分享你的注意力，势必要经历一个调整期，但这并不意味着他无法很快适应。在教室里，我们见过孩子们对新添的兄弟姐妹有着各种各样的反应。有的孩子既兴奋又自豪，并希望给老师和同学们看宝宝的照片。有的孩子面对老师的问题"你们家昨天发生了什么特别的事情吗"时，是这样回答的："是的，我有了一个新娃娃。"还有的孩子天生就很有母性，想要帮忙照顾宝宝，而其他孩子则完全没有任何兴趣。有的孩子对妈妈怀孕这件事很敏感，但宝宝出生后却很开心。还有的孩子对妈妈怀孕毫无察觉，直到宝宝生下来才有反应。

你可以采取很多措施来帮助老大更好地适应。

- **不要急着告诉孩子你怀孕了。** 虽然你很急于和老大或者所有孩子分享这个好消息，但最好还是先缓一缓。3岁的孩子无法理解9个月是什么概念，他会认为宝宝最晚明天就会生出来了。由于孩子无法理解这个时间概念，他会每天都问你一遍："宝宝今天就出来了吗？"上策是尽可能晚地告诉孩子，最好是等到你的身孕真的很明显了再告诉孩子。（不过要注意，在你告诉他之前，他可能早就有所察觉了。有可能是他无意中听到了大人打电话时的对话内容或他们说的某句话。每当家长们透露他们又怀上了一个小宝宝，且认为老大对此还不知情时，我们经常会听到，这个孩子早就告诉另一个孩子："我妈妈要生孩子了。"）
- **一旦你决定要告诉孩子，那就实事求是。** 孩子经常会要求父母再生个小弟弟或小妹妹。如果孩子求你答应给他生一个小弟弟，你要向他解释这件事得顺其自然，可由不得他。他可能还会问宝宝在哪里长大以及宝宝是怎么到这儿的。如果他提出了这些问题,你可能很想编一个故事来回避性这个尴尬的话题。事实上,对孩子实话实说很重要,否则从长远来说这可能会令他感到不解。你不必说得太具体。孩子问什么你就回答什么,可以等他进一步提问再说,而孩子只会问他知道的或是能够理解的问题。这也是个好机会,你可以借此让他了解应该用哪些恰当的语言描述身体的各个部位。如果你说你的宝宝在"肚子里",那孩子可能想知道为什么你会把他新来的弟弟或妹妹吃下去。事实上,你可以告诉他,妈妈的体内有一个特殊的地方叫"子宫",宝宝就在那里长大。

- 为了老大,预产期前后要安于现状。如果你打算搬家、开始如厕训练或是更换照看人,你最好在孕早期就开展或者等小宝宝出生以后再进行。如果你的几个孩子年龄相近,你可能会打算及时把老大从婴儿床上转移出来以便迎接新生儿的降临。只要条件允许,我们的建议是,给小宝宝买一张新的婴儿床。虽然家里买两个婴儿床看上去不切实际,而且属于额外的花销,但是在这个节骨眼儿上把老大从他熟悉的婴儿床上挪走,可能会给你造成不必要的麻烦。面对新添的弟弟或妹妹,老大已经在经历巨大的调整,这个时候换床可能会造成孩子睡眠紊乱。

- 确保孩子对新来的小宝宝有现实的期盼。有些孩子以为新来的弟弟或妹妹从医院回到家就能和他们一起玩球。孩子需要了解,婴儿其实很"无趣",他们只会睡觉、哭闹和吃东西,完全没有自理能力。有很多关于婴儿主题的精彩童书,你可以读给孩子听,以帮助他习惯这一事实。我们推荐罗斯玛丽·威尔斯(Rosemary Wells)的《麦克道夫和婴儿》(*McDuff and* the Baby）和凯文·亨克斯 (Kevin Henkes) 的《朱利叶斯——世界的婴儿》(Julius, the Baby of the World)。另一方面，如果孩子没什么兴趣讨论这个新弟弟或新妹妹的到来，那么不谈这个话题也无妨，等他问起来再谈也不迟。

- 让孩子有时间对你要住院这件事做好心理准备。在预产期的前几天，你可以告诉孩子你要在医院里住上几天。如果条件允许，你可以和他通电话或让他来探视。有些医院专门为婴儿的哥哥姐姐开放了产前探视，你可以决定要不要让他/她来。

- 已经建立起来的作息规律和对老大的要求一定要保持下去。正当老大适应新添的家庭成员时，如果你平时一般不许他这么做，但现在却允许他晚一点再上床睡觉或屈服于他睡前要吃饼干的央求，那就有失公允了。虽然你可能会因为自己无法再全心全意地照顾老大而感到内疚，但事实上，在这样一个过渡阶段，老大更需要风平浪静、一如既往的生活。

- 让老大一起来照顾弟弟妹妹。你可以让他帮你拿一片新的尿裤或者帮忙拿下奶瓶。这会令他感到自己被当成了一分子，自己作为家里的"大哥哥/大姐姐"也负有责任。不过，不要以为老大有能力独自陪伴小宝宝，他可能会感到既兴奋又矛盾，也可能会"抱"得太用力或者为了帮忙而试图把小宝宝拎起来。当他去摸小宝宝时，与其阻止，倒不如告诉他可以"温柔"地拥抱和抚摸。

- 腾出时间专门陪老大。即使你忙于照顾新生儿，你也要记住大孩子在这个过渡期，需要你尽可能多地关注。如果你每天能指定一个特定的时间，这就更容易办到，孩子也会盼着和你独处的时间。如果老大因为你对小宝宝的关注而生气或吃醋，你应该明白这是人之常情，并不需要为此感到内疚。你可以帮助老大通过语言来表达他的感受："我知道，当我要喂宝宝的时候你不太高兴，但是我一做完这件事就会和你玩。"你可以安慰他说，妈妈和爸爸可以同时爱两个孩子，就像他同时爱着妈妈和爸爸一样。你还可以提醒他，作为家里的"小大人"，他拥有一些去看电影或出去吃午饭这样的特权，这可是婴儿做不了的。有人来看望小宝宝时，请到访人也体恤一下大孩子，给大孩子一些特别的关注或者也给他带一份礼物。

- 在新生儿降临后，要对老大可能会出现婴儿化的倒退行为有心理准备。这可能包括像婴儿一样说话、想要喝奶瓶、发生如厕事故和表现出睡眠障碍。在这个过渡阶段，最好不要惩罚孩子的退步行为。相反，当孩子表现出独立和成熟的行为时，你可以表扬他。即使他倒退了几步，你也要继续帮助他成长，这一点很重要。如果孩子已经完成了如厕训练或者有一阵没用奶瓶了，那么当他尿裤子时，要懂得抵挡住纸尿裤的诱惑，而当他哼哼唧唧要用奶瓶喝奶时，也不要轻易让步。

兄弟姐妹

如果一个家里有两个或更多的孩子，兄弟姐妹间闹矛盾就在所难免。有一年感恩节，爱丽丝班上的老师让孩子们画一画令他们感激的事物。爱丽丝当时5岁，而查尔斯还只是个婴儿。爱丽丝画了一张自己和爸爸、妈妈的合影。艾伦问爱丽丝为什么没有把她的小弟弟画进去，爱丽丝回答说："嗯，我喜欢查尔斯。但他不是我感谢的人。"

正如爱丽丝所说，孩子可能并不会对自己有个小弟弟或小妹妹这件事心存感激。到了老二会走路、会给老大捣乱的时候，难免会发生纠纷。小宝宝说不定在某个时候就会去抢大孩子的玩具，或者两个孩子要看不同的影碟，又或者大孩子不带弟弟、妹妹一起玩。积极的一面是，兄弟姐妹的关系可以为生活中的其他关系提供范本，帮助孩子学会处理冲突。当孩子有一个小弟弟或小妹妹时，他很快就能学会如何分享、妥协、表达感情、对他人负责、面对挫折和解决问题。虽然所有的兄弟姐妹都会争吵，但有一点可以肯定，那就是他们会在关键时刻团结一心，至少在反抗父母的时候会形成统一战线。

如果你向往孩子们之间一派和气、和睦相处的画面，那么你一定会感到气馁和失望。兄弟姐妹之间，吵闹是少不了的，也是必然的。吵架并不意味着他们彼此不相爱。孩子们会因为无聊或仅仅因为喜欢吵架而吵架。许多孩子吵架是为了引起父母的注意。父母常常无法容忍，本能地想加以干涉以平息他们的争执。但其实你碰到了一个两难的境地：本意是让孩子们结束争吵，但这样做反而正中他们下怀，因为他们最初吵架就是为了让你有所反应。尽量不要急着解决问题。有时，结束争执最有效的办法就是置之不理或是袖手旁观，看看孩子是否能自己解决这个问题。

当然，当斗嘴演变为动手并有可能会导致受伤时，你就必须干涉了。你可以让孩子们回到不同的房间待着，或者在一段时间内禁止他们一起玩。这能让他们有时间冷静下来。如果放手不管，孩子们其实也能找到自己的方式来解决兄弟姐妹之间的矛盾。当南希的孩子还小的时候，艾丽莎有一段时间总爱对哥哥拳打脚踢。南希告诉迈克尔，他绝不应该容忍艾丽莎推搡他，并教他用坚定的语气告诉妹妹他不喜欢这样。这让迈克尔很为难，因为他天性温顺。一天南希回到家，艾丽莎在门口迎接她时骄傲地说："妈妈，我是个大白痴！"南希问："谁告诉你这么说的？"她回答说："迈克尔说的。"南希就问："他有没有说这是什么意思？"艾丽莎回答说："意思是我很会运动！"显然，迈克尔想出了一个好玩的方法来报复他的小妹妹。

兄弟姐妹之间如果发生争执，可以采取以下这些有效的经验法则：

- 如果你真的要出手制止争执，尽量不要做评判、下结论。除非目睹了整个过程，否则你不可能会了解到底发生了什么。每个孩子都会各执一词并希望你站在他的一边。孩子们会把你也拉进来，但无论什么解决方案都不太可能让所有孩子感到满意。虽然你应该听取孩子们想对你说的是什么，但扮演裁判通常是徒劳的。相反，要试着集中精力解决问题而不是停留在问题本身："如果你们俩想看的电视节目不一样，不如我们一起看一张你们都想看的影碟？"尽可能让孩子参与解决他们自己的纠纷："你们想看不同的电视节目。那你们觉得我们应该怎么解决这个问题呢?"这样做的时候,你其实是在教孩子们自己解决问题和化解矛盾。这些是他们在家庭以外你不在场的时候协商社会关系所需要的能力。

- 不要奖励告状的行为。当一个孩子告另一个孩子的状时,你可能会觉得就某个问题获得了有价值的信息,甚至还会感谢他将此事告诉你。但你这样处理会鼓励孩子们互相打小报告,而不是自己想办法解决冲突。
- 当孩子们一起玩的时候,可以制定一些奖励和惩罚的机制以更好地防止他们争吵:"如果你们能做到轮流玩这辆卡车,我就不把它拿走了。"通常,使用计时器有助于孩子们轮流玩儿:你妹妹可以玩 5 分钟的卡车,然后你也可以玩 5 分钟。"
- 经常要强调与他人分享和尊重别人的原则。"公平"这个词对幼儿来说可能很高深,你要向他们解释一下,确切来讲,这到底意味着什么。你可以说:"我们今天可以看你喜欢的电视节目,明天再看你哥哥喜欢的。这就是公平。""公平的意思是不能骂人也不能打人。""你可以说你很生气或不高兴,但你绝不应该打人或骂人。这是不公平的。"公平并不总是意味着用一模一样的方式对待每个孩子。这可能要根据孩子的年龄来定义并就事论事:"你妹妹可以玩玩具,是因为她有礼貌地请求了,而没有从别人那里抢过来。""你姐姐比你大,所以她可以再过半个小时才睡。"
- 如果你注意到孩子们互相分享或玩得很融洽,就应该予以表扬。当你看到合作的行为并加以肯定时,孩子们就会了解到让步和分享可以使自己感觉良好。

- 定好的规矩就要保持。如果老大欺负老二或者老二把老大辛苦了好几天才做好的东西弄坏了,你要确保所有孩子都懂得什么是规矩。"规矩是如果弟弟跑得没你快,你也不能嘲笑他。""规矩是你不能推倒你哥哥正在搭的乐高塔。"让孩子们知道,伤害别人的身体和情感都是你不能容忍的行为。你可以召开一个家庭会议进行讨论并回顾要遵守的规定。如果有必要,可以把这些规定写下来。
- 不用坚持让兄弟姐妹总在一起玩。每个孩子都需要一个人玩的时间。即使兄弟姐妹共处一室,你也可以给他们提供属于他们自己的空间,并许可孩子不用分享某些他们特别珍爱的物品。这是一个防范冲突的有效方法。
- 当孩子们发生争执时,尽量保持冷静。不要提高嗓门。如果你生气地参与争执,那么只会令矛盾升级。应该保持你原来的音量并引导孩子们离开发生矛盾的区域。如有必要,可以去另一个房间,先让孩子们坐下,然后你再平静地、明明白白地和他们谈论这个问题。当你把孩子们的注意力从问题上转移开,大家就都能更好地跨过这道坎。
- 当孩子们发生争执时,父母双方要表现出团结一致。如果父母中的一方试图解决眼下的局面,而另一方却试图调查"到底发生了什么事",孩子们就会感到不解,争吵也会持续下去。
- 当孩子们在争吵时,你可以尝试用其他活动(讲故事或做点滑稽的事情)来转移他们的注意力。你可以说:"看来你们需要暂停游戏休息一下了。我们吃点零食吧。"孩子的注意力很短暂。给孩子们讲你小时候的故事,并且告诉他们你和别人吵架时你会面临什么后果，用这样的方式来吸引他们，就可能会令他们很快忘记自己原来在争论什么。
- 如果其他办法都行不通，那就找别人问问。如果你的家庭生活因为兄弟姐妹的纠纷而遭受影响，或者某个孩子的自尊心似乎受到了伤害，可以咨询一下儿科医生、老师或学校主管，这都会有所帮助。你可能还需要咨询从事心理健康辅导的专业人士，寻求额外帮助来替你想办法应对这种情况。

把兄弟姐妹当作独立的个体对待

当你年幼的孩子日渐长大，你可能会发现他的性情和大孩子截然不同。你可能会认为自己应该对两个孩子一视同仁。但事实上，每个孩子都是独立的个体，你需要针对他们的个人需求因材施教。这意味着你在不同的阶段要对他们采取不同的态度。艾伦的老大爱丽丝是一个自律性特别强的孩子，用不着太多的规矩和提醒。但她的弟弟查尔斯却很容易挑战父母的极限，需要父母更多的指导。南希的老大迈克尔不仅会告诉妈妈自己看了太多电视，还会主动把电视关掉，或者如实地告诉父母："我这个星期看了太多的电视，下周我就不看了。"而与此同时，父母必须不断控制艾丽莎看电视的时间，否则她自己永远也不会关掉电视。在方法和标准上区别对待你的每个孩子无可厚非。事实上，这也是完全必要的。

还可以试试以下这些好办法：

- 家长经常忘记，对于不同年龄的孩子需要用不同的方式加以鼓励。跟进每个孩子的实际成长水平可能是件难事。你可能会把自己年幼的孩子当成家里的小宝贝，因此忘记对他提出更高的要求。另一方面，你也可能老是把他和姐姐相比，因此过早地对他抱有过高的期望。你还可能希望大孩子对弟弟妹妹有更多担当或者能够迁就他们的要求。如果对自己回应孩子的方式是否符合孩子本身的发展需求没有把握，你可以向孩子的老师或儿科医生请教。

- 身为父母，你的工作就是促进孩子们之间的关系并鼓励他们互相协作。如果你天性腼腆的那个孩子觉得你总是夸奖他大姐有自信，那你就可能会造成姐弟之间的矛盾。家里的每个孩子都需要作为个体被尊重和爱护。如果你观察每个孩子并鼓励他们发展自己与生俱来的能力，孩子们就不会那么争强好胜了，并且会觉得你很重视他们每个人。孩子们会有不同的长处和兴趣，他们是否能建立起强大的自我意识并减少和兄弟姐妹竞争的意识，取决于你是否对这些兴趣予以重视。如果一个孩子擅长音乐而另一个孩子热爱运动，那么这两种兴趣需要得到同等的尊重。如果你家重艺术、轻体育，那么擅长体育的孩子可能会觉得自己的才能不如另一个孩子的音乐才能那么重要。

但同等重要的是避免在孩子的生命中过早地给他们贴上标签。当你认定"他是个害羞的孩子"、"他是个体育好的孩子"或者"他是个很风趣的孩子"时，你就是在比较孩子们，并可能会无形中加诸一些他们难以企及的期望。孩子可能会因此而抗拒培养自己其他的个性或兴趣。

- 无论你多么努力地赋予每个孩子公平的待遇，他们中总会有一个在某一天对你冒出一句"这不公平"或指责你偏心。你唯一能确保的是你接受和尊重每个孩子，并让每个孩子都觉得他在家庭中占有重要的位置。尽管兄弟姐妹之间往往会有很多竞争和争执，但根据我们自己的经验，这是利大于弊的。虽然我们的孩子在年幼时都经历过兄弟姐妹之间的纠纷，但我们很高兴告诉大家，他们成年后依然是好朋友，经常交流，并乐于陪伴彼此。

第八章

纪律篇:
立规矩、对孩子说"不"

幼儿会发牢骚、哭闹、发脾气、咬人、尖叫、假装没听见你的话、打断你、无视你、和兄弟姐妹争执、拒绝老实地睡在床上、在你要求他把饭吃完的时候说"不"……别担心,这些并不意味着你的孩子有问题。孩子们都这样。有时,学龄前幼儿的行为表现似乎是在蓄意考验你的耐心和决心。事实上,这个年龄的孩子想要也需要张扬自己的个性。他们正在探索自己的想法、语言和愿望有何等影响力,每当不顺心时,就会抗议、哭泣,甚至发脾气。家长经常告诉我们,其实,比起神通广大、想要主宰全世界的三四岁孩子,"可怕的两岁"真不算是太可怕的年龄。

我们正好可以借此来聊聊纪律这个棘手的问题。我们遇到过的所有家长都在这个育儿问题上犯过愁。一方面,你面对的是一个无论吃饭、睡觉还是去超市买麦片都想要自作主张的孩子。而父母都不想要爱发牢骚、咬人或发脾气的孩子。另一方面,我们也见过很多父母在处理这种行为时表现得犹豫不决。当自己三岁的孩子在上学的路上苦恼着要棒棒糖吃的时候,即使是职场上最功成名就、最有权威的成年人也会动摇。如果你正在为如何给孩子立规矩而烦恼,感到束手无策,那是很自然的。作为家长,探索如何树立权威可能需要时间,而且你在寻找哪种方式适用于你个人和家庭情况的过程中也可能会犯错。我们告诉家长,不必十全十美。孩子有适应能力,只要你做到两件事——无条件地爱孩子并对他们有所约束,那么即使你会犯错,他们也不会走偏。

我们在和父母谈论到纪律这个问题时,会从这个词的词根说起。

不知不觉中,"纪律"这个词被蒙上了贬义的色彩,并和"惩罚"一词混为一谈。"纪律"实际上是"教导"的意思(它和"弟子"一词同属一个词根)。家长在教孩子字母表或从1数到10的时候肯定是胸有成竹的。然而,在教导孩子如何行为得体时,很多人却没有那么笃定了。我们见过有些孩子把恐龙的种类说得一清二楚,或者能够说出巴勃罗·毕加索和杰克逊·波洛克在绘画风格上的差异,却不懂得打断别人讲话、使用不尊重人的语言、在墙上写字或者打保姆都是错误的行为。如果不教一个孩子守规矩,就会阻碍他在各方面的成长,因为这样的孩子既不会得到老师的欣赏,也不会被同伴所接受。

孩子不是生来就知道什么是可接受的和安全的行为,也不是生来就知道如何控制自己。当孩子逐渐长大并开始更独立地和周遭世界互动时,你有责任教他如何控制自己的冲动。所有的孩子都会有不守规矩、挑战他人极限的行为。这是天性使然。而你要做的是设置边界,让孩子能在身心成长的过程中有安全感。对幼儿来说,世界是一个庞大且令人害怕的地方。如果没有明确的边界感,他们会感到失控和没有安全感。

当你把太多的控制权交给最小的家庭成员时,影响的不仅是孩子。如果孩子成了你家的小霸王,而他生活中的所有成年人都因为害怕他发脾气或大哭大闹而不敢违抗他时,这就意味着你必须出来做主了。你应当有信心,你对孩子态度坚定,孩子会因此而受益。作为教育工作者,我们看到,如果父母对孩子加以管教,孩子可能会更喜欢上学并在学校表现良好。这些孩子得到了建立是非感的机会,他们会更尊重他人,能够了解并管理自己的感受,在学校成为既合群又有责任心的一员。我们还看到,那些在家里缺乏纪律约束的孩子往往在学校也会遇到问题。他们对老师的期望感到焦虑和困惑,难以交到朋友。当老师对孩子提出了明确的要求之后,那些在开学时无法很好地适应课堂的孩子,很快就会获得自信并茁壮成长。当这些孩子的父母也照做,在家里对孩子保持一致的要求时,这些孩子就会不断成长,良好的行为也能得以保持。

我们俩感到幸运的是，我们的老大都是很"容易"带的孩子。爱丽丝和迈克尔都比较自律。我们不需要给他们不断定规矩，而且他们也很少挑战我们的极限。然而，这却让我们在查尔斯和艾丽莎出生时措手不及，因为这两个孩子需要我们不断立规矩，并时刻提醒他们家里谁说了算。起初，我们常常在更有主见的老二面前做出让步，期盼他们的这个任性期过去。随着时间的推移，我们意识到查尔斯和艾丽莎实际上需要我们来做主。有一天，全家人一块儿出去吃比萨时，4岁的艾丽莎决定把脚跷到桌子上。南希马上说："请把你的脚从桌子上拿开。"艾丽莎回答道："这是我的脚，我想放哪儿就放哪儿。"南希说："我有件好玩的事告诉你。你的脚属于我，在今后的14年里，我说它放在哪里就放在哪里。"那一刻，南希意识到她已经在艾丽莎面前树立了权威。艾伦也花了一段时间才摸索出应该用什么样的风格管教她的小儿子——人称"发号施令的查尔斯"。艾伦认识到，如果她继续放任儿子主宰这个家，家里的生活只会越来越混乱，最终查尔斯在学校也会遇到麻烦。从长远来看，她这样的做法颇有成效。在查尔斯进入青春期时，他提出想撇开大人的监督自己出去度春假，但他的请求遭到了父母的拒绝，查尔斯虽然不高兴，但还是接受了父母的决定，因为这已经不是他第一次大失所望了。如果艾伦和她的丈夫没有在查尔斯成长的儿童阶段就树立起自己的权威，那日后当他们碰到更大的问题时也就没有能力说"不"了。

用什么方式管教孩子，这是父母的工作。你要了解孩子的个性以及你身为父母亲的直觉。你要想清楚什么对你的家庭来说是重要的。你要树立一个榜样，以身作则地示范良好的行为举止和自控能力。你要有耐心，并理解要改变某种规律是不可能一蹴而就的。的确，纪律的管教需要日复一日、年复一年地付出努力并持之以恒，但这些努力绝对不会白费。尽管对孩子说"不"从来都不是一件令人享受的事，但你会发现家庭生活因此变得更加愉快。孩子会因为你的坚强和坚持而更加爱你，你也会因此更喜欢孩子。

为什么这么难？

如果纪律对孩子来说有如此不可或缺的好处，为什么家长还会在这个问题上如此犹豫不决和没有把握呢？因为很多家长对于自己充当权威者感到很不自在。同时，孩子是非常精明的，他们很快就能看出你是不是认真的。如果你摇摆不定，孩子就能感觉到这一点并明白他可以左右结果。认识到自己矛盾的根源在哪里之后，你就可以想办法解决这个问题并在你的家庭中更有自信地充当权威者的角色。这些根源主要有以下几个方面。

害怕步父母的后尘

家长们常常担心，自己对孩子"太严格"就等于是和自己的父母如出一辙。如果你的父母曾经对你严加管教，你可能会决心成为和他们不一样的家长。你可能更想成为一名循循善诱、善解人意以及更尊重孩子的家长。但你要小心这种反应带来的问题，那就是你也可能变得过于放任和被动。如果最年幼的孩子成了家里的小霸王，而你不得不乞求他守规矩，而不是期望他自律，那可能就要重新评估一下你为孩子制定的要求了。有些父母则更倾向于领导孩子。也许在你的成长过程中，父母对你约束较少，而你实际上希望他们当时在纪律上能够更明确和更坚决。因此，你可能会把太多的规矩强加在孩子身上或者总是武断地拒绝孩子。这些家长可能靠的是惩罚机制而不是积极的强化引导。我们看到，如果碰到动不动就兴师问罪的家长，孩子往往也会因为试图取悦父母而变得焦虑不安。立场平衡的家长懂得在两个极端之间取"中庸之道"，他们态度明确、坚定、前后一致并和蔼可亲。虽然一直保持平衡并不是件容易的事，但你为人父母就必须要发出自己的声音，无论你的父母是怎么看待和养育你的。

希望孩子快乐

作为家长，你当然希望孩子快快乐乐。想要保护孩子远离不快乐或者困难是自然的感情，但你也要意识到挫折和失望在孩子健康成长的过程中所扮演的角色。如果孩子从未体验过不顺心的感觉，他就永远没机会学会如何应对生活中的种种挑战。我们告诉家长，孩子在学校里最不顺心的一天可能也是他经历的最宝贵的一天。认为孩子一直都要开开心心是一种不切实际的想法。总是屈服于孩子的要求，你可能觉得这么做可以带给他快乐，但实际上也可能在削弱他的承受能力。你剥夺了他受到约束时体验随之而来的失望以及挫折感的机会。当你对孩子说"不"的时候，十有八九他会不高兴。但如果你不对他加以约束，就可能会对他长期获得快乐的能力产生消极的影响。生活中充满了大大小小的问题。一个人越是有能力应对这些挑战，就越能从中获得满足感。

害怕压抑孩子

有些父母担心约束孩子会妨碍他们的创造力，要求孩子遵守纪律会使他们受到压抑，无法充分地表达自己。自己可以做主的孩子并不一定就是最有创造力的孩子。事实上，如果给孩子太多选择，他们很容易变得不知所措并无法为自己拿主意。总是让孩子做选择可能也会令他们感到有负担。

我们告诉家长，不对孩子加以约束，实际上可能是在扼杀他们的创造力。亚历克斯的父母曾经在他来上幼儿园前，每天都问他想穿什么衣服上学，而他的回答总是"我的宇航服"。他的父母不想拒绝他，令他感到被压抑。然而，每当亚历克斯穿着这套服装上学时，他都很难和小朋友一起参加活动，因为他只想玩扮演宇航员的游戏，而不愿加入其他孩子的想象游戏。在音乐和故事时间，他会因为玩弄搭在袖子上的银色魔术贴而走神，而要上厕所时，他无法把这套衣服脱下来。他父母的行为非但没有加强他的创造力，反而令他完全无法充分参与和探索其他创造性的体验。孩子不可能总是知道什么对他最有益，作为家长，你应当为他做出对他最有利的决定。

害怕孩子不喜欢自己

每位家长打心眼儿里都希望孩子能够找自己倾诉问题并把自己当成朋友。但害怕孩子不喜欢自己的感情常常会妨碍父母树立权威。没有威信，就无法给孩子立规矩。孩子更需要父母做好为人父母的工作，而不是成为他们最好的朋友。你既可以和孩子建立一种充满爱意的亲密关系，也不必放弃你作为家长的角色。的确，当你态度坚决或者说"不"的时候，孩子不会因此而感谢你，但是当你的力量让他体会到爱和安全感时，他就会在意想不到的时刻抱抱你、亲亲你。

想挑最省心的路走

在挑战和考验你的耐心这方面，孩子有着无穷无尽的能量，并可谓百折不挠。当你好不容易熬了一天，并且为了让孩子把玩具收起来已经喊了无数遍的时候，你会觉得还不如自己收拾更方便。但是，如果你不在孩子的这些行为刚冒出来的时候就加以纠正，那你实际上就是在暗示孩子这么做也没关系。虽然从眼前来看，你自己收拾玩具似乎更省力，但从长远来看，你等于为日后埋下了隐患，因为当这种行为已经变得根深蒂固时，再想要解决就更困难了。

缺乏信心

有些人确实没有自信，难以坚定地表达自己的主张。如果你说话轻声细语、没脾气，就很难对孩子拿出鲜明果断的态度。然而，当你认识到孩子是多么需要你拿出自信和坚毅时，这些能力就会被激发出来。你做父母的信心和力量加强，对你和孩子都有好处。

入门知识：家长如何给孩子立好规矩？

一旦理解了管束孩子的益处，并且有自信能够为了孩子充当权威者，你就已经向着有效的管教迈进了很大一步。以下是一些基本的指导原则，能在各个层面上助你一臂之力。

找到一种平衡且适用于你家的管教风格

当一个家庭找到一种适宜自己的管教风格，其益处是无穷无尽的。凯特是一个4岁的孩子，她在幼儿园里每天都无所适从。画画时她不愿意分享水彩笔，集体讨论时她抱怨自己的座位，户外活动时她拒绝穿上外套，和其他小朋友玩时她不会妥协。当看到她的父母是如何在课前课后应付她的要求时，我们就明白凯特为什么会在学校如此任性了。凯特但凡想得到什么就发牢骚、又哭又闹、大发脾气，直到家长满足她的要求才停止。她的父母会乞求她不要这样，但很少奏效。在学校不仅凯特不开心，她的父母也闷闷不乐、垂头丧气。我们建议她的父母看看心理咨询专家，因为他们显然无法自如地树立自己的权威。一旦凯特的父母有能力对孩子表达更明确的期望，并对她的行为做出前后一致的回应之后，凯特就变得更加服从成人的权威，并在和同学相处时更有灵活性了。凯特很快就在学校里变得更加快乐，一家人的生活也得到了改善。

而另一个极端，我们也见过父母过于严格导致孩子十分焦虑的情况。有一天在幼儿园，3岁的珍妮在放学时歇斯底里地大哭起来。询问之下才知道，她找不到自己的帽子了，很害怕妈妈知道后会有什么反应。当我们和她妈妈交谈时，了解到原来一周前珍妮弄丢了手套，妈妈因此大发雷霆并取消了她的约玩。妈妈还告诉珍妮，如果她下次再把什么东西搞丢了，她就把珍妮最喜欢的娃娃拿走。虽然这位妈妈是在试图给孩子立规矩，但这么做使孩子过分担心万一丢了东西会受到什么样的惩罚，而无心注意把东西放在哪儿了。我们建议这位母亲给孩子解释下她为什么应该好好保管自己的物品，并试着用这样的口吻："珍妮，你要保管好你的手套。如果没有手套，你的手会很冷。如果你一脱下来就把它们放在口袋里，就能知道它们在哪儿了。你还能想到别的办法吗？"我们注意到，后来即使珍妮又做了一些她担心可能会惹妈妈生气的事情，但不再那么害怕了。

始终如一，持之以恒

你能为孩子做的最重要的事情之一就是始终如一，持之以恒。如果你一天换一个说法，孩子不会明白你到底期望他做什么。如果你太容易让步，又可能造成孩子积习难改。

不断重复对孩子来说可谓益处良多。艾丽莎3岁的时候，她开始要求南希在早餐时给她吃冰激凌。第一天早上，妈妈拒绝了。第二天、第三天、第四天早上，还是不行。到了第五天早上，南希想："为什么不呢？吃一次冰激凌又不会要了她的命，而且冰激凌里面有牛奶……"南希几乎快要让步了，但她很快就醒悟过来。这不是冰激凌的问题，而是一种考验。南希不能在说了"不"之后又改变态度。艾丽莎明白了"不"就是"不"之后，就没再提过早上吃冰激凌这件事了。

很多家长告诉我们，他们曾试图改变孩子的某种行为，但"这没用"。当我们问起试了多久时，他们的回答是"只尝试了一两天而已"，这就怪不得没有效果了。改变行为模式需要时间，尤其是当这种行为已经演变成了孩子的一种习惯时。在这个问题上，没有什么捷径可走。只有坚持贯彻你的计划，直到孩子会意为止。虽然这么做劳心劳神，还给你添堵，但一旦孩子明白了你是来真的，他们的变化会让你大吃一惊。

立规矩

要教导孩子，就要制定明确和具体的规矩。不立规矩，孩子就无法学会监督自己并控制自己的冲动。当我们告诉家长幼儿园的孩子是多么乐于接受课堂纪律时，他们常常感到惊讶。孩子们喜欢向老师复述这些规矩，并且常常对违规行为感到义愤填膺。孩子喜欢具体的指令，所以当大人毫不含糊时，对孩子往往更有效果。规矩带给孩子安全感，并让他们觉得大人们对这个世界胸有成竹。

定什么样的规矩，要看是否符合孩子的年龄以及孩子是否能理解，一旦立下就要坚持，家里的大人都要身体力行予以巩固。如果你今天允许孩子拿着果汁在屋里走来走去，第二天又告诉他只能在厨房里喝果汁，那么给孩子传达的其实是互相矛盾的信息。尽量不要在家里制定一套你自己、你的配偶和其他照顾孩子的成年人无法共同遵守的规矩。孩子轻易就能察觉出谁是家里心最软的人，谁最容易动摇他就会去谁那里撒娇求情。对于努力建立一套明确的要求和责任机制的家长或照顾人来说，这无疑是在拆他们的台。

规矩不用太多，但那些涉及孩子健康和安全的规定是绝对没有商量余地的。你不能让孩子一个人过马路、吃很多垃圾食品、玩弄尖锐的物品、打开炉子或者把东西塞到电源插座里。这些显然是有危险的。还有一些不那么显眼的健康和安全问题也同样重要。你要有明确规定的行为还包括：睡觉时间、洗澡、刷牙、看医生、上学、食物选择、什么天气穿什么衣服、收拾玩具、吃饭时要坐在桌前。"不能伤害别人"这一条要写进每个家庭的规定里。

对于什么规定是生活必备的，每个家庭都可以自己做出取舍。你可能允许孩子一周吃一次饼干，而另一家可能允许孩子每天吃一块饼干；你可能不让孩子看电视，而另一家可能允许孩子每天看一个电视节目，周末可以看影碟。选择对你来说真正重要的规定并坚持下去——不要奢求面面俱到。孰轻孰重，哪里松哪里紧，你自己决定。要刷牙肯定是铁打不动的规矩，但如果孩子愿意穿着不搭配的格子和条纹衣服去上学，那就随他去吧！如果每件事都分毫不让，你和孩子都会很沮丧，在一起也不会开心。

让孩子参与制定家庭纪律是极其有帮助的。当家长和孩子共同立下规矩并把它们写下来时，孩子会觉得有参与感，也更容易记住和理解对他的要求。规矩一旦立下，你就可以直接诉诸家庭章程，让它成为家中的"高等权威"。如果充当权威者让你感到不舒服，这样做有助于把重点从你身上转移到家庭章程上来。拿家庭章程出来说话可以减少对抗，减少人治的色彩，而且有助于避免和孩子为了谁说了算而较劲，因为孩子比较能接受一种不可辩驳的更高权力。当孩子不想刷牙时，你就可以说"我们家的规定是我们在讲故事前必须刷牙"。当孩子说"我想再看一张影碟"时，你可以回答"我们家的规矩是一天只能看一张影碟"。我们经常告诉家长，也可以把学校搬出来充当权威。告诉孩子你知道他在学校要把玩具收拾好或把自己的外套挂起来，有助于你巩固某个规定并传递前后一致的信息。

很多家长发现把家庭章程张贴在家里显眼的地方效果比较好。我们知道有个家庭会把规定按数字序列写下来贴在冰箱上，每当发生违规行为时，其他孩子就会说"塞巴斯蒂安没有做到第三条"。尽管这些孩子还不识字，但他们已经掌握了家庭规章并知道它们的排列顺序。孩子希望看到家庭规章是人人都遵守的，这样方显公平。

也有时候，当你要执行家庭规章或提醒孩子的时候，孩子会感到不愉快。他可能会以哭闹或喊叫的方式来表达极度不满。不要让步——当你镇定自若并持之以恒的时候，当孩子感觉到你强大有力并且胸有成竹的时候，他会感到安全和爱意。如果你摇摆不定，看起来也没有把握，他反而会挑战你并感到失控。

当别人的孩子来你家里或由你看管时，家庭规章也可以用到他们身上。有一位家长告诉我们，有一次别人托她从日间夏令营接另一个孩子回家。这个孩子上了车后拒绝系好安全带。他说妈妈没这么要求过他。这位母亲只是说了句"在我的车上,我们都系安全带,这是规定",孩子就乖乖地把安全带系上了。

不要讨价还价

当你认真地对孩子说"不"的时候,十有八九他还会想和你讨价还价。孩子就是这样的。但是,如果你和孩子一来一去地不断拉锯,他就不知道你的底线在哪里。我们认识的一个家庭告诉我们,他们陷入了总要和女儿卡拉讨价还价的模式。卡拉甚至一度变得非常精明,他们每天为了日常事务争论不休。有一天,卡拉的爸爸受够了。他转身对女儿只说了一句:"我们不和恐怖分子谈判。"当父母对卡拉明确地表了态,漫长的讨价还价总算画上了一个句号。

对孩子无须"一视同仁"

每个孩子是独特的个体,对你的管教方法也会反应各异。扬眉毛或严厉的语气对有些孩子起作用,而其他孩子可能需要惩戒机制或冷静时间才能做出规范行为。通常,同一个家庭里的孩子对管教方式会做出不一样的反应,你要看孩子需要什么并做出调整。

如何预防对抗和冲突的发生？

你可以采取很多措施预防对抗和冲突的发生，从而使你的生活更轻松。下面介绍一些可借鉴的方法。

建立作息规律

幼儿需要规律的作息。这个年龄的孩子依赖前后一致的规律来管理自己的世界。作息规律令人心里有着落，让孩子知道有一套计划。这能让他感到心安。如果孩子能预料到接下来会发生什么，他就更有可能和你合作并顺利过渡到下一个活动。如果没有明确的作息规律，孩子就无法轻松地处理日常生活方方面面的实际问题，而你也会发现自己要花大量的时间就什么时候做什么事以及怎么做的问题和孩子争论不休。可参见第六章了解更多制定作息规律的技巧。

预防孩子的问题行为

为什么幼儿会哭闹、发牢骚、发脾气、抗议、感到受挫和情绪崩溃呢？他们可能是累了、饿了、过度兴奋、受到挫折、寻求关注、生病了或者无法表达自己的感受。也许你刚刚生了一个小宝宝，搬了家，换了人来照看孩子，旅行刚回来，家里有人生病或去世了。思考一下可能是什么原因造成了这些问题行为，你可以预见并消除它们。

会触发对立行为的事情包括什么时候睡觉、选什么衣服穿、吃什么、上厕所、收拾东西、购物、打电话、关电视以及一般的活动过渡环节。问题行为有种种诱因,很难一概避免。但你可以采取一些办法预防冲突的爆发。有了准备,你就能更好地面对孩子的反应了。

问题情景一:你去超市的时候快到午饭时间了。当你走近放麦片的货架时,孩子肯定会抱怨,因为他开始感到饿了。

预防措施:你可以在午饭后再计划出行,或者带一小袋孩子最喜欢的麦片当零食。

问题情景二:你打算放学后去鞋店,但当你到了的时候,孩子已经变得又累又烦躁。

预防措施:你可以先带他回家安静地小憩一会儿或者先去图书馆给他讲个故事,这样就可以避免孩子在鞋店情绪崩溃。一旦孩子休息好了并重新打起精神,你的鞋店之行就会更加愉快。

问题情景三:你有一个好动的孩子,过度兴奋时会表现出攻击性。你去一个生日聚会接他的时候,看到孩子们一边跑一边互相扔糖豆。接下来,他还想去朋友家玩。

预防措施:你要坚决并平静地说:"我们现在要回家了,但我等一会儿会给保罗的妈妈打电话安排你们之后一起玩。"

问题情景四:你要给新生儿喂奶,但在你准备的时候,爱吃醋的3岁孩子却要你给他讲故事。

预防措施:你可以拿出书和录音带,并在喂宝宝的时候让大孩子依偎在你身边听录音带。等小宝宝喂好以后,可以让大孩子挑一本书读给他听。

问题情景五:你在通电话,孩子却不停地打断你。他等不及是因为他觉得如果那一刻不说出来,就会忘记要说什么了。

预防措施:你可以告诉他打断你是不礼貌的。告诉他,可以把自己的想法留在脑海里,等你挂了电话再听他说。当你挂断电话后,一定要全心全意地倾听孩子。

问题情景六：正值严冬，孩子却想穿短裤去上学。

预防措施：你可以把他的夏装全部从抽屉里拿出来，并把它们收进衣柜的最上层。

化繁为简

如果想避免冲突，你就要很明确地告诉孩子应该怎么做。重要的是你要意识到，幼儿对笼统的概述不太能理解。相对有用的办法是把你对孩子的期望分解成一个个小任务。与其说"我们要离开家了，你要准备好现在就走"，不如说"把乐高放到乐高盒里，过来穿上你的外套"。同理，一次要处理太多的指令对幼儿来说很困难。如果你一股脑儿把所有指令都下达给他，他只会抓住他听到的第一个或是最后一个去执行。

和孩子一起动手

如果你和孩子一起动手帮助他做某些事，孩子会更有积极性。如果孩子不愿意收拾东西，你可以把这个任务变成一项游戏或挑战来鼓励他："你捡蓝色的积木，我捡红色的。""比一比我们谁能在计时器响之前就把地上的东西都收拾好。""我打赌我数到10之前你就能把所有的小汽车都装进盒子里。"四五岁的孩子好胜心强并喜欢接受挑战，要利用好这一点。唱歌或用计时器的方法可能对3岁的孩子更有用。幼儿园的老师会在3岁孩子的课堂上使用沙漏计时，这样孩子们就能看到他们还剩下多少时间。

给予提醒

有些孩子在进行下一项活动之前需要有个过渡，否则会很不情愿。在切换活动前给孩子提个醒，过渡就不会那么仓促了。你可以说："你可以先把拼图拼完,然后我们去洗澡。"这样孩子就会知道下一步你要他干什么,从而遵守指令。让孩子复述一下你刚才说了什么可以帮助你确认他是不是明白了你的意思。

二选一

请记住,太多的选择可能会让幼儿无从下手,并且给了他太多的控制权。而二选一既给了孩子决定的机会,也让你可以控制结果。有时就不该给孩子选择。幼儿园的老师经常对孩子们说:"拿到啥就是啥,不能生气呀。"孩子们很快就接受了这个简单明了的道理。我们经常听到孩子们用这句话安慰自己或是互相复述。

转移注意力和运用幽默感

伺机转移孩子的注意力或者用幽默感来调节也可以有效预防孩子的对抗行为和情绪崩溃。你可以换个话题,走到另一个房间去,或者提出一个新计划:"我有一个好主意!让我们看看你的房间里藏着什么秘密游戏!"记得表现要夸张。孩子的记性不长,很快就会把一分钟前还困扰着他们的事情抛诸脑后。幽默感也有异曲同工之妙。要会一点插科打诨。当孩子早餐就要吃冰激凌时,你就告诉他:"好啊!我们先吃冰激凌,再吃肉丸子和意大利面,然后我们再把生日蛋糕戴在头上!"这样做既没有挖苦孩子,也没有模仿或嘲笑孩子,但依然可以做到在笑声中说服孩子。

争取让孩子和你站在一队

告诉孩子你和他是站在一边的。与其说"我要你去睡觉",还不如试试这样说:"如果我们现在去睡觉,就可以多讲一个故事。"这样就避免了和孩子较劲,而是成功地把孩子变成了你的队友。

巩固好的行为

家长有必要对孩子的消极行为做出回应，同样重要的是当孩子表现良好时也要给予认可并加以巩固。孩子做对了事能得到大人的注意，对他们来说是一件引以为豪并很受鼓舞的事。当看到孩子在没有人提醒的情况下自己收拾玩具时，你就应该"抓"住这个时机巩固他的良好表现："我看到你把玩具收拾好了，你的房间看起来很整洁。"这不完全是表扬，但也让孩子知道你很欣赏他的行为，从而起到巩固这种好行为的作用。另一种"抓"住机会的策略是当孩子在身边时，让孩子听到你是如何向伴侣或朋友评论他的某个行为的。如果你在打电话，就可以说："艾拉今天帮我喂了宝宝，还自己把外套穿上了！"孩子一定会因为你的话而脸上洋溢着自豪。

避免过度表扬

家长很容易养成一个习惯，那就是在很多小事上表扬孩子，而这些小事本就是孩子应该做到的。很多善意的父母担心如果他们不经常表扬孩子，会削弱孩子的自尊心。但是，当孩子并没有真正取得了什么成就，却能得到你不断的夸奖时，表扬实际上就变得不那么积极有效了。随着时间的推移，表扬所传递的信息（比如"你做得好"或"你以后也要这样做"）就会名不副实。孩子每次穿上外套或刷牙时都会想寻求外部的认可。在课堂上，我们看到那些在家里被赞美过头的孩子会问老师或其他孩子："这样行吗？你喜欢我的图画吗？"可见，支撑他们的并不是内在的自我价值感。

多数幼儿喜欢取悦他们生活中的成人，有理有据的表扬对他们效果比较好。表扬孩子至关重要的一点是，要赞扬孩子实实在在的成就。如果你的表扬名过其实，孩子会知道的，而且如果觉察到你没有对他说真心话，他会不自在。当孩子听到不真实或华而不实的赞美时，他会感到困感。如果你在儿童操场上对孩子说"你滑梯滑得真好",这就是做过头了。孩子滑滑梯是重力使然,而不是他努力的结果。

比较好的做法是告诉孩子你认可他的什么行为,并且针对孩子的具体行为而不是一般表现发表评论。与其说"你是个好孩子",不如说"你和朋友分享饼干,这样做很好"。告诉孩子他的良好行为令你有什么感受:"我第一次叫你来吃饭你就到餐桌前了,谢谢你。"鼓励孩子对自己的成就有自豪感:"你完全靠自己就把鞋子穿好了,你一定很自豪。"另一种赞许的方式是给孩子一个温暖的微笑或手势,这种赞赏用在课堂上很有效。老师召集孩子们坐在地毯上开班会。孩子们会自动围成一个圈。老师等着,然后慢慢地环顾四周并露出灿烂的笑容,同时点头表示赞赏并评价道:"看,你们围了一个多么好的圆圈!"孩子们就会自豪地笑着,挺直了腰坐好,对自己的表现很满意。

在孩子身上屡试屡验的管教策略

即使你已经制定了作息规律、立下了规矩、让孩子清楚地知道哪里不能越雷池一步并试图避免冲突，孩子仍然会有淘气的时候。当孩子行为出格时，你可以借机向他强调什么是应该做的，并引导他表现出你更认同的行为。你应该尽量保持平静和坚定。

当你要对孩子说"不"或要纠正他的某种行为时，可以采纳以下这些简单的策略来确保沟通是有效的。

蹲下来和孩子平视

当你对孩子说"不"或要求他做某件事时，要确保孩子听到了你在说什么。如果真的想让孩子听话，你必须放下身段和他保持一个高度、进行眼神交流并叫他的名字。如果你在隔壁房间叫孩子，他很容易充耳不闻。有时并不是故意不理你，他只是太专注于正在做的事而没有听到你的声音。选择一个最有利的时机，在他全身心关注你的时候提出期望。

找到恰当的措辞

和幼儿交流时，简单、清晰、精练的语言效果最好。你怎么说很关键，因为这会直接影响到他是否会听你的话并回应你。你措辞严谨，是在为孩子树立一个好榜样。

不过，你要明白你说的话也可能会伤害孩子的自尊心。语言很强大，有时也会伤人。当你为了让孩子服从要求而责备或羞辱他时，他只会出于恐惧而照做，不能真正领会你想让他明白的道理。这并不意味着当孩子不守规矩时你不应该坚持立场或让他承担后果。但你必须顾及孩子的感受。你要说明你对他有什么期望以及你希望他做出什么改变，但不要责备或羞辱他。

举例来说，如果孩子在墙上用水彩笔涂涂画画，你可能很想对他大吼一声并直接把他的水彩笔收走。但是如果你这样做，孩子就无法了解什么是得体的行为，也无法学会如何为自己的行为负责。你要坚定地告诉他，水彩笔是用来在纸上画画的，现在他把墙弄脏了，你很生气。然后你可以让他帮你把墙擦干净，并告诉他，如果他下次再画在墙上，你会把他的水彩笔没收一个星期。这样一来，你不但指出了他哪里做得不对，让他负责弥补这种行为带来的不良影响，还给了他一个警告，让他知道如果再犯错会有什么后果。

与其纠错，不如直接告诉孩子他可以怎么做，这样往往更有建设性和效果。当你对他提出明确的期望并告诉他什么行为不对时，你的批评不是针对孩子，而是针对他的所作所为。这样你就可以对他加以管束并提出你的期望，同时也不必让他总受打击。一般而言，应该避免使用像"总是"和"永远别"这样的字眼。

指责的话一："你可真行。你总是把帽子弄丢。"

其他回应："你又把帽子弄丢了，我很不高兴。你把帽子摘下来的时候要把它顺手放在脱下来的外套上。你看看我是怎么做的。"

指责的话二："你是个坏女孩。你把我的文件撒得一地都是，毁了我的工作成果。你为什么这么干？"

其他回应："你要玩就玩你自己的纸。过来帮我把文件捡起来并整理好。然后我们再帮你找专门给你玩的纸。"

指责的话三："永远别这样捏你的弟弟！"

其他回应："小宝宝不喜欢别人捏他，你可以这样轻轻地抚摸他。"

指责的话四:"你这样打你的兄弟,太可怕了!再也不要这样做了。"
其他回应:"你知道我们家里不许打人。有什么事可以说出来,不要动手。"

语气要恰当

要特别注意你说话的语气。如果你轻声细语,像唱歌一样问了孩子5遍"亲爱的,请把你的玩具收拾好可以吗",那么孩子会觉得你是在请求他而不是在要求他。当你明确而坚定地说明你希望孩子做什么时,他更可能会照做。

无论什么时代,只要家长一开口说"我数到5的时候,你要……",孩子就会有响应。这是很管用的一招,并不是因为这些数字有什么魔力,而是因为每当大人说这句话的时候,听起来总是很有权威。叫孩子的名字肯定会引起他的注意。家长告诉我们,如果真的想让孩子知道你是动真格的,就应该连名带姓地叫他。如果你犹犹豫豫,孩子是能感觉到的。即使你内心在打鼓,但想让孩子有所响应,就必须在下达指令或教训孩子的时候表现出坚定的样子。

大喊大叫通常是没用的。当你提高嗓门的时候,很可能意味着你已经失去了耐心并且让局面失控了。如果你态度温和地问了一次但却遭到了孩子的忽视,就会火冒三丈并对孩子扯着嗓子大喊,此时你已经偏离了立场坚定和气场强大的中庸之道。如果你在第一次对孩子提出要求时就用公事公办的语气,那么你的话可能会更掷地有声。如果衡量单位设置为1~10,你可以把自己的语气力度调节到5左右。

"随便你怎么说":当孩子把你的话当成耳旁风时

说得太多或是做解释不一定总是能对幼儿起到帮助。孩子需要大人表达清晰并且言简意赅。你不需要就为什么要穿雨衣这件事滔滔不绝地给孩子做解释。不用长篇大论地讲道理，跟他说"如果就这样走到雨里，你会被淋湿的，然后我就得把你带回家，再给你换衣服"，只要让孩子明白，下雨时他必须穿上雨衣，说一句"下雨了，穿上你的雨衣"就足矣。同样，比起对孩子说"从别的小朋友那里抢玩具是很不友善的行为"，直接告诉孩子"不许抢"要有效得多。有时，说三个字"穿鞋子"比说"你要把鞋子穿上，这样我们才能及时离开家去上学"这一整句话更能有效地传达你的意思。

此时无声胜有声。有些时候，与其和孩子讨论为什么他要坐在椅子上吃点心，还不如干脆把孩子抱起来放在椅子上。有位家长曾向我们透露，有一次他对儿子说了三遍洗完手要把水龙头关掉，孩子不予理睬，他索性自己走过去把水龙头关了。令他没想到的是，这么简单的一个动作节省了他不少口舌。

有时对某种行为睁一只眼、闭一只眼最有效，而不是事事都较真。如果孩子的行为虽然令人讨厌但也无伤大雅，那么置之不理反而可能会让这种行为失去对孩子的吸引力。通常，如果你告诉孩子不要去干什么事，他就会故意去做以引起你的注意。我们都见过尽管孩子知道吐舌头、在牛奶里吹泡泡或在床上跳来跳去是被禁止的，但他们还是照干不误。对孩子行为的反应要恰如其分。如果孩子只是胡搅蛮缠惹人厌，不要反应过度，这不值得你大动干戈。你可以离开房间或者在孩子停下来的时候再重新给他讲道理。如果置之不理不管用，可以尝试分散孩子的注意力或重新引导他。你可以允许他再做两次，然后就可以"适可而止"了。

当然，有些行为我们不能置之不理。当孩子伤害他人或破坏物品的时候（比如打了其他孩子或扔东西），你就一定要干涉。

"脸色"

每个家长都需要酝酿一种严厉的脸色以传达无声但有穿透力的信息。你的"脸色"可能胜过千言万语。当你扬起眉毛并有力地直视孩子时，可以有效地表明你不赞成他的行为。孩子对面部表情非常敏感，甚至在他们具备语言能力之前就能"解读"这些表情。你通过神色表示不赞成或愤怒，孩子马上就能明白你是什么意思。

冷静思过

冷静思过可以有效地帮助孩子明白哪些行为是不可取的。罚孩子冷静思过等于将孩子带离问题场景，暂停他的活动，并帮助你们俩恢复自我控制。不要滥用这个措施，也不要在孩子不小心犯错（比如打翻果汁或尿裤子）时使用。

孩子在被罚回房冷静思过之前，父母要用平静而坚定的语气给予警告："如果你再这样，我就要你回房面壁思过了。"如果他还是不听劝告，你可以这样做：

- 只需要解释，因为他没有按照你说的停下来，所以要罚他冷静思过；把他带到一个安静的地方，没有玩具，也没有其他让他分心的东西；思过时长应该与他的年龄相仿（3分钟对3岁的孩子来说感觉就像永无止境）。
- 在罚他冷静思过的时候，不要和他交谈或对他的哭闹与抱怨做出任何反应；如果他失控了，就有力地抱住他，如果他想在冷静思过时跑出来，要坚定不移地从头再来一遍。

让孩子承担后果，并贯彻执行

和幼儿打交道，让他们为自己的不良行为承担后果是很有必要的，这样他们才能预见违反纪律或不守规矩的后果。惩罚措施要合情合理、简单明了并立竿见影。幼儿活在此时此刻。如果孩子在沙池里抢走了另一个孩子的玩具,而你却拖了5小时,以不给他讲睡前故事的手段来惩罚他,那么只能令他不得要领。让他从沙池里出来是合乎情理的惩罚措施。你要做到言出必行。如果你说让他从沙池里出来,但接着却又让他在里面待了10分钟,那就等于是在告诉他,可以把你的话当耳旁风。

有时,与其试图阻止孩子的行为,不如让孩子自食其果,尝尝这么做带给他的苦头,例如:

- 你计划去公园玩,但孩子拒绝穿上外套。你等了一会儿,告诉他如果不穿外套,就不能带他出去。如果他还是不听话,你就干脆不出门了。下一次你们计划去公园时,如果他又故技重演,你就可以提醒他,上一次就因此没去成公园。
- 孩子去朋友家玩。她只想玩消防员游戏,可是朋友想玩另一个游戏。她们商量好先玩消防员游戏,再玩另一个游戏。但是当她们该玩另一个游戏时,她却不愿意了,还哭了起来。你试图哄她迎合另一个孩子,但她就是不愿意。你可以告诉她既然她不合作,你也只好提前结束这次约玩,同时可以告诉另一个孩子:"我很抱歉安妮没和你一起玩你喜欢的游戏,也许下次她会玩的。"当孩子想再和对方约玩的时候,你可以提醒她上次发生了什么。

使用激励机制要掌握好分寸

有时,当孩子很好地完成了某项任务或是改变了自己的行为,给他们一个小小的奖励就可以起到调动孩子积极性的作用。允诺孩子多玩几分钟或者多给他讲一个故事可以激励孩子去做某件他原本抗拒的事情,这样就可以巩固孩子的积极行为。不过,要确保你用的是小小的恰如其分的奖励。你不需要为此承诺带孩子去一趟迪士尼乐园——一张小贴纸或者有更多时间和爸爸妈妈在一起就足够了。

激励的形式可以是一个奖品或承诺某种奖励。奖品和承诺都对行为有激励作用,但要注意不要养成过度使用奖励的习惯。如果孩子在诸如出门穿鞋或早上刷牙这样的日常小事上开始要求奖励,那就意味着你做过头了。

所谓积习难改,尤其是当孩子的坏习惯已经持续了一段时间的时候。贴纸图表是用来跟踪孩子一周进度的有效工具。让孩子参与制作图表,和你一起把期望写在最上面并让他一起来选贴纸。这种技巧往往有着戏剧性的积极效果。安迪是幼儿园某班的4岁孩子,当他感到受挫或不顺自己心意的时候,经常会打其他小朋友。安迪的老师和他的妈妈一起制订了一个积极强化计划来鼓励他改变行为。如果他不伤害同学,老师会在每天放学时给他一张贴纸。当他连续获得5张贴纸时,妈妈就会带他去图书馆让他借一两本书,作为他在学校良好表现的奖励。安迪的妈妈知道他很爱看书,所以这会是一个很好的激励措施。没过多久,他行为上发生的变化就令我们既高兴又惊讶。

"玻璃珠罐"是另一种行之有效但需要更长时间才能奏效的奖励方法。这种方法既有助于鼓励孩子改变某种行为,也能教会孩子,延迟满足是令人愉悦的。举个例子,如果你每天都为让孩子按时出门上学而感到头疼,你可以告诉孩子,如果早上他能在规定的时间内准备好,就可以往罐子里放一颗玻璃珠。当罐子满了之后,他就能得到一个你们之前说好的奖励(看一张额外的影碟、买一件特别的玩具、和你一起烤蛋糕等)。即使孩子有一天没做到,也可以在第二天继续,直到实现目标。

有一位家长把特别的奖励写在纸片上并把它们放在一个盒子里,奖励包括"去公园玩儿""请朋友来吃晚饭""烤饼干"等。当孩子达成一个目标时,他就可以抽一张纸签出来,得到一个惊喜的特别奖励。

孩子都很喜欢贴纸或小玩具这样的奖品,但也别忘了,他们最珍惜的还是你的拥抱和认可。

避免空洞的威胁

在管教孩子的时候，应该避免使用那些自己总是无法兑现的威胁。如果你总说"如果你不在座位上坐好，我们以后就再也不去餐厅了"或者"如果你不把房间整理好，我就不带你去佛罗里达度假了"，那孩子很快就会把你的威胁当作耳旁风。孩子们很聪明——他们可以轻而易举地搞清楚哪些威胁是货真价实的，而哪些又只是虚张声势。一旦孩子察觉他不必立刻承担责任，你就无法帮助他改正自己的行为了。只有当你的威胁是说到做到的并且会和他的行为发生直接关联时，才更有现实意义。比如："如果在餐厅里你不能好好地坐在桌子前，我们就得回家了。""如果你不把房间整理好，睡觉时我们就不能多讲一个故事了。"

其他典型问题以及处理方法

"我恨你，笨蛋！"

孩子在3~5岁的时候，你很可能会听到从那甜甜的招人爱的小宝贝嘴巴里冒出来一句"我恨你，笨蛋"或者类似的话。孩子往往想表达的是："我讨厌你刚才让我做的事，我觉得很生气。我试试语言的威力，看看你能把我怎么样。"孩子们不喜欢被束手束脚，所以当你管教他们的时候也不该期望他们会愉快地响应。尽管一个年幼的孩子说"我恨你，笨蛋"是正常的，但他要知道这样和别人说话是不可接受的。如果你不阻止孩子对你或照看人无礼地说话，那就是在示意你赞成这种行为。

要教孩子使用其他方法和可以接受的词汇来表达他的感受。孩子乐于运用语言并热衷于尝试好玩的词语，他们也有能力学习换一种方式来表达自己的感受。当你示范用另一种方法描述孩子的情绪，并让孩子知道有很多方式可以表达自己时，你是在帮助他命名各种感受。当你向他解释"生气""不高兴""沮丧""失望""尴尬""忌妒""孤独""担心"这些词语到底是什么意思时，你给他提供的是走向心智成熟所必备的词汇。

讲大小便

当这个年龄的孩子开始玩味语言时，"讲大小便"是令他兴奋的、很有吸引力的以及不可避免的行为。当孩子说"粗话"时，他们发现语言原来这么有威力,尤其是在他们想引起你的注意力的时候。孩子这样做很自然,这种情况通常会在4岁左右开始出现。当孩子在饭桌上说你是个"大便脸"时,你要保持平静,不要反应过度(或大笑)。相反,要毫不含糊地让他知道,这些话不得体。要用一种实事求是的语气清清楚楚地告诉他:"讲大小便就要在大小便的地方讲,不能用在人身上。"另一种方法是让孩子知道这些词语是不可取的,如果他一定要这么说,就应该悄悄地在别人听不见的地方说。允许孩子在这些情况下"说粗话"往往能抵消挑战禁忌带给他的兴奋感。

说到骂人的话,你就是孩子最好的榜样。如果你不希望孩子在家里、学校或是其他孩子的家里说脏话,就要注意不在他面前使用这些词语。没有什么比在超市里听到3岁的孩子把你最爱挂在嘴边的脏话当口头禅更令人尴尬的了。

发脾气

我们都目睹过这样的场景——某个孩子号啕大哭、大声尖叫、四肢乱舞,整个人完全失控。虽然别人可能会对你说,两岁的孩子到了3岁脾气就会变好,但有一些学龄前儿童偶尔还是会发脾气。孩子两岁时还没有足够的语言或自控能力来处理他极为强烈的情绪和受挫感。然而,孩子到了学龄前就能够用语言来表达自己了,而且也能更加自律。如果3岁以上的孩子发脾气还是家常便饭,那往往是由于他们已经明白这一招能使他们在大人那里得逞。

当孩子发脾气的时候,你可能控制不住地想去关心他一下或者服软。这样做就等于在示意,他可以操纵你,而且发脾气是有用的。相反,你应该保证他的人身安全——让他远离家具或任何其他可能伤害到他的物品。你可以紧紧地搂住他,让他把情绪发泄出来。在孩子发脾气的时候,和他说话或讲道理是根本行不通的——你只能等他脾气发完了再说。如果你懂得对孩子加以管束、给予明确的指示并对他保持始终如一的要求,他就不太可能乱发脾气了。

当父母失控的时候

　　哪怕是最豁达的父母，也有经受不住孩子对其耐心考验的时候，偶尔失去冷静实属正常。如果意识到自己开始处于失控的边缘，你可以来个成人版的"冷静思过"，把自己和孩子隔离开。这可以让你把注意力从孩子的行为问题上转移开，从而冷静下来。你可以去另一个房间并关上门，向孩子做出强烈的表态：你不赞成他的所作所为。但是如果孩子独自一人可能会对他自己或他人造成人身伤害时，成人就绝对不能采取这种自我隔离的方式了。

　　如果你已到了强弩之末，而孩子仍然在不停地胡搅蛮缠，崩溃是迟早的事。当你在打电话、他却一直哼哼唧唧地缠着你给他播放影碟——尽管他知道这样做不可以时，你很自然地就会摔下电话对孩子一通大喊大叫。如果你事后后悔自己说话太刺耳，道个歉就行了。你可以说："对不起，我发脾气了，还对你大喊大叫。你的表现让我很不开心。"但是，你不该为管教孩子而道歉。

　　如果孩子做出了什么危险的举动，你的反应会强烈到连你自己都吓一跳。查尔斯3岁的时候，喜欢踩着滑板车沿着79号大街一路飞驰。艾伦总是跟在他身后跑，不时提醒他"碰到路肩要停下来"，但是，不到快磕到路肩的时候，查尔斯是绝不会停下来的。有一天，当艾伦跟在他身后跑的时候，查尔斯偏离了人行道，滑到了车流中。艾伦慌了，一下子把他从滑板车上提溜下来并打了他的屁股。这不是艾伦深思熟虑后的反应，事后她感到很不好受。虽然这个做法让查尔斯记住了教训，但这一顿打传达给他的是妈妈没有良好自制力时的表现。当艾伦冷静下来后，她向查尔斯道了歉并向他解释，自己的反应很差劲，因为她太害怕他受伤了。虽然我们可以理解此时此景下艾伦的这种反应，但家长的确不应该用打屁股的方式来管教孩子。只要条件允许，每当你开始感到失控和冲动的时候，就应该跟孩子隔离开，给自己一个"冷静时间"。

在管教孩子时，你其实是在教孩子如何控制自我、尊重他人以及运用言语而不是动手打人的方式来处理问题。打屁股或者其他形式的体罚和你的初衷背道而驰。研究显示，打屁股实际上会加强孩子的反社会行为，因为他可能会模仿你的行为并最终对他人动手。你还可能会伤害他的自尊心，更不用说在处理愤怒和解决冲突的问题上没有给他树立起任何恰当的榜样了。

何时寻求专业机构介入

所有的幼儿都会不守规矩并考验父母的极限。如果3岁的孩子因为你不给他吃糖而尖叫，他只不过是表现出了这个年龄的孩子普遍的行为而已，你能尽力做好的就是给他制定明确的规则并拭目以待，看看等他学会更好地表达自己的想法时能不能在行为上成熟起来。但是，如果4~5岁的孩子仍然经常大发雷霆，并且一发起脾气就没完没了，对始终如一的规定和惩戒机制没有响应，还常常会进行身体攻击并表现出有破坏力的行为，那你就要给孩子寻求帮助了。如果孩子的行为不断地扰乱家庭生活并影响了他在学校的进步，而且没有任何成熟起来的迹象，你可能就需要某种外部帮助了。

你首先能做的就是向孩子的老师或你信服的成年人征求意见。你要弄清楚孩子的这种行为是否合乎他的年龄以及你能采取什么措施来改变。但是，如果孩子的这种行为一直持续，和老师商量的策略也收效甚微，就可以向心理健康专家寻求建议了。儿科医生或幼儿园园长可以为你推荐合适的人选。如果孩子有伴随行为问题的生理症状，你必须向儿科医生咨询。

如果你决定寻求专业帮助，那么让学校知情很重要，因为老师可能会分享有用的信息并从治疗师建议的方法中受益。我们发现，当家庭和学校合力解决这些问题并保持沟通畅通时，孩子的行为变化就会更快。如果和你交流的心理学家或其他专业人士和你不合拍，不要放弃，尝试寻找更符合你孩子和家庭需求的人。你可以参考本书的第五章了解有关这个专题的更多信息。

让你和孩子更上一层楼

随着孩子的成长，你必须定期重新评估你对他的要求并时不时地提高标准。当你赋予他更高的期望或当他完成一个新任务时，你都会惊诧于他变得多么能干，而且他也会感到自豪。为了给孩子的行为设置合理的期望，你需要了解孩子在每个发展阶段都具备哪些能力。如果你允许四岁的孩子和两岁的孩子表现如出一辙，那么只会拖他的后腿。你可以通过阅读有关儿童发展的书籍、和老师交谈以及观察孩子的朋友等来了解对孩子有什么样的期望是合理的。你也可以参考本书的第五章。

当孩子知道大人对他们有什么期望时，他们会对周围的世界感到安全、有把握和有自信。孩子爱戴并依赖他们生活中的成年人为他们设定界限并坚持遵守。孩子一生中的这个阶段是纪律在其心底生根发芽的时候，也是他走出家门能够迎接挑战和不负众望的时刻。或许会遇到困难，或许会令孩子变得闷闷不乐，但从长远来看，这换来的是令他受益终生的礼物。改变习惯和行为模式需要时间和耐心，但请坚持下去，因为收获将是无穷无尽的。

第九章

道德篇：
培养孩子的道德和伦理观念

作为父母，我们希望孩子成为好人。希望他们能体恤他人，尊重他人，公正地对待他人。我们希望他们在成长过程中能有是非观念。换句话说，我们希望培养的是有道德和伦理的人。然而，如果你问多数父母他们希望孩子成为怎样的人，他们通常的回答是："我希望他们快快乐乐的，希望他们取得成功。"快乐和成功固然是美好的目标。但是，如果把这两者看得比什么都重，你可能会舍本逐末，忘了最根本的是要孩子做一个好人。我们看到很多父母没有拿出足够的时间扪心自问："我如何将孩子培养成一个好人？"这里的"好"与单纯的表现好截然不同。体现在幼儿身上，好是善良、正直、公平、同理心、尊重他人以及能分清是非这些概念的综合表现——这些也是我们共同的价值观。

这个年龄段的孩子家长通常很关心孩子的智力和生理发育，但有时会忽视对孩子的道德教育。父母可能会以为这件事可以晚一点再操心，或者认为这是学校的工作。很多父母理所当然地认为孩子性本善，不需要调教。其实，孩子是向善还是向恶，两种可能性都有。早上，你的孩子可能还在小伙伴哭泣时自发地拥抱他；晚上时候，他却可能抢弟弟的玩具，把弟弟弄哭。作为家长，你的工作就是要让孩子知道如何区分这两种行为：上午的善意行为和下午的恶意行为。你不能以为他自然而然就能明白其中的区别。在孩子的欲望远比他的自制力更强大的这个阶段，他需要成人帮助他培养自身的判断力。换句话说，你不能只是期待着孩子自然向善。你需要教孩子何谓善，重视善，如何行善，并巩固他善的行为。

年幼的孩子生活在极其自我的世界中，他们不会自然而然地考虑到自己的行为会对其他人产生什么影响。我们俩的儿子迈克尔和查尔斯4岁的时候,有一天他们在艾伦卧室里的床上蹦跳。我们当然是要求他们不要跳了。同时提醒他们,这对我们楼下那位和蔼可亲的85岁高龄的赫尔曼太太来说是打扰的行为。但小男孩毕竟是小男孩,他们还是不停地蹦跶。过了一会儿,门铃响了,赫尔曼太太找上门了,说她感到不舒服,并有礼貌地请求我们不要再发出这种撞击声了。我们俩都走进了卧室,让孩子们立即停止并告诉他们,噪声打扰了赫尔曼太太,这令她不得不从病床上爬起来并爬上楼来告诉我们。我们告诉迈克尔和查尔斯,他们要马上道歉。我们让他们坐下来并协助他们写了一封道歉信给赫尔曼太太,然后由他们自己亲手交给她。我们看得出孩子们觉得自己做错了,不过当第二天赫尔曼太太告诉他们这封信让她很感动时,孩子们马上又喜笑颜开了。彼时,尚且年幼的迈克尔和查尔斯还是毫无经验的白纸,无法预料他们的行为会对别人产生什么影响。只有当别人要求他们为自己的行为负责并指导他们如何弥补过错时,他们才能领会要为自己的行为承担后果。我们可以很自豪地说,我们的两个孩子都已长大成人,并成了懂得尊重他人的男子汉。

千万不要低估孩子善解人意的本领。这个年龄的孩子开始从完全以自我为中心的世界观走向一个更加外向的世界观。在学校里,孩子正在融入一个更大的集体,同时他也在学习如何配合他人。老师会有意识地努力把课堂营造成一个充满爱意的集体,每当孩子们表现出善意之举时,老师总会给予赞许,还会经常谈论谁没来学校,并把这个孩子的名字一起编进早晨的歌曲中。老师可能还会鼓励孩子们给生病的小伙伴或其他老师打一个电话,或者鼓励全班同学一起做一张慰问卡。老师会让孩子们感谢带来小零食的孩子,或当其他班级邀请本班孩子去拜访时,老师会帮助孩子们送上一张感谢卡。有的教室会用挂图记录孩子帮助班里其他小朋友的好人好事。很多教室里,孩子们会开展回收利用活动并讨论如何保护和爱护自己的世界。我们幼儿园有一个班级会在周围集体"垃圾散步",边走边找哪里有垃圾和乱涂乱画的痕迹。家长告诉我们,孩子们在把垃圾放进垃圾桶的那一刻,变得更加自觉和小心了。

  在学龄前的这几年中,你会有很多机会在这方面给孩子做引导。在他从幼儿过渡到儿童的这个阶段,你有责任不断巩固你赋予他的切实要求,让他逐渐明白什么是好的作为。如果你从一开始就给孩子指明方向并树立榜样,他就学得会,也会开始学。他不一定事事都能遵循善的原则,但他会慢慢吸收。不能等到他5岁了才开始这项工作。打基础是赶早不赶晚的事情。注重培养孩子的善行品德是很重要的教育工作。你在帮助他形成根本的良知,并为他日后成长为一个有道德、尊重他人的人奠定基础,这将令他受用终身。

如何引导孩子的德育发展？

有些孩子在接受道德引导方面比其他孩子更早熟，但是如果没有大人将他们领进门，孩子自己是永远无法做好准备的。你可以采取以下这些简单的步骤引导孩子。

建立道德规范

作为父母，你要挑起建立家庭基本道德规范的大梁。可以从一些很简单的事做起，比如我们不能互相伤害，我们要互相照顾、互相尊重、互相用善意的语言交流、帮助别人并且要做到公正等。环保可能是你家秉持的一个重要价值观：我们回收利用；我们不乱扔垃圾；我们尽量不浪费。对于更年幼的孩子，你要给他立规矩。当孩子到了4~5岁时，就可以参与制定家里的基本道德规范了。当你拥有了一套家中人人都会努力遵守的规则时，你可以把它称为一种更高的权威："这就是我们家的规章制度。"

认可孩子的善意之举

当孩子自发地做了一件好事时，你要认可这种良好的行为。当弟弟掉了一个玩具并开始哭闹起来，大孩子就主动把玩具捡起来给弟弟时，你应该对此进行一番评价。如果孩子要求给生病的祖父或祖母做一张卡片，你一定要把这张卡片寄出去。当你注意到孩子的善意之举并对此做出积极回应时，你是在主动巩固他的这些行为。你不需要因为孩子做得好就给他一个奖励。当他知道做好事让人心满意足时，他就迈出了走向道德发展的第一步。

让孩子承担责任

在孩子做错时要他承担责任，是在帮助他学会辨别是非。如果孩子故意从书里撕掉一页，你一定要让他明白，不应该这样对待一本书，而且他这么做别人也没法看了。正如做了好事应该表扬，做了坏事，孩子理应受到批评并感到难过。如此一来，他就会为自己的行为负责，并在未来学会做出正确的选择。我们听到有的家长说他们担心如果自己对孩子太"苛刻"，会伤害孩子的自尊心。但是，如果你不要求孩子有好的行为，他可能会继续无视他人的感受，也不太会受到周围人的喜欢。从长远来看，这将对他的自我感觉造成很大的打击。

抓住时机

当你发现有机会教导孩子学习好品行时，要趁热打铁，不要等到以后。有一天，艾伦在学校的户外操场上看到3岁的克里斯蒂娜从地上捡起一条粉红色的珠子手链。艾伦立刻走过去问："这是你的手链吗？"克里斯蒂娜回答说："不是，但是我可以拿走。"艾伦解释说这条手链是别人的，并让克里斯蒂娜和她一起去找找是不是有人弄丢了。"没有。"克里斯蒂娜坚持说，"它不属于这里的任何人。"但艾伦很坚定地说道："我们去问吧。"她们一起走到一群女孩面前，果然，凯蒂看到自己的手链时眼睛一亮。当克里斯蒂娜把手链还给凯蒂时，她收获的奖励是凯蒂灿烂的笑容和一声谢谢。艾伦借机给孩子上了一课，让克里斯蒂娜看到物归原主也会让人很开心，即使你真的很想把这样东西据为己有。

帮助孩子亡羊补牢

如果孩子做了一个不好的选择,要给他机会去弥补伤害或纠正过错。孩子把书撕坏了,我们应该告诉他如何用胶带把书页补好。孩子推了弟弟磕到了弟弟膝盖,我们应该让他帮忙把冷敷袋拿来并抱抱弟弟。对非常年幼的孩子来说,"对不起"三个字并不一定能真正达意。拥抱一下、画一张画、帮别人把被他推倒的积木重新搭起来这些善意之举才更有意义。

通过爱激励孩子

当孩子表现不好的时候,你要保持冷静并斟酌一下该如何反应。激励孩子变好的最佳方法是爱而不是恐吓。例如,你注意到有一个小土堆里以前种着一株草,现在却不见了,你去问孩子,他却说不知道。后来,你发现被连根拔起的草就藏在他的衣柜里。此时,你有两个选择:一是因为孩子对你撒谎而生气,但如果你这样做,他以后就可能会因为害怕你不高兴而再次掩盖自己的行为;二是找到孩子并让他帮你把这株草重新种好,从而让他知道如何弥补过失。你可以对他解释,将来不论是犯了错误还是不小心,他都可以把实情告诉你。要让他知道你不赞同他的行为,但同时也要强调无论如何你还是爱他的。

做个好榜样

孩子的价值观不仅来源于你的言传,还得益于你的身教。当孩子看到你给生病的朋友打电话,照顾年迈的父母或者雪中送炭、助人为乐的时候,他就会学样。但如果你并没有为孩子时时充当道德典范,或者在道德问题上传达的是相互矛盾的信息,就会让孩子困惑不解甚至心烦意乱。幼儿园5岁班的一位家长讲了这样一个故事。有一天,她和儿子马特要上公交车。这位妈妈没带够零钱来支付他们两人的车费。此前,妈妈一直会把零钱给马特,让他投进收费箱里。这次她却说:"往前走,没关系。"当他们坐下来的时候,马特非常不安地对妈妈说:"你不是说我5岁了,要买车票了吗?我没交钱不是很差劲吗?"这位家长很快就明白了一个道理:你怎么做和你对孩子怎么说一样重要。

教会孩子珍惜自己的东西

我们生活在一个物欲横流的社会,专门为幼儿设计的产品可谓琳琅满目。祖父母和父母都很容易禁不住诱惑想给孩子买各种各样的新衣服、新玩具和装备行头。但是,如果你这样做的话,培养出来的孩子会过度拜金或者把他拥有的东西视为理所当然。我们都见过这样的孩子,他们的玩具多得数不清。作为家长,你有很多办法帮助孩子感激他所拥有的东西,从而也帮助他更加喜爱和珍惜自己的东西。

- 不要在架子上放太多玩具。在教室里,我们只在架子上放最少的东西。我们发现,当没有太多选择困扰孩子时,他们会玩得更好,玩的时间也更长。当你减少孩子可选的玩具数量时,他更可能在游戏中发挥想象力。你可以随时收起一些玩具,并定期轮换。
- 玩具坏了,不要马上就更换。如果什么东西很容易被取而代之,你就剥夺了孩子了解这件东西有什么价值的机会。可以让孩子感受一下失落。不急着给孩子买新玩具有助于启发他以后爱护自己的东西。

如果孩子想要一件新玩具,告诉他可以等到一个特殊的时间(比如生日或节日)再说。你可以让他把想要的玩具写在一个

"愿望清单"上。这样虽然没有马上满足他,却让他感受到了翘首期盼的快乐,从而能让他在玩具到手时更兴奋。
- 可以告诉大家不要给孩子买礼物。我们知道有些父母干脆决定不在孩子的生日聚会上收礼物。另一个办法是向朋友和家人要一本他们最喜欢的书送给孩子,以此取代一件精心准备的礼物。很多家长都选择把一些礼物先收起来,留到下一次再给或者捐给慈善机构。

儿童能理解多少？

当你在引导孩子养成有良知的行为习惯时，试着从孩子的角度看待世界会有所帮助。大人眼中的"错误行为"在孩子那里往往只是一时冲动，并无恶意。当他看到一辆自己想要的玩具车时，就会把它拿走。当他在超市里看到一个坐轮椅的人时，会大声问："他为什么不能走路？"当他把别的孩子搭好的积木推倒时，他不明白这为什么会令那个孩子哭泣。想对孩子抱有明智的期望并做出恰如其分的解释，就要知道他能理解多少。

以下是大家可以记住的一些规律。

学龄前儿童的思维很具象

对于一个幼儿来说，是与非意味着非黑即白。你要么是个好人，要么就是个坏人。例如，两个孩子在操场上玩耍，当一个孩子不小心撞了另一个孩子时，被撞的孩子就会宣称："他推我！"这种磕磕碰碰其实是无意的，根本无关紧要。但孩子会认定对方就是故意的，他不相信坏事也可能是无意间造成的。即便如此，你还是可以温和地向他解释："詹姆斯没有看到你。你们俩都在跑，然后撞到了对方。这不是谁的错。"

幼儿往往认为对东西破坏越严重，违纪程度就越严重

例如，把一个瓷花瓶砸得稀巴烂或者导致一个孩子摔倒并擦伤了胳膊肘，这些行为在孩子眼里似乎比对待别人尖酸刻薄要严重得多。要教给孩子，语言可能造成的伤害不亚于擦伤别人的胳膊肘。

这个年龄的孩子已能理解不应该违反规则的道理

孩子喜欢做赢家，所以为了不输给别人，他们经常会篡改游戏规则。你可以提醒孩子："我们玩游戏的时候说好了，规定就是这样的。"你这样说是在教孩子公平的道理。

孩子会不会被追究责任决定了他是否觉得自己犯了错

如果你对幼儿的错误行为表示出一贯的不赞成，他们就会学乖。当孩子排挤另一个小朋友，不带他一起玩时，你却只是说了一句"哦，怎么了？你今天不开心吗？"来为他开脱，这就没有教他要为自己的行为负责。同理，如果你前一天发现孩子的这种行为还训了他一顿，但改天你却没说什么，就会让孩子很困惑。

在这个以自我为中心的年纪，孩子往往不能立即做到换位思考

别指望一个孩子可以做到换位思考。对一个4岁的孩子说"如果莱拉把你的积木推倒了，你会有什么感受"是白费口舌。相反，你要让他把注意力转移到最近发生的事上，并给他举一个具体的例子："昨天莱拉不让你玩过家家的时候，你还记得你有什么感受吗？"你可以通过这种方式帮助他体验如果自己的积木被推倒时内心的感受，从而引导他走向共情。

撒谎、偷东西和作弊

一个幼儿撒谎、偷东西或骗人,这并不意味着他道德败坏。这只是他发展过程中很正常的一个阶段。这个年龄的孩子难免会对你说谎。他也可能会从教室里拿走某些不属于他的东西。玩游戏时,他肯定会想方设法地偷换规则,按自己的想法玩。当你对这些行为做出反应时,你要意识到他并不是故意要犯错。不要过度惩罚孩子,这一点很重要。相反,你可以利用这个机会进行温和的引导。

撒谎

孩子在这个年龄对于幻想和现实的界定还模糊不清。幼儿的思想充满魔幻色彩,他们往往会把愿望和现实混为一谈。这个年龄的孩子热衷于夸大其词。他可能会说"我比我爸爸还有力气",或者告诉你他有一个大姐姐,虽然他就是家里最大的孩子。如果你斥责孩子撒谎或者说他异想天开,你就会失去一个宝贵的机会来提醒他什么才是真的。你可以说"我肯定有一天你会像你爸爸一样有力气"或者"我知道你希望自己有一个大姐姐"。当你重新表述他的意思而不是单纯指责时,你既认可了他的感受和愿望,又没有令他为自己想入非非而感到难堪。当他学会了区分什么是事实、什么是幻想时,这个阶段也就过去了。

偷东西

当家长对我们说他们在4岁孩子的背包里发现了学校里的乐高积木时，我们一点都不会大惊小怪。幼儿拿走不属于他的东西，这往往是他和喜欢的地方或人建立联系的一种方式。与其为此惩罚他，不如温和地提醒他，他拿走的东西是属于别人的。下一步，你需要帮助他物归原主，但不要让他感到羞愧（如果一个孩子感到特别尴尬，将来他就不愿意把偷来的某件物品归还原主了）。这种情况是引导孩子了解何谓"借取"的好时机。最后，你可以和他谈谈"想要一样东西"和"没有告诉别人就拿走这样东西"之间的区别。不要在谈话中使用"偷"这个字眼。孩子的思想体系中还没有这类概念。相反，你可以帮助他理解"属于你的东西"和"不属于你的东西"这两种概念。

作弊

这是一个非常年幼的孩子在其发育阶段无法理解的概念。你要追究孩子故意作弊的责任之前，要先确定他是否已成熟到把"游戏规则"吃透了。年幼的孩子争强好胜，他们会为了赢而一边玩一边偷换规则。我们听到过孩子们这样问彼此："你想照平常的办法玩还是用作弊的办法玩？"我们认识的一位家长曾告诉我们，她最小的孩子哪怕是在跑步比赛中输了，也永远会声称："我赢了！"这个孩子不是在作弊，他只是还不明白什么叫输给别人。你可以向孩子指出遵守规则是公平的行为，从而帮助孩子。你也可以选择玩一些不以输赢为目的，只以完成任务为目标的单纯合作性的游戏来避免这个问题。

培养同理心

多年来，儿童发展专家一直认为极其年幼的孩子没有共情的能力。然而，最近的研究表明，事实并非如此。从我们的观察来看，有些学龄前幼儿会安慰同学或把自己珍视的玩具和某个特殊的小伙伴分享。我们曾经在幼儿园的教室里听到一个两岁半的孩子对他正在哭着找妈妈的小伙伴说："别担心。她吃完点心就会回来的。"幼儿是有能力共情的，尤其是在有人引导时。

你可以采取很多方法来帮助孩子成为一个更有同理心的人。

在家培养孩子爱己敬人

当父母在家中营造出一种相互尊重的氛围时，孩子就能了解到人与人之间是如何共同生活和协同工作的。在家里，当你兼顾成人和孩子的需求并取得平衡时，当你为孩子分配一些他力所能及的家务时，当你发现孩子的善意之举给予表扬时，你就是在建立一个人人互敬的环境。

唤起孩子对他人感受的关注

你要和孩子谈他的行为对别人有何影响，这一点非常重要。如果孩子在沙池里把沙子扔到另一个小朋友的脸上，你要向他解释他的行为会让另一个孩子有什么样的感受："你扔沙子迷了他的眼睛，把他弄哭了。"如果你对孩子大喊"你干了什么",并不能帮助孩子理解他的行为是造成另一个孩子痛苦的原因。相反,你可以指出那个孩子的面部表情并说说他可能会有的感受。当孩子4岁时,如果他惹恼了别的小朋友,他应该能承担责任了。只有先建立起这种联系,同理心才会产生。

做个好榜样

幼儿能否养成同理心,影响最大的莫过于他身边的成年人。当孩子周围都是富有同情心且善解人意的家长和老师时,这些关心别人和分享感受的行为对他来说都是学习的机会。假以时日,他就能学会更好地理解自己以及他人的感受。

富有同情心的父母和老师会这样做:

- 疼爱孩子并尊重孩子。
- 乐于助人。
- 唤起孩子对他人感受的关注。
- 帮助孩子说明自己的感受。
- 解释为什么需要制定体谅他人的规则。
- 向孩子解释他的行为会带来什么影响。
- 强调善意的重要性。
- 要求孩子体恤他人的感受。
- 向孩子指出哪些是富有善意和同情心的举动。
- 赞赏孩子富有同情心的表现,不赞同他没有同情心的表现。

一家人一起做义工

当你们一家人都投入帮助他人的义工活动时,你们不仅是在彼此陪伴,也是在教孩子懂得服务他人的价值。当孩子因为义工活动而受到感谢或者看到他的行为给别人带来愉快时,他就能体会到助人为乐的喜悦。如果义工活动让孩子接触到境遇较为不幸的人,孩子就会懂得珍惜自己优越的处境。最重要的是,当你和孩子一起做义工时,他可以从中学会如何体恤和同情他人。

适合这个年龄段的孩子参加的活动包括:

- 帮助清理小区或捡拾垃圾。
- 在社区花园一起种花种草。
- 探望老人。
- 为因病行动不便的人制作节日卡片。
- 为病人送餐。
- 向医院捐赠玩具或书籍。
- 为福利院送食品或衣物。
- 响应各种社会号召,参加相关的跑步、步行等活动。

重视善的品质

当你向幼儿示范如何关心和尊重他人时,当你对孩子加以管教约束并以身作则时,你所做的往往是在为培养他将来的良好行为打下基础。为家庭建立起自己的价值体系可能需要多年的苦心经营。有时,结果并不总是立竿见影。不过有时候,效果会非常明显。我们都见过这样的孩子,当他的家庭和学校都很重视他的善行并加以培养时,孩子的表现会令人刮目相看。

我们收到过这样一封来信,写信的是幼儿园4岁孩子本恩的家长。本恩的老师一直在教孩子了解关于犹太新年的知识,这个节日的传统就包括为人友善和做好事,为新年带来一个良好的开端。老师一直在教孩子认识善,家长也在家里巩固了这个理念。这位家长写道:

> 星期五的时候,本恩对新年的到来非常兴奋。他滔滔不绝地讲了新年伊始可以做的所有好事。他说为人要善良,还讲到了成人礼。我觉得他真懂事,就问他从哪里学到了这么多关于新年的知识,他说"在学校"。这一天慢慢地过去,他一直不停地想着助人为乐和与人为善的话题,并自己提出了一个想法。他告诉我,他想在星期六的早上吹一些红色的气球装在垃圾袋里,然后发给路人。我问他:"为什么要吹气球?"他就说:"气球能让人开心,这样做对别人很友好。"于是,本恩在星期六早上吹了一堆气球,而我负责帮他把气球绑好。气球装满了袋子后我们就出发了。

当本恩走在街上时,他会对我说:"我可以问问那个人吗?"我会说:"当然可以。"于是,我们从76街走到79街然后又走回来,一路都在不断为别人做好事。本恩提醒我,重要的是不要只想着做好事,而是要落实到行动上。当我们路过多伊基金会(一个旨在帮助流浪者的非营利机构)那些身穿"准备就绪、有意愿和有能力"字样T恤的人时,本恩说:"妈妈,他们呢?他们每天都会帮我们拿走垃圾。我想他们会喜欢气球的。"还没等我反应过来,那些人就已经满面笑容地接过气球了。本恩还问卖水果的小贩,他是不是也要一个气球。

在我们快把气球发完的时候,孩子又要求我再帮他做一件事。我说:"当然可以,我能做什么呢?"他说:"我们要做一张表格来记录一下我们送了多少个气球。我们要把所有的事都记下来,因为我们明年还要做这件事,这很重要,我们得知道到底需要吹多少个气球,能让多少个人高兴。"让我帮他制作图表对他来说是一件非常重要的事。他坚持要统计人数和气球的数量并把所有信息都用图表记录下来。

我做梦也想不到会有这样的一天。本恩的善良打动了很多人,他的行动是如此充满善意。我很佩服他和别人说话以及向别人流利地表达自己的这种自信。这一切都将记录在图表中,为来年做准备。我还有什么奢求呢?不论是在家里还是在学校,孩子的核心品质都在早期就受到了如此好的滋养和培育。我只有祈祷,这种品质能在我所有孩子的心中茁壮成长。

第十章

独立篇：
自理和独立——
"我要自己来！"

现在孩子已是学龄前儿童了，他正在经历诸多调整，而你也不例外。在孩子出生的头几年，你要照顾他所有的日常基本需求：给他穿衣服、喂他吃饭、给他换尿裤，以及负起作为婴幼儿家长要担负的一切其他责任。当孩子步入学校后，你还要调整自己的角色以便让他变得更加独立。大多数学校都要求孩子3岁时，学会自己穿衣服、自己吃饭和自己上厕所。你要帮助孩子应对挑战，这样他才能适应学校的生活，就算你不在身边，他也有自信和能力做好。此时，你要开始把他看成一个从蹒跚学步的幼儿逐步向童年期转型的孩子了——这也意味着要让他脱离诸如奶瓶、奶嘴、婴儿床和安全毯这样的"婴儿用品"。

我们告诉父母，孩子两岁半到3岁之间的这几个月是习得基本自理和独立技能的黄金时期。在这几个月里，孩子最容易接受引导。一般而言，孩子过了3岁再开始让他们接触这些技能，难度会陡增不少。超过3岁的孩子往往更会自作主张，他们的习惯也会随着时间的推移变得更加根深蒂固。经常有家长问我们，究竟什么时候开始教孩子自己穿衣服、吃饭和上厕所才合适。就每个孩子来说，这个答案可能都不一样。要观察孩子是否准备好了。很多孩子会开始对大人说："我要自己来！"那你就可以让他们来带这个头。如果孩子试图自己做什么事或者要求别人告诉他怎么做，这就代表他已经准备好了。不过，也有些孩子更乐于安于现状，并没有表现出准备好的迹象。这些孩子可能需要成人引导。

有时不仅仅是孩子，家长也需要有人推一把。我们见过很多善良的父母在教孩子自理的问题上迟迟不愿意起步。很多家长在孩子已经到了可以自己穿衣服和自己吃饭的年龄却还在为孩子代劳。毕竟，家长动手比孩子自己来要省事。当你急着出门，而孩子却坚持要自己穿鞋，为了搞清楚哪只鞋应该穿到哪只脚上而大费周折时，你下意识肯定是想帮他快快穿好。没有一个家长喜欢看到孩子为难的样子，你帮他肯定会做得更顺手、更利索。你可能认为孩子只要跟着身边的大人学样，迟早能学会自理。事实上，虽然孩子确实很自然地学会了爬和走，但碰到穿衣服、吃饭和上厕所这些技能，他需要有人教他、帮助他和鼓励他。总而言之，为了给孩子一个机会，让他能通过自己的努力学习这些本领，你要克制住直接插手的冲动。

家长很容易养成为孩子代劳的习惯。当你用勺子喂他吃饭或是帮他穿上毛衣时，你会觉得自己是在尽做父母的天职。这并不是说在独立性的问题上，你在故意拖孩子的后腿，只是你和孩子都已习惯成自然。南希的女儿艾丽莎4岁的时候，一坐上马桶就习惯叫妈妈："妈——妈，来给我擦屁股！"而南希也总是有求必应。有一天，艾丽莎的幼儿园老师艾伦来家访，并听到了孩子的叫声。"你在做什么？"艾伦问南希，"她在学校里都是自己擦屁股的。"这就是南希自己忘了要对孩子相应地提高要求。母女俩已经陷入了一种行为模式，尽管艾丽莎已不再需要南希的帮助。

其他父母可能因为还有些留恋孩子的婴儿时期而抗拒训练孩子如何自理。艾伦的小儿子查尔斯3岁的时候仍然会在早上把胳膊抬起来，好像是在说："给我穿衣服。"艾伦发现，虽然查尔斯到了这个年龄已经可以自己穿衣服了，但自己还是没有停止为他代劳，因为查尔斯仍是她的"宝宝"。当查尔斯终于学会自己穿衣服的时候，艾伦可以看出，是她一直低估了孩子的能力。刚刚发现自己可以独立时，查尔斯很开心，也更有信心了。孩子越来越独立，家长心里却有点五味杂陈，这很正常。随着孩子成长，你可能会觉得他越来越不需要你了。这是情不自禁的，但即便如此，你也要记住，你越对孩子的能力有信心，对他就越有好处。

在和家长讨论自理的问题时，我们总是提醒他们，掌握这些本领对培养孩子的自尊心非常重要。我们见过这样一些父母，他们极为重视孩子的课外活动，却忘记了头等重要的是让孩子学会基本的自理。在多年的早教工作中，我们看到这个年龄的孩子在学习自己吃饭或自己穿衣的过程中所得到的收获，要远远超过参加某项体育运动或学习某种外语带来的成长。当孩子学会了自己的事情自己做时，心里的自豪感会油然而生。当一个孩子知道他能够自己穿上外套、吃零食和上厕所时，他会拥有自信，感到自己有能力，而这种感受对于他学习和成长的方方面面都会产生积极的影响。

如何培养孩子的独立性？

保持一致的期望

在教孩子如何自理的时候，有一点很重要，那就是孩子生活中所有的成年人对他要抱有一致的期望。如果你正在鼓励孩子用勺子自己吃麦片，而照看人却还在用勺子喂，孩子就会十分困惑。你需要定期和亲戚、老师以及照看人交流情况，告诉他们孩子有什么样的进步并了解他们观察到孩子有什么样的表现。孩子生活中的所有成年人都要相信孩子有能力更上一层楼，只要给他一点点帮助和鼓励，他就能很快适应。

化繁为简

在孩子眼里，即使是最简单的自理本领也是充满挑战的，但如果你把这项任务化繁为简，分解成一个一个的小步骤，会对孩子有莫大的帮助。想一想，穿鞋这件事有多难：你必须把你的脚和正确的鞋相匹配，得明白要先穿袜子，要开始分辨左和右，还必须用手指把鞋撑开，好给脚腾出地方。你必须搞清楚，如果鞋子穿错了，脚会有什么感觉，还要把两只鞋互换一下再从头来过……对幼儿来说，这是一个可能需要好几个星期才能攻克的难题。但如果你一步一步地教他——先穿袜子，然后撑开鞋子，再把脚往里滑，他就会逐渐获得信心并变得灵巧起来，直到大功告成。

不厌其烦

在孩子学习自理技能的过程中,家长花时间耐心地教导是很重要的。孩子常常需要好几周的时间才能学会一个看似普普通通的本领。你可以让他自己摸索摸索,表扬他努力尝试的举动。如果这项技能对他来说确实难度太高,你可以提出和他一起来解决并问问他是怎么想的。这样他就会有成就感,自尊心也会建立起来,下一次还会继续尝试。

克制住想为孩子代劳的冲动

对于父母来说,要改掉为孩子代劳的习惯可能不是件轻而易举的事。一天早上,3岁的莫莉来到幼儿园时,她没有把外套脱下来挂到钩子上,而是很夸张地任衣服落在地上。她好心的家长弯下腰把衣服捡起来并挂到了衣钩上。这个举动无疑给莫莉传达了一个明确的信息:"你不必自己做。你不会做。我会为你做好的。"如果你选择为孩子代劳是因为这样更省心,你就是在示意孩子你认为他还不能胜任,而此举会打击他对自己能力的信心。

不要害怕让孩子失败

让孩子试着自己为自己做一些事,即使这意味着他一开始会栽跟头。当我们看到一个孩子来上学时裤子或上衣穿反了,我们从来不会批评他或他的父母。我们知道这说明他是自己穿的衣服,同时也能看出家长给了他自己摸索尝试的机会。

向孩子传递正能量,为他赋能

有一点很重要:即使你已经火冒三丈了,也要不断鼓励孩子。当孩子今天第五次把裤子尿湿时，你自然会感到无比绝望。然而，如果你面带微笑，使用积极的语言并保持乐观地应对此事，那么即使孩子还没学会，你也至少做到了不让他为此感到灰心和羞愧。

锲而不舍

我们经常会听到家长说："我尝试过让孩子去做，但没有用。"浅尝辄止是不够的。要掌握最基本的自理能力可能需要数周的练习和重复。要有心理准备，孩子会有抵触情绪，因为他不会总是愿意一个人努力。别放弃。让他明白你的期望，并告诉他学会这个本领很重要。只要你持之以恒，就会看到开花结果的那一天。

尽量不走回头路

还有一点很重要：一旦制定了目标，就要坚持下去。一旦你决定了要向前走一步，就尽量不要走一步退三步，这样只会让孩子晕头转向。一旦你决定要孩子戒奶瓶，就不要想着有退路，就算他又哭又闹也不要心软。要相信雨过终将天晴。

"揠苗助长"

每隔几个月，你就应该重新考量一下你对孩子的期望，恰到好处地来一点"揠苗助长"。当他开始使用叉子时，也许也可以让他改用杯子喝水。如果他每晚洗澡前都是自己脱衣服的，那么也是时候教他自己穿睡衣了。不断引导他步步提升。家长很容易养成一种习惯，那就是在你为他眼前的成就拍手叫好时，却忘了他的能力远远不止于此。

如厕训练

大多数幼儿园都期望或要求孩子在3岁前学会上厕所。事实上，多数孩子两岁时在生理上就具备条件了，到了两岁半就可以开始接受训练了。我们总是建议家长好好利用3岁前的几个月时间。因为我们发现，如果孩子到了3岁以后才开始进行如厕训练，父母往往会遇到很多阻力。3岁以后，孩子会有更强的自主性，在这件事上也想自己做主。

很多儿科医生告诉父母，孩子会示意家长他们什么时候准备好脱尿裤了。有些两岁半的孩子会央求大人给自己穿蜘蛛侠的内裤，然后就学会了怎么上厕所。另一些孩子则对如厕训练毫无兴趣，需要大人引导。虽然任何孩子都不太可能会自己说"我准备好了"，但你可以注意以下一些具体的迹象。

当孩子有以下表现时，就说明他准备好脱尿裤了：

- 会走会坐。
- 会自己脱裤子。
- 会说"不"以示独立。
- 知道东西放在哪里。
- 对卫生间表现出兴趣。

- 想看你或大孩子上厕所。
- 意识到他弄脏了尿裤。

什么时候开始如厕训练，一定要看孩子是否准备好了，但父母是否准备就绪也同样重要。家长经常告诉我们，他们担心如何才能用"正确"的方式训练孩子脱尿裤，害怕"不正确"的方法会对孩子造成伤害。根据我们的经验，当父母用平静而积极的态度训练孩子时，孩子的反应最佳。当父母充满焦虑和恐惧时，孩子可能会觉得大家可以任他摆布，训练过程就变得更为复杂。最重要的一点是，要知道孩子是有能力通过训练脱掉尿裤的。你坚信这一点，会帮助他更好地掌握这项本领。

请记住，在真正的训练开始之前，家长要早早地让孩子在脑子里有一个概念，那就是他可以在不靠成人帮助的情况下自己上厕所。你可以先让孩子了解他的身体有什么变化以及如何用语言谈论自己的身体。培养孩子有这个意识并掌握一定的词汇就是迈出了重要的第一步。

你可以从以下方面着手：

- 告诉他怎么说小便和大便（比如尿尿和便便）。
- 在他排泄时，引起他的注意（"我看到你在便便，你觉得尿裤湿了吗? 你需要一片干尿裤吗?"）。
- 当孩子要求换尿裤时表扬他，这样他就能意识到不尿湿更好。
- 给孩子读一些介绍如厕训练的书籍或者给他看些相关的视频。

- 买一个小便盆或马桶专用座圈放在卫生间。
- 用玩偶向孩子演示如何使用便盆。
- 让孩子自己选好看的内裤（挑孩子最喜欢的角色通常是一种激励）。
- 不要穿拉拉裤。很多家长认为拉拉裤可以帮助孩子从纸尿裤过渡到内裤。事实上，拉拉裤吸水性很强，会妨碍训练，因为孩子们意识不到他们尿湿了，从而耽误训练时间。

酝酿一段时间之后，你和孩子都已准备好，就可以开始练习了。在家里，留出时间，在不受干扰的情况下展开训练。和训练所有其他自理技能一样，时间和耐心是关键。如果你的家庭正在经历其他重大的变化，那么最好还是推迟如厕训练——当孩子同时要适应一个新生儿、一处新家、一个新来的照看人或者一所新学校时，他这第一步会走得格外艰难。我们经常建议，夏季的某个周末或暑假是开始训练的好时机，因为你可以待在家里，而孩子的穿着也比较轻便。当他光着身子的时候，可能更容易了解憋不住是什么感觉——当他尿湿了或便便拉在裤子里的时候，他会感到不舒服并因而想做些什么。

以下列举了一些其他家长认为有帮助的建议：

- 让孩子练习坐便盆（男孩也应该从坐着开始）。
- 你可以说"看起来你要便便或尿尿，让我们试试吧"，帮助孩子认识到自己需要上厕所。

- 肯定会有意外发生，但发生意外时不要反应过激。不要在孩子面前把这个事情说成事故或错误，这会让他觉得自己犯了什么错。当孩子尿湿或拉在裤子里的时候，不要惩罚孩子或大动肝火。不要指责孩子还长不大，也不要把孩子弄脏的衣服说成一团糟或脏兮兮的。你只需要说："我看你尿湿了，我们去换上干衣吧。下次再试试。"
- 孩子成功了要赞美，做出努力要夸奖。
- 记住，孩子不是每次都能来得及上厕所。当孩子们只顾着玩时，往往会忘记自己的生理需求或留出时间去厕所。
- 用一些诸如贴纸、巧克力豆这样简单的奖励（奖励无须太大）。
- 提醒孩子的次数不宜太频繁，否则他可能会厌烦。当你问他要不要上厕所时，孩子会不假思索地回答"不要"；这种时候你最好说"我们来试试看"。
- 了解孩子的排便规律，这样你就可以定时安排他坐便盆了。
- 当孩子坐便盆的时候，给他读一本书，这样他就有理由好好坐着了，但也不要让他坐得太久。如果他不想上，就顺其自然。
- 打开水龙头。这样做有时能帮助孩子排尿。
- 别给孩子喝太多液体，尤其是在上床睡觉前或开车远行前。
- 出门前和睡觉前，一定要让孩子去一趟卫生间。
- 记住一点，如果你对公厕的环境过于吹毛求疵，会让孩子在使用不熟悉的厕所时感到很焦虑。
- 如果孩子不擅于用便盆如厕，你可以用踏脚凳或儿童马桶圈试试。很多孩子用马桶更自在，这是因为他们看到过父母是这样上厕所的。

- 如果孩子很抗拒，你们总是为这件事较劲，最好暂停一下，过些时候再试。要提醒大家的是，很多家长都发现女孩比男孩更容易训练。
- 保持冷静。你越焦虑，孩子就越能觉察到这事得看他的，你要训练他也就越难。
- 有些孩子的确会用憋着作为挟制你的手段。如果孩子便秘好几天了，你应该听取儿科医生的建议，这很重要。医生可能会开一种泻药。如果给孩子吃了泻药，你就要守在家里，以便他能及时去厕所。那一天，不要送孩子去上学了。

整理衣服、擦屁股、冲马桶和洗手

当孩子成功地从纸尿裤过渡到内裤，也要开始让他了解上厕所前前后后的所有环节都是什么，比如自己整理衣服、擦屁股、冲马桶和洗手等。当孩子准备好如厕训练时，他应该已经可以自己脱下外裤和内裤了。你能够给孩子提供的帮助是给他穿上容易打理的衣服。设想孩子刚刚学会用马桶并很为自己感到自豪，他觉得想上厕所了，到了厕所却发现他必须先松开腰带、解开裤子，并把拉链拉下来，再脱下内裤。大多数小孩都无法在20秒不到的时间内完成所有这些动作——20秒通常就是孩子在真的要冲到厕所前给自己留出的时间。要保证孩子万无一失，用松紧腰带最为理想。

下一步就是教孩子自己擦屁股。你可能会担心孩子擦得不够干净，因而在他学会自己擦之后还是忍不住代劳。其实，如果孩子已经到了可以自己用便盆或在马桶里尿尿的年龄，那就说明他也完全可以学着自己擦屁股了。要让他觉得自己可以胜任，你要教他学会简单的步骤。首先，告诉他要扯下足够的卫生纸,接着给他示范如何从前往后擦。告诉他要用更多的纸反复擦几遍,直到看到纸是干净的。刚开始,他可能希望你帮他检查是不是干净了,每当你鼓励他的时候,他都会更有信心。有些家长发现,让孩子在用完卫生纸后使用婴儿湿巾再擦一遍有助于让他们感觉自己擦干净了。

接下来要学冲马桶了。有些孩子一开始会因为水声而害怕冲马桶。如果你的孩子有这样的情况,你可以让他把马桶盖放下来,这样就不会那么吵了。

最后,你要教孩子怎样用正确的方法洗手。告诉孩子,把手弄湿不等于洗手,他既要用肥皂,也要用水。示范孩子怎么把手的正反面以及指缝洗干净。有一种方法既可以让孩子更喜欢洗手,也可以教他应该洗多久,那就是边洗边唱两遍"生日快乐"歌。如果你给孩子买的上衣袖子很容易卷上去,就可以避免他在洗手时弄湿衣服。

夜间训练

当你发现孩子早上醒来时尿裤还是干的,或者他起来第一件事就是去上厕所时,就可以让他过渡到晚上穿内裤睡觉了。多数孩子在学会晚上脱尿裤之前,首先是学会白天不穿。这是很正常的。我们一直听到早上已经可以穿内裤上厕所的孩子晚上还需要用纸尿裤。对家长和孩子来说,晚上穿纸尿裤是一个很顽固的习惯。孩子在凌晨两点尿床了,你就必须从床上爬起来给他换衣服、换床单,此时给他穿上纸尿裤似乎会省不少事。但是,孩子要有尿湿的感觉才能在将来意识到自己该上厕所了。如果你一直给孩子穿纸尿裤,他就无法感到尿床是件很不舒服的事情。尽管这件事不易,但在某个阶段你必须做一个了断,拿定主意坚持下去,直到孩子适应为止。有一个办法可以减轻晚上换床褥的负担,那就是先铺一层橡胶垫再铺一层普通床单,上面再铺一层橡胶垫和一层普通床单。万一孩子尿床,就可以直接把上面那套撤掉。

另一个较好的办法是在孩子晚饭后控制他流食的摄入量，并让他上床睡觉前一定要上一趟厕所。你也可以在你上床睡觉前让他坐一下马桶，多数孩子完事后马上就能回去接着睡。然而，就算你尽了最大的努力，孩子还是会在夜间发生意外。当这种情况发生时，不要生气。如果你因为孩子尿床而批评他，他会觉得自己犯了错误，从而感到焦虑，甚至会使问题迟迟得不到解决。如果他尿床的现象长达数月，你可能就要向儿科医生咨询了，看看孩子还无法在夜间脱掉尿裤睡觉是不是有什么健康问题。

安慰毯、奶嘴、奶瓶和吸奶杯

孩子入学前的几个月是黄金时期,可以借此时机让孩子明白他不再是一个婴儿了,所以"婴儿用的东西"也要留在家里。学校不是用安慰毯、奶嘴、奶瓶或是吸奶杯的地方。在教室里,老师不会让他拖着"毯毯"或"奶嘴嘴"走来走去。既然孩子即将步入学堂,很重要的一点是你要把你的意思明白无误地告诉他,同时还要保证和老师传递给他的信息相一致。

的确,对孩子,甚至对有些父母来说,要放弃带给孩子安慰的物品可能难上加难。很多孩子在情感上和生理上都很依恋这些安慰性的物品。他们可能已非常习惯用毯子或奶瓶来安抚自己。对父母来说,让孩子放弃安慰品标志着孩子的"婴儿期"画上了句号,而且你可能会发现在让孩子放弃这些安慰品的问题上,你出人意料地不情不愿。但是,你确实要在孩子入学后帮助他成长并走向成熟。当你正面积极地思考和谈论成长问题时,孩子会响应你对他提出的明确期望。当你依依不舍时,想想有证据显示过久地使用奶瓶、奶嘴和吸奶杯会导致牙齿发育和语言发展的问题,可能也就释怀了。

有些孩子在成长的过程中会自然而然地放弃安慰毯和奶瓶,尤其是当他们看到哥哥姐姐或表哥表姐已经不再用这些东西的时候。其他孩子则需要大人的引导。这就再一次印证了那个道理:不要让孩子同时应付好几个变化。如果你正在训练孩子从婴儿床过渡到儿童床,此时就不是戒奶嘴的时候。如果你正在训练他戒奶瓶,而同时他还在用奶嘴,那就不要把两样都拿走。

一开始，你可以逐渐减少允许孩子使用这些婴儿物品的时间，限制他们使用的场合。这样可以循序渐进地过渡，孩子也就更容易适应。要让孩子戒掉这些物品，一开始可以采用的办法是每次出门都把这些东西留在家里。如果是安慰毯，你可以逐步把它改成小尺寸或者剪一小块下来，正好可以塞进孩子的口袋让他带去学校。如果是孩子形影不离的玩具，他可以带去学校，但要放在自己的背包里。否则如果孩子真的把家里的玩具带进了教室，他的心思通常会放在那个玩具上，以至于很难投入其他活动，这是多数老师不允许孩子从家里带玩具的原因。

如果是让孩子戒奶瓶，一开始你可以先换个小号的瓶子。你可以让孩子从喝牛奶或果汁过渡到喝水——这么做还有一个好处，那就是能帮助孩子降低蛀牙的风险。给孩子断奶瓶时，可以定一个规矩——奶瓶或奶嘴不能带出门。如果你把这些东西留在家里，孩子适应起来就会更快、更容易。你就简单地说："这是规矩。奶瓶和奶嘴要留在家里。"请记住，晚上给孩子喝奶瓶是造成孩子蛀牙的主要原因之一，同时也会影响孩子的睡眠规律和脱尿裤训练。

我们不建议家长在帮助孩子从奶瓶过渡到杯子的过程中使用吸奶杯。吸奶杯和拉拉裤大同小异，它们被商家包装成一种过渡产品推向市场，但孩子其实并不需要它们。很多家长会在婴儿车里给孩子放一个吸奶杯，好让孩子有一次可以喝上几小时的饮料。这样做除了会影响孩子的如厕训练，还会让他们由于不停喝奶而长蛀牙。此外，吸奶杯还有一个害处。一些语言病理学家告诉我们，奶杯吸嘴的形状可能会使过久使用的孩子语言能力发育受到影响。

如果你给孩子把规矩讲清楚，他们对于放弃婴儿用品所表现出来的成熟气魄往往会出乎你的意料。我们在一次家长会上告诉家长，3岁是孩子可以断掉吸奶杯的时候了。我们建议他们对孩子说："这是学校的规定，南希和艾伦说不许用吸奶杯了。"家长会是在一个周五举行的。转眼到了周一，一位祖母告诉我们，她周末看孙子的时候给了他一个吸奶杯，他却说："不行，奶奶，我不能喝那个了。南希和艾伦说不许用吸奶杯！"这就是妈妈先教孩子、孩子又教奶奶的例子。

出门时,比吸奶杯更好的是带吸管的翻盖杯。但是,如果在家就没有理由用翻盖杯代替杯子。一般而言,养成只在孩子要喝的时候才给他喝的习惯比较好。你让孩子等到口渴,可以让他主动意识到自己的需求,而不是事事依赖你。

如果你正在为使孩子戒断这些婴儿用品而苦恼,切记一点:虽然这一切看起来很打击孩子,但他迟早会适应的。南希的女儿艾丽莎在戒奶瓶的时候,她只有一个4盎司(约114毫升)奶瓶,而且里面装的是水。有一天南希宣布,她准备把最后一个奶瓶也扔掉。她高兴又骄傲地把奶瓶扔进了垃圾桶。南希知道,如果艾丽莎大吵大闹,自己可能会心软,于是她就迅速把垃圾带出了家门扔掉。第二天,艾丽莎大喊大叫着要找回丢失的奶瓶,但是知道奶瓶真的一去不复返时,这倒帮了母女二人。又过了一天,艾丽莎已经不再惊慌失措,奶瓶时代就此结束。当孩子吵闹着说"但是我就要我的奶瓶"时,尽量不要生气。保持平静。你可以承认你知道他想要奶瓶,承认断掉奶瓶对他来说很不容易。然后,你可以找一个有趣的活动或者给他吃有嚼劲但又很健康的替代食品来分散他的注意力。我们经常看到,当孩子放弃了这些安慰品时,他们很快就会找到新的法子来表达自己的需求,从中获取安慰。

对学龄前儿童的其他自理要求

浴室里

刷牙、梳头、洗澡都是孩子在3岁左右可以自理的事情。有效的做法是让孩子挑选一款别致的牙刷或牙膏,从而让自理变成一件有趣的事。像泡泡浴液和海绵这类有趣的洗浴用品则有助于鼓励孩子自己洗澡。在孩子刷牙或洗手的时候,你可以用唱歌或数数的方式确保他刷牙或洗手的时间长一些:"我们是这样刷牙的,刷牙的,刷牙的……"或者"我要把手上的脏东西洗掉,送它离开……"

出门

家长总是习惯性地把孩子放在婴儿车里推着走,而不是让他自己走上一小段路。我们鼓励父母在孩子4岁以后就不要用婴儿推车了。

自己穿衣服

孩子独立自主的方式之一就是坚持自己选衣服,并且自己穿衣服和脱衣服。如果你要孩子自己穿衣服,就要确保他的衣服合身,好让他穿起来更轻松。我们经常看到孩子因为裤子太小或连裤袜老是掉下来而苦恼不已。在教孩子自己穿衣服的时候,时间和耐心是关键。如果孩子坚持要自己拉上外套的拉链，手指却还没有灵巧到可以把拉链两边并起来，那么你可以先帮他开个头，再让他自己拉上其余部分。在他学穿其他衣服的时候，你也可以用这种办法。你可以先把他的袜子套到他的脚趾上，再让他自己往上拉，也可以先把他的腿放进裤腿里，再让他自己把裤子完全穿好。

下面是一些有用的建议：

- 先从脱衣服做起，因为这比穿衣服容易。
- 先让孩子学穿睡衣，因为睡衣更容易穿上。
- 把鞋子放在对应的左右脚前面。
- 给孩子买可以直接套上的鞋和有搭扣的鞋。
- 买有搭扣和松紧带的裙子和裤子，买连指手套而不是有指手套，这些穿戴起来会容易得多。
- 确保拉链不是坏的。
- 买一些教孩子解系扣子、扣合和使用拉链的玩具。
- 不要给孩子穿有皮带、皮带扣、连体的或任何复杂的服装。
- 问孩子要穿什么衣服时，只给他二选一的方案，这样就不会令他无所适从了。
- 克制住想为孩子代劳的冲动。

在教幼儿穿外套时，老师们采用了一种百试百灵的方法——"翻转法"。如果没有这一招，要让全班的儿童做好户外活动的准备得花上几小时。以下是孩子用"翻转法"穿外套的分解步骤：

1. 把外套面朝上放在孩子脚边的地板上。当孩子低头看时，外套标签应该就在孩子的脚边。
2. 孩子弯下腰，把两只手臂同时放进袖子里。

3. 然后,举起手臂,使外套高过他的头。
4. 把外套一翻翻到身后,让它顺着背部滑下来。
好啦!

自己吃饭、喝水

当孩子到了上学的年纪,就可以自己吃饭了。我们曾亲眼看到一位家长在上网球课之前用勺子给4岁的孩子喂酸奶喝。这给孩子传达了一个令人困惑的信息,因为这个年龄他都已经可以打网球了,也早就完全有能力自己吃饭了。其实,当孩子的手指已经灵巧到可以拿起麦圈时,你就可以开始鼓励他独立进食了。一开始,你给孩子吃东西的时候要把食物处理成可以用手指拿起来、方便孩子吃的小块儿。慢慢地,你可以让孩子开始学习使用勺子和叉子。孩子在练习把食物放进勺子里再送进嘴里的过程中,肯定会弄得到处都是。到孩子3岁的时候,他应该有能力用叉子和勺子了——一个4岁的孩子还在用手抓意大利面吃可就太煞风景了。

饭桌上也是训练孩子使用水杯的好场景。你告诉他,他可以像妈妈、爸爸、哥哥、姐姐一样用杯子喝水了,甚至还可以让他选一个特别的水杯。对孩子来说,最好用的是只装一半水并且像马克杯一样底座比较宽的杯子。如果孩子弄洒了,不要反应过激,否则孩子会打退堂鼓。洒出来是很正常的,是孩子学习使用水杯的必经之路。

在吃饭的时候,你可以鼓励孩子尝试自己倒水。在学校里,他会在点心桌上用小水壶或量杯练习这项技能。孩子们掌握了这项艰巨的任务后会很骄傲,其中涉及的步骤包括小心翼翼地拿起水壶,然后把它倾斜到足够的角度好让液体缓慢、平稳地流出,而不是一股脑儿地涌出来,接着再把水壶放下。只要关注一下孩子尝试倒水时脸上专注的神情,你就会明白,对于孩子来说,掌握自理的本领有多么重要。没有什么比孩子自己说出"我做到了"这句话更能给他增添自信心和自尊心了。当孩子终于学会时,那小脸蛋上露出的喜悦之情总是那么灿烂。

第十一章

游戏篇:
为什么要玩、玩什么、怎么玩?

查尔斯和迈克尔还小的时候，整天在一起玩。他们俩年龄相仿、趣味相投。因为住在同一栋楼里，所以只要他们想玩，就能马上聚到一起。火柴盒小汽车和小火车很快就会占领客厅的地板，并迅速蔓延扩张成属于他们的一座座城市和一个个王国。床单和毯子搭在桌子上，就是他们臆想中的温馨小窝，里面藏着一大家子毛绒玩具。有时，他们会让妹妹在这些想象游戏中充当个小配角，偶尔还会把妈妈们拉进来。我们至今仍记得当年光顾查尔斯和迈克尔的"鞋店"当顾客的情景，那里摆满了他俩从我们的鞋柜里拿走的鞋，我们用孩子们做的纸币来买鞋。

如果我们的孩子当年没有这种只想着玩的时间和空间，他们就不会有这种创造力、乐趣和学习上的收获。可悲的是，近年来，家长越来越不重视孩子们这种自由自在的嬉戏。现在的学龄前儿童都很忙。放学后，他们要上舞蹈课和体操课。回家后，他们要看课件光盘，还要在电脑上使用幼儿类的交互教育软件。结果就是一天下来，孩子们可以在没有成人指导的情况下自由玩耍和创造的时间越来越少。很多充满爱意和用心良苦的父母不把孩子的课外活动塞满就不罢休，以为这样做就是在促进孩子学习，帮助孩子有效地利用时间。有些父母告诉我们，他们必须让孩子忙个不停，闲下来孩子就会感到百无聊赖。事实恰恰相反。如果一个孩子说他觉得很无聊，这往往意味着外界的刺激过度了，以至于孩子失去了自己找乐子的本领。我们经常看到这些孩子在课堂上无所适从，他们不知道如何依靠自己的想象力和能力，只能向老师寻求帮助。

千万不要低估孩子在游戏中的收获。美国儿科学会最近发表了一个非常有力的声明，阐述了玩耍在幼儿生活中的重要性。学会声称，为了让孩子健康成长并维护亲子之间牢固的纽带，孩子要减少课程化的活动，花更多的时间自由活动。虽然少量的课外提高活动和教育视频对孩子有好处，但如果要充分激发孩子的潜力，这些活动的安排就必须和大量的自由活动相互平衡。过多的课程化活动实际上会给幼儿造成压力，影响他们的健康——更不用说还会让那些不得不为这些活动买单的家长不堪重负。

令人鼓舞的是，你并不需要付出九牛二虎之力就能帮助孩子对学习充满热情、更富有创造力，并且变得更为自信。你只要给孩子留出时间和空间，给他提供各种玩具和小道具，然后顺应孩子爱玩的天性就可以了。剩下的任务交给孩子就行。孩子一旦可以自己做主，他的可塑性将是不可思议的。他们得以试验新的本领，锻炼肌肉，性格也被磨炼得更有韧性。他们将学着和他人相处、换位思考，可以尝试新的点子并想出新的办法把事情做好。他们通过试错来解决问题，然后把自己的新发现和之前做过的事情联系起来。反复的游戏让孩子觉得自己很能干，从而帮助他们建立起自尊心，也令他们以后更有冒险精神。在游戏中获得的本领既能帮助孩子学会应对此时此刻的世界，也能为他们将来的课业学习打下基础。

虽然游戏具有巨大的教育价值，但不必把孩子的嬉戏刻意当成一种学习方式。事实上，爱玩是孩子的天性，玩本身对孩子来说就是一种既有益又放松的活动。童年的一大乐趣就在于玩。给幼儿带来最大快乐的是玩的过程，而非结果。孩子可能会投入很多时间精心地捏一个小泥人，但一旦完成，他就会一下子把泥人压扁或揉成一个团团，然后愉快地开始进行下一个活动。他看重的是过程。孩子在玩的时候，无论是搭一个最高的积木塔，还是把自己悬挂在攀爬架上，没有什么比让孩子自己制定目标更能调动他们积极性的了。还记得你小时候多么信誓旦旦地要学习骑自行车，还有每一次的进步给你带来的满足感吗？玩耍对于孩子来说也是一样的，纯粹是出于喜欢。

我们经常听到家长这样说某个孩子："哦，他只是在玩而已。"要时刻警醒，这个语境里的"只是……而已"四个字是一种轻视。你说"只是……而已"，等于在贬低玩耍在儿童生活中的重要性。对成年人而言，玩乐等于休闲，是一件在完成了其他事情之后才能见缝插针的活动。但对孩子而言，玩耍乃头等大事，必不可少。玩就是孩子的天职，是他们探索和理解世界的一种方式。

父母如何帮助孩子玩?

没有大人的帮助,孩子自然也会玩,但有很多办法可以帮你促进和鼓励孩子玩游戏。不妨试试下面这些方法。

为孩子创造专门的游戏天地

在家里腾出一个空间,让孩子在这里安全地创造、探索和嬉戏,不用担心会弄得一团糟。可以用孩子的房间,也可以在客厅或游戏室划出一个角落。明确地规定孩子可以在哪里玩对全家人来说都是一件好事。如果有一天一抬头,发现玩具在你家已经铺天盖地,你就知道是时候给孩子开辟一个专门的游戏空间了。当孩子拥有自己的地盘时,他们会觉得受到了特殊待遇,同时,还大人一片没有玩具的天地也是对大人的尊重。在孩子游戏结束后,你应该鼓励他自己收拾玩具。这是一项这个年龄的孩子可以胜任的工作,可以帮助孩子管好自己的东西并且学会珍惜它们。为了让孩子轻松地整理好玩具,你可以使用透明的收纳盒并在盒子上贴好图片,以帮助孩子了解物品应该归放何处以及下一次去哪里找。

限制孩子课外活动的数量

你要确保给孩子留出足够的时间玩耍。如果孩子3岁了,而他每周要参加的课外活动不止一次,这就意味着他没有足够的时间玩。以此类推,如果孩子4岁了，那么他每周要参加的课外活动不应该超过两次。限制孩子的课外活动时间，受益者不仅是孩子，你也为自己节省了金钱和时间。

选择开放式的玩具和材料

买玩具的时候，要想一想这种玩具能有多少种玩法。开放式的玩具通常是对孩子们最有启发性，他们最喜欢，也最耐玩的玩具。有一个很好的经验法则，就是问问自己这个玩具是不是至少可以用三种不同的方式来玩。电池驱动小车翻来覆去就那么几种玩法，而且得用电池才能玩起来。现在想想，如果玩具小卡车要靠孩子自己才能玩起来，这时他会怎么玩：他决定小卡车要开去哪里；他把玩具动物装进小卡车，然后再开车把它们送去动物园；他把动物从小卡车里拿出来；他又把车开回去装一些要用来搭动物园的积木。这个玩具允许孩子自己做决定，并可以发挥他的想象力。下一次把小卡车拿出来玩的时候，他可能又会完全换一种方式。开放性的玩具和材料就是更能让孩子满足、更有趣，也对他们更有教育意义的玩具。当然，没必要只去玩具店买玩具。对多数幼儿来说，守着一个纸盒、几根绳子或一根小棍子，他们就能玩得很开心。同时，世世代代的父母都会证实一件事——史上最有意思的玩具不过是一个巨无霸家庭电器包装盒。

选择各种各样安全并且适龄的玩具

在为孩子选择玩具时，还要注意以下几点：

1.**种类**

你选择的玩具在设计上是否能启发不同类型的玩法（假想游戏、体育游戏、搭建东西、美术手工、科学、拼图……）？

2.**安全性**

玩具和材料应该是无毒的，没有能被孩子吞下去的小零件，也没有尖锐的边角。玩具零件要牢固，原材料应该结实不易碎。如果你家里有一个年幼的孩子，而他哥哥姐姐的玩具有很多小零件，你就必须开辟一个指定空间存放这类玩具。

3.适龄

这个东西玩起来是不是会让孩子抓狂？是零部件太多，还是规则太烦琐？它是否超出了孩子的体能承受力？是否缺乏启发性或挑战性？虽然随着孩子的成长让孩子接触新的玩具很重要，但如果玩具产品标签建议的年龄远远大于孩子的年龄，最好抵制住诱惑，不要给孩子购买这种产品。即使孩子很喜欢搭乐高，更复杂的组合（往往要求孩子根据详细说明来操作，例如搭一艘火箭飞船）也会对孩子来说难以上手，以至于最终变成你的活儿。当然，孩子总会有一件最心爱的玩具，即使他长大了，超过了这个玩具的适龄期，他还是会依依不舍地玩很久，这是很正常的。

4.性别

你会把玩具分"男女"吗？这两类玩具，你家都有吗？有没有性别中立的玩具？

限制孩子玩具的数量

在多数孩子的生活中，每逢生日、节日，祖父母和其他亲戚来访时给他们带的玩具，堆起来可能足以填满一个小车库。请记住，玩具不等于玩耍。孩子们才是"玩儿"的主人。玩具为玩耍提供了刺激，但它们并不是"玩儿"本身。虽然让孩子玩各种各样的玩具和材料很重要——因为每种活动都能让孩子有不同的玩法——但也要注意不要让孩子有太多的玩具。选择太多，会令他无所适从。不如试试把一些玩具暂时收起来，以此限制孩子的选择。而当你把一个从孩子眼前消失了很久的旧玩具重新拿出来时，这对他来说，无异于一件新玩具。

玩具选购技巧

如果你和孩子一起走进一家玩具店，孩子肯定会想买玩具。没有一个孩子能够抵挡得住玩具店里琳琅满目的诱惑，所以除非你事先和孩子讲好什么能买、什么不能买，否则走进玩具店就是作茧自缚。在进去之前先讲好规矩是个屡试不爽的办法。你是给孩子买玩具还是给朋友买？你打算买多少玩具？一旦走进玩具店，如果孩子想破坏规矩，不用试图以理服人。如果孩子大发脾气，直接离开就是。如果孩子一直缠着你要买某件体积太大或太贵重的玩具，不必急着买，告诉孩子，他可以把这类玩具写到生日或者其他特殊场合的愿望清单上。

当南希的孩子们还很小的时候，她经常告诉他们，法奥·施瓦茨（美国百年零售玩具商）是一个玩具博物馆，在那里他们可以想玩什么就玩什么，但是东西必须留在博物馆里。至少在一段时间里，这招很管用！

各种玩具、游戏、材料和活动

让孩子通过动手学习。当你让孩子亲身体验各种玩具、游戏、材料和活动时,他就有了成长和学习的好机会。有些玩具(例如缝纫卡、形状分类等)适合启发孩子们独自玩耍,而另一些玩具(例如球类、医药包等)则更适合协作。如果你注意到孩子总是在玩想象游戏,可以鼓励他玩一些诸如拼图或美术手工类的玩具。如果孩子好静不好动,不妨让他玩玩球类或骑骑三轮车。下面列举了各种经久不衰的游戏、玩具、材料和活动,保证既能调动孩子的参与度,又能让他感到乐趣多多。

搭房子和造东西

当孩子使用积木、沙子或木头等搭建材料时,从道路到动物园,从房子到城镇,他们的创作是层出不穷的。这样玩的时候,孩子其实是在学习零部件如何发挥作用,以及如何运用材料实现一个构想。有时搭得顺利,有时也会失败——孩子只有通过对这些材料进行试验才能了解事物是如何发挥它们的功效的。如果孩子花了很长时间、费了很多心思造好了一件东西,他有可能会舍不得把它拆掉收起来。在这种情况下,给孩子搭的东西拍张照让他"保存"起来会是个不错的办法。

搭建类的玩具包括:

- 各种各样的积木——纸板、木头、塑料、泡沫、鬃毛积木和乐高积木。
- 互锁方块。
- 小木钉板。
- 德宝玩具。
- 百乐宝玩具。
- 齿轮玩具。
- 火车和轨道。

美术材料

有的家长不太乐意在家里给孩子用"脏兮兮"的美术材料,这很可惜。对孩子来说,尽可能地去尝试和创造是很有必要的。如果手指画颜料会弄得一团糟,你可以使用浴室类泡沫颜料来给孩子提供一个类似的触觉感官体验,但又不会涂得到处都是。如果你不想在客厅里放画架,可以让孩子坐在厨房的桌子上,用水彩颜料、纸和管刷来玩。这个年龄的孩子使用美术材料时,大人必须在一旁监督,以免他把创作涂到墙壁上或用剪刀给小妹妹剪头发。

美术材料和手工创意游戏包括:

- 纸——手工纸、纸巾、牛皮纸、包装纸。
- 剪刀和打孔器。
- 胶水、胶棒和胶带。

- 绘画材料——有粗有细的蜡笔、马克笔、铅笔、彩色铅笔、粉笔、油画棒。
- 颜料——手指画颜料、水彩、可洗的蛋彩、笔刷（带毛笔和泡沫笔的）、有形状的海绵。
- 印泥和印章。
- 其他好玩的材料，包括亮片、珠子、贴纸、绒球、羽毛、木棍、小木片、纱线、棕色纸袋、纸盘、盒子、纸筒、布、丝带、纽扣、杂志图片、相框、黑板、彩沙。

体能活动

体能活动是必不可少的，这样孩子才能尽情地释放自己，身心才能得到健康的发展。孩子动起来做游戏有着数不清的好处。这可以建立他的大肌肉和小肌肉运动能力，并使他的肌肉、神经和大脑功能更好地同步发育。在体能活动中，他更能感知自己的身体在空间中的移动。"我能钻进那个隧道吗？""我从滑梯上滑下来时会不会撞到小伙伴？""我要不要放慢速度，别撞上那个玩具屋？"当你鼓励孩子骑三轮车时，会涉及控制方向和用脚踏车这两个动作，这就要求他把自己的视觉和肌肉功能与他的空间意识协调起来。通过扔球或踢球，孩子可以提高手眼协调能力，并加强手臂和腿部的肌肉。儿童操场的设施旨在帮助儿童发展平衡感。攀爬、举重和搬运物品的活动可以锻炼孩子的上肢力量。只要天气允许，尽量让孩子每天都在户外玩玩。你可能会发现，当孩子进行体能活动之后，尤其是在户外活动之后，他会睡得更香，也会更放松。即使下雨时你们被困在家里，也可以放放音乐，在屋里翩翩起舞，或是做做瑜伽和有氧运动。

我们推荐的体能活动和运动用具有下面这些：

- 各种球类活动——可以用来踢、弹和接的各种大小的球。
- 骑行玩具——滑板车和三轮车、自行车。
- 儿童尺寸的篮球圈。
- 儿童尺寸的软垫足球门。
- 粗大的塑料球拍和塑料球。
- 沙包和容器（把容器当靶子）。
- 任何在后院、公园或儿童操场上进行的活动。

音乐

音乐让孩子身心愉悦，精神振奋。如果你想让孩子爱上音乐，有一点很重要，就是要在家里播放各种各样的音乐，而不仅仅是主要为儿童创作的音乐。当音乐响起时，给孩子一点时间和空间，让他随着音乐律动起来。给他几个沙锤或是锅碗瓢盆让他打击出节奏——孩子是多么喜欢用日常物品创作音乐啊！你会惊讶于他们的自得其乐。音乐是带领孩子进入不同文化、认识世界各地的一个好窗口。

适合学龄前儿童的音乐玩具、乐器和音乐活动包括：

- 沙锤、鼓、手鼓、铃铛、节奏打击棍、三角铁。
- 木勺和一口锅，磁带和唱片。
- 组建家庭乐队。

科学

幼儿天生就对大自然和周围的世界充满好奇。当孩子在玩泥巴、植物、昆虫、水和大自然中的其他东西时,他的好奇心会越发强烈。他会从自己的亲身体验中观察、预测并得出结论。孩子们喜欢把水果或蔬菜里的种子取出来,种到地里,然后每天给它们浇水,看它们成长。幼儿园最受孩子们喜爱的校外活动之一就是去公园挖虫子。

我们推荐的科学游戏的创意和工具包括:

- 泡泡机、放大镜、食用色素。
- 水和眼药水小瓶——孩子们喜欢看什么会沉下去,而什么又会浮起来。
- 磁铁——在屋子里转转,看看什么东西能被吸住。
- 把水放进不同的容器里冷冻,以观察结冰后的形状。
- 收集贝壳、石头和树叶。
- 玩具望远镜。
- 捕虫网和罐子。
- 挖土用的铲子。
- 玩水用的桶、杯子、漏斗、筛子和轮子。
- 可以种植的种子和球茎——玉米和菜豆是怎么种都不会失败的种子。
- 可化茧成蝶的幼虫和会变成青蛙的蝌蚪(这些都可以在网上订购)。

小型动手玩具

拼图和形状分类器等小型动手玩具可以培养孩子的手指灵活性,并教他们了解规划、空间关系、分选、归类和比较关系（大小、多少、高低等）。孩子通过使用不同大小和形状的容器来回倒水或倒沙子，可以掌握体积和大小的概念。上述所有活动都能教给孩子一些数学和科学的基本概念。

我们推荐的小型动手玩具包括：

- 难易程度不同的拼图。
- 小木钉板。
- 像磁力拼图一样的镶嵌积木。
- 形状分类玩具。
- 磁性板与磁性形状、磁性字母和磁性数字。
- 磁性涂鸦板。
- 彩色块块。
- 穿线卡。

橡皮泥和黏土

当孩子用橡皮泥或黏土做模型、挤压、滚动、塑形时，他们手部的小肌肉会得到锻炼，手眼协调能力也会得到提高。对孩子来说，这还会让他感到舒缓和放松。当你再加入擀面杖、饼干模具、压蒜器、塑料刀、剪刀或棍子时，就等于延伸了这个游戏，帮孩子为烹饪做好准备。

最好的自制橡皮泥配方：

6 杯水

6 杯面粉

3 杯盐

几滴食用色素
4汤匙塔塔粉
12汤匙油

用手动搅拌器把所有材料混合在一起，百丽碗效果最好；用微波炉高火转5分钟；拿出来，搅拌均匀，再次放进微波炉加热5分钟；再次搅拌均匀，微波炉加热7分钟；待混合物冷却后，放入密封容器中保存即可。

集体游戏

参与集体游戏的前提是，孩子已经有了懂得遵守游戏规则的心智。这就要求孩子不仅会关注自己的个人欲望，还会理解每个人都应遵守游戏的各项约定，他必须把人生的这一课真正转化为自己的内在意识，才能成长为集体中有责任心的一员。一开始，年龄较小的孩子不愿等待，不愿按照规定的方式玩游戏，如果自己输了，也不太可能接受这个事实。你可能希望孩子以"正确"的方式玩桌游或球类游戏，但有时也需要灵活处理。你要考虑到孩子目前的成熟度和能力范围。当某些游戏明显超越了孩子现阶段的能力或者游戏说明太复杂时，就要停下来换一个游戏，或者简化规则，让孩子的游戏体验更有趣味。

家长经常问我们，他们是否应该在游戏中故意让孩子赢。想让孩子赢是很自然的，但同样重要的一点是，也要让孩子体验一下输的感觉。你可以为孩子示范什么叫"输得起"的风度。你可以说"这次我输了，但也许下次我会赢"或者"哇，你那个游戏玩得很好，我们再玩一次吧"。如果孩子拒绝失败，那么他的情商可能还没有成熟到可以驾驭那个游戏。你可以先暂停这个游戏，过几个月再试试。总之，幼儿玩游戏的目标应该是完成游戏，而不是只专注于胜负的结果。你可以买一些需要玩家协作才能实现目标的游戏，如《嗨嗨! 樱桃奥》(*HiHo! Cherry-O*)、《果园》

(Orchard)、《蜗牛的比赛》(Snail's Pace Race)等。这些游戏更能让幼儿玩得满意。

其他不错的游戏包括：

- （带图片和数字的）多米诺骨牌。
- （带图片的）乐透游戏。
- （带颜色、形状、图片、字母和数字的）宾果游戏。
- 桌游——我们推荐以下几个适合3～5岁孩子玩的桌类游戏：最初的4套《睿思游戏》(Ravensburger)、《我家的东西》(Things in My House)、《比萨店》(Pizza Parlor)和《我叫什么名字》(What's My Name)。
- 纸牌游戏，包括《钓鱼》(Go Fish)、《魔法婆婆》(Old Maid)和《战争扑克》(War)。
- 捉迷藏、接力赛和丢手绢等。

角色扮演和装扮游戏

当你给孩子一顶头盔、一个听诊器或一些玩具动物时，他可能会假装成一名建筑工人、一名医生或一名兽医。他能通过角色扮演游戏认识自己，并在一个绝对安全的环境中尝试各种语意、角色、概念和感觉。

可以激发孩子角色扮演和装扮游戏兴趣的道具包括：

- 玩具车。
- 玩偶、玩偶服装、玩偶屋和玩偶家具。

- 玩具农庄、玩具人偶。
- 玩具食品。
- 玩具锅、盘、杯子、器皿。
- 镜子。
- 服装盒。
- 收银机和游戏钱币。
- 手电筒。
- 床单或毯子。
- 购物袋。
- 服装和钱包、公文包、帽子、鞋子、珠宝、眼镜、布料等配饰。
- 玩具电话。
- 没有放东西的干净的食品容器、比萨盒、牛奶和果汁盒。
- 菜单、收据本。
- 量杯、勺子。
- 办公用品、电脑键盘、记事本、备忘录、信封、贴纸。
- 玩具搭建工具。
- 医药包（包括创可贴、棉纱布和棉球）。
- 木偶和毛绒玩具。

洗澡时间

洗澡这段时间可以更好地利用。孩子们爱玩水，泡在水里让他们觉得很放松。当你给孩子一些杯子、漏斗、漂浮玩具和海绵时，他会在澡盆里做试验、玩假想游戏，不知不觉可以玩很久。

洗澡时还可以带上以下用具：

- 小船。
- 可用于浴缸的泡沫颜料和蜡笔。
- 泳镜、潜水面具和潜泳管。
- 泡泡机。
- 可以假装鱼竿的东西。
- 手偶搓澡巾。

其他好玩的活动

孩子除了喜爱玩具，还热衷于摆弄真家伙。日常用品可以和从玩具店买来的玩具一样妙趣横生。艾伦至今还记得自己和爱丽丝一起用纸盒做纸板房，然后给纸板墙涂上颜料并制作纸板家具的情景。这是爱丽丝最喜欢的活动之一。

其他好玩的活动：

- 把纸订在一起做成一本书，然后一边让孩子画画，一边由你代笔写下他讲的故事。
- 做一只风筝，放风筝。
- 解剖花、水果和蔬菜。
- 做一个柠檬水小摊，向路人卖柠檬水。
- 一家人一起演个小话剧。

- 给孩子提供一些粉剂、婴儿洗发水和泡泡沐浴露,让他调制药水。
- 在你扔掉电话、钟表和电脑等坏掉的电器之前,可以和孩子一起把它们"大卸八块"(由于小零件很容易被吞下去,所以要看紧孩子)。
- 给孩子一个大碗,再来几杯面粉、水和盐,让他做个小小科学实验家。
- 用巧克力布丁画一幅手指画。
- 编一个寻宝游戏——你们可以寻找形状、颜色或以某个字母开头的东西。
- 来一场假想的旅行。
- 给物品起一些滑稽的名字。
- 调换角色扮演游戏。

孩子是怎么玩的?

为孩子提供了玩的空间和各种玩具之后,你可以通过平衡他一个人玩、和别人玩以及和你玩的时间,让他玩得更有意思。所有这些不同的玩法都能鼓励孩子锻炼技能、激发创造力并从中获得乐趣。

自己玩

很多父母急于让孩子干这干那,却忘记了让孩子自己玩的重要性。回想一下自己的童年时代,你可能还记得你完全沉浸在自己的世界里,独自在房间里玩耍的快意时光。假装娃娃是你学校里的学生;用枕头垒起一座城市,并用小人偶上演动作片。你可以花上好几个小时自己编故事、设想各种情景。同样,当孩子一个人玩的时候,他就有机会自己做主并发现他喜欢干的事情。他可以决定玩什么、按什么节奏玩以及玩多长时间。当孩子一个人玩时,他学习的是如何在没有大人指挥的时候自得其乐。

千万不要低估这种"独乐乐"的重要性。独自玩耍让幼儿对将来的生活有所准备——不能一个人玩的孩子在没有大人帮助的情况下难以自己完成作业,缺乏为自己拿主意所需要的信心。为了帮助孩子自己玩,你可以在他周围放上拼图、画笔、书籍、娃娃、汽车、乐高和积木等玩具和材料。如果孩子不喜欢独处,你可以和他坐在同一个房间里读书,陪伴在他的身边。

和别人玩

孩子需要有大把的时间和其他孩子一起玩。孩子们的社交本领不是通过书本、视频或者上课学到的,而是在他们与同伴相处的过程中学会的。如果孩子经常和别人一起玩,他们就开始理解分享和妥协的概念,所谓社会关系其实是一种投桃报李的相互行为。他们可以学到新的词汇和新的点子。在观察别人并和他人互动时,他们会扩展游戏并且变得更富想象力。

起初,孩子们更倾向于靠近别的孩子玩,而不一定是一块儿玩。即使孩子还没有成熟到可以主动和小伙伴一起玩起来,让他接触其他人也是很有必要的,因为这有助于他们日后和别人进行更多的互动。你可以通过观察和提建议来帮助孩子。当看到沙池里还有一个孩子就在你的孩子身边,而且他也在搭沙堡时,你不妨建议:"我看你们俩都在盖城堡。我们能不能做一条路把它们连接起来呢?"这样做可以助推他们的玩耍更进一步。

当两个或更多的孩子开始一起玩,也就是他们之间开始交换想法并且有所互动时,他们就进入了游戏的新阶段。这时,大人可以退居二线,监督孩子,不必介入太多。有时你要放手,让孩子们自己去探索,可以适当地引导他们一下,例如安排一些像贴大饼或者丢手绢这样简单的游戏。不过,如果你放手不管,他们往往也能自己想出点子并解决问题。

对于大多数孩子来说,协作性游戏是最令人激动、最具挑战性的。此刻,你的孩子要迁就另一个孩子的想法才能玩得开心。当小伙伴一起玩出现分歧的时候,孩子就要学习如何解决矛盾这一重要的技能。他们学着用语言协商以及应对事与愿违的情况。商量着怎么玩某个游戏是一个极其复杂的过程,它考验了孩子们的承受力和灵活性。孩子们一块儿玩时,游戏自然会变得更复杂,每个孩子都在汲取彼此的经验和想象力。有一个孩子不久前第一次坐飞机去旅行,现在就想带他的朋友去加州玩。他的朋友读了一本关于外太空的书,于是当小伙伴们在游戏中到了加州后,他们就飞去月球转了一圈。这么玩要求孩子具备抽象思维和灵活想象的能力,能使孩子的理解力更上一层楼。

正如幼儿教育工作者和专家所观察到的那样,如果孩子有时间和别人玩并且和他人建立起健康的社会关系,那么他在学校里往往会更成功。想想你认识的那些在事业上功成名就的成年人,他们在职场人际关系中都有左右逢源的能力,即使智商并不是同事中最出类拔萃的。我们相信,在孩子很小的时候就开始培养他们的社交能力,将来他们和别人打交道时,才更可能得心应手。

和你玩

只有抽出时间和孩子一起玩,你才能了解他是如何思考、如何看待周遭世界的。要不是看到在玩一个有假想恐龙的游戏,你可能并不曾注意到孩子对科学感兴趣。你可能会发现孩子会一边玩一边编精彩的故事,并用不同的声音演绎不同的角色。当你无意中听到他和娃娃说话时,你也可能因此了解到孩子其实怕黑或是害怕看医生。抽出时间来倾听孩子的想法,才能更好地了解他的兴趣和需求所在,而他也会感到你在明确地向他表示你重视他的想法,这也有助于孩子建立自尊心。

你需要专门抽出时间来和孩子一起玩。现代生活争分夺秒,大多数家长肯定都曾经对孩子说过:"现在不行,以后再说。"如果可以的话,尽量在周末留出一段时间或者取消孩子的一项非自由活动内容,这样你们就可以一起玩了。如果真的想和孩子泡在一起,你就要放下身段,和孩子一个高度,放慢步伐,全心全意只关注他。放下手机,关掉电视,并在心里放下你的"任务"清单。只有把注意力放在孩子身上,专心听他说话,观察他的一举一动,你才能给予孩子积极的鼓励,让自己积极地走进他的生活。

有些家长告诉我们,和孩子玩让他们觉得很别扭——因为他们根本不知道怎么玩。的确,玩耍需要一定的自发性以及一定程度上的无所顾忌，而很多成年人已经不再拥有这种能力了。你可能已经很久没有假扮成海盗或宇航员了。如果你确实不太自在，试着让孩子来带头。记住，没有第三者在旁观，孩子会很喜欢看你犯傻、调皮和无拘无束的样子。也有些家长的问题是参与过头。他们要么是在孩子玩的时候到处指挥，要么就是觉得有必要在玩的时候教点什么："你能数数你排成一列的小汽车有几辆吗？""那个积木是什么形状的？""让我教你怎么画一棵真的树吧。"和孩子一起玩的时候，你不需要当老师，也没有必要专注于结果——事实上，你的指手画脚可能会压抑孩子的想象力和创造力。我们发现，当孩子习惯了有人过度引导时，他们在教室里往往会一脸迷茫地转来转去，对面前的选择不知所措。他们可能会对老师说："我不知道要干什么。"

与其指挥孩子怎么玩，不如退后一步，观察一下孩子在做什么以及他是如何运用玩具和各种材料的。有时你只需要待在孩子身边就行，不用说话也不用参与，就可以了解他在玩什么以及他是否需要你帮一把或参与其中。总而言之，在孩子的游戏中，最好把自己当成一个配角，而不是导演，让孩子告诉你他希望你承担什么角色。孩子很少有机会主宰自己的生活，而这是唯一一个适当又安全的可以让他自己说了算的场合。在观察和倾听孩子的时候，你会发现自然地融入孩子游戏的方法。如果他正在玩娃娃，你可以问："你的宝宝饿了吗？"要耐心等孩子回答，然后再接着跟他对话。当你假装是谁时，也可以换成这个角色的声音说话。不过，不要觉得你一定要说很多话。你参与是为了协助他，而不是为了抢他的风头。

建议孩子想着法儿把游戏玩"大"是个不错的办法。如果孩子假装去露营，你可以在桌上罩一张床单，然后递给他一个手电筒。如果他正准备飞去太空，你可以给他一个自行车头盔，保证他可以安全着陆。如果他没有邀请你钻进他的帐篷或拒绝戴上你递给他的头盔，可不要为此吃惊或动气呀！

很多家长看不得孩子在玩的时候遇到困难和挫折。其实，这是玩耍和学习过程的重要组成。允许孩子失败，是在帮助他培养受挫能力，成为一个碰到问题有能力解决的人。例如，和孩子一起搭积木时，你可能会很想用什么东西把摇摇欲坠的积木塔支撑住。然而，与其为孩子解决问题，还不如说"哦，积木没有平衡好，我们重新搭一次吧"，或者"你觉得下一次怎么搭才更稳"。永远不要低估孩子，他可能会灵光一现，让你喜出望外。

如果孩子正在摆弄美术材料，你本能地会想教他怎么使用这些材料或者用它们做什么。请记住一点：当一个大人告诉孩子他应该画什么形状、涂什么颜色时，可能会让孩子望而生畏。在这个领域，放手让孩子自己作主、自由自在地发挥创造力是极其重要的。如果孩子让你为他画些什么，你可能很难说"不"。然而，与其替他代笔，不如把这个任务分解成他可以自己完成的一个个小步骤。如果孩子让你画一张脸，你可以告诉他："第一步，先画个圆圈。你觉得眼睛应该画在哪里？你能不能画一条向下的线条当鼻子？你能不能画一条横着的线当嘴巴？"

并不是所有人都热衷于五花八门的儿童游戏。如果你觉得假扮成恐龙很不自在或者讨厌玩桌游，孩子会察觉到，因此也就不会玩得那么尽兴了。当南希的孩子还小的时候，很喜欢玩《糖果乐园》(*Candyland*)这个桌游，而南希作为妈妈却觉得无聊至极。当她向老师提起这件事时，老师的回答让她深感解脱："如果你不喜欢《糖果乐园》这个游戏，就不要勉强自己！"即使不直接参与，你也可以表示出兴趣并陪伴在他身边。你可以和他讨论他玩的各种游戏，并找一些其他你们喜欢一起玩儿的活动。记住，要玩就开开心心地玩。最重要的一点是，你要找到某种方式参与进来。学龄前的时光一晃而过，很快孩子和父母双方都会觉得太难为情而无法分享这些亲密的时刻。当你以这种方式和孩子互动时，不仅是在帮助孩子，也是在让孩子为你做一些美好的事情。你在让他与你分享玩游戏的那份纯粹而天真的乐趣。

玩耍和性别

当我们和父母谈论玩耍这个问题时,性别是一个经常被提到的话题。很多家长担心女儿即使有乐高和拼图玩具也只愿意玩假想游戏,或者担心儿子总是拒绝美术材料而更青睐动作人物玩偶。事实上,男孩和女孩本来就存在差异。随着他们逐渐成长,女孩和男孩往往会把游戏分为"女性化的"和"男性化的"两大类,并自然地被某类玩具和活动吸引。男孩可能更积极和具有探索精神,而女孩则更可能会参与以语言互动为主导的协作性游戏。男孩可能更早开发出空间能力,而女孩在精细动作能力方面往往领先一步。

然而,如果孩子的游戏局限于他们各自擅长的优势领域,结果肯定是他们不会得到均衡的发展。虽然尊重性别角色之间天生的差异很重要,但你仍能鼓励孩子运用更广泛的材料拓展一个更广阔的游戏空间。如果女儿只想扮公主,你们可以先玩一会儿公主游戏,然后再拿出公主拼图来玩或者用她的积木来搭一座城堡。如果儿子只想踢足球,你可以在他休息的时候把粉笔拿出来让他涂涂画画。还要关注一下孩子的玩具中存在的性别偏向。它们是偏向女孩还是男孩?或者两者都不偏向?如果发现某类玩具占了主导地位,那么可以带孩子了解其他各类玩具,包括性别中立的玩具。

在孩子人生的这个时期,他对何谓男女已经开始有概念。随着他日渐长大,各种各样或明或暗影响着孩子角色偏向和自我认同的强大文化和社会成见一直会包围着他。幼儿的思维方式是非黑即白的——如果他们只见过妈妈做饭,那么对他们来说,妈妈就应该负责做饭。你自身对待性别的态度对孩子的发展至关重要。在这方面,你的言行举止以及你为孩子做出的选择都将影响重大。要注意你自己在生活中传达的含蓄的信息。我们经常观察到孩子在课堂上模仿父母的角色。他们会说"爸爸不做饭"或者"妈妈不能出去工作"。一个孩子会对另一个孩子说:"你不能当医生,只有男孩才能当医生。"这是因为他的儿科医生恰好是男性。如果老师听到或看到某些游戏充斥着性别歧视,他们会以此为契机讨论性别成见并提出替代方案:"你知道苏西的妈妈是位医生吗?"如果你在陪孩子玩的时候有意识地选择一些非传统的活动(妈妈假装是消防员而爸爸要给婴儿娃娃换尿裤),你就是在帮助他培养一种两性平等的意识。

提高性别平等意识还有下面这些好办法:

- 让男孩和女孩一起参加集体活动。
- 在装扮盒中加入各类人物玩偶,趁孩子在搭建乐高或积木时给他介绍不同的角色。
- 使用能让女孩为自己主张权利的语言("告诉斯科特,女孩可以玩这个游戏")和能让男孩表达感情需求的语言("你看起来很伤心,要不要抱一抱你?")。
- 鼓励女孩运用可以锻炼空间能力的玩具,鼓励男孩使用美术材料。
- 可以读读诸如凯文·汉克斯的《勇敢的希拉·瑞伊》(*Sheila Rae, the Brane*)和夏洛特·佐罗托(Charlotte Zolotow)的《威廉的洋娃娃》(*William's Doll*)这样的书。它们给孩子展示了突破刻板性别观念的天地,传达了包容这一概念。这样的书告诉我们,女孩可以很勇敢,而男孩可以很温柔。如果不喜欢某个较为传统的故事中所包含的性别偏见，可以在讲故事的时候改编一下，把性别角色调换一下。
- 要注意在鼓励孩子做什么或劝告孩子不要做什么时你的潜台词，比如你一边让女儿不要爬得太高，一边却对儿子的力量和敏捷性赞不绝口。
- 要明白，和女儿打打闹闹或和儿子搂搂抱抱都没错。
- 特殊的服装就留到特殊场合穿。给女儿穿着长裙和宴会鞋去上学意味着她在运动游戏中或碰到会弄脏衣服的活动会缩手缩脚。穿着超级英雄衫和披风的小男孩可能只想玩英雄游戏。

与此同时，如果孩子喜欢玩突破传统性别观念的游戏，也不要担心。这个年龄的孩子才刚刚开始理解性别认同是一种长期稳定和一致的身份认同。往往这个时候，男孩会在游戏里当妈妈，而女孩会在游戏里当爸爸。有时家长会难以接受这种游戏，但要记住，这是孩子正常发育的一个重要阶段。如果儿子想打扮成新娘或者女儿想变身超级英雄，没有必要反对。孩子正是通过这样的游戏和试验理解不同角色的。

超级英雄游戏

当孩子到了4岁的时候,几乎可以肯定的是,那个原来的贴心宝宝会一夜之间摇身一变,居然成了蝙蝠侠、超人或其他超级英雄。即使他从未看过任何相关的影碟或电视节目,也从未拥有一个动作人物玩偶,这种转变也可能会发生。学龄前的男孩(还有一些女孩,但主要是男孩)会被这种游戏吸引。这不是一个新鲜事。无论哪个时代,所有的孩子都热衷于关于牛仔和印第安人、警察和强盗、大兵和玩具士兵的活动和玩具。很多家长都对这种带有攻击性的游戏有顾虑,看到孩子在表演一些看似暴力的场景会很担心,但这种类型的游戏之所以会如此吸引孩子,背后有着各式各样的原因。

- 超级英雄游戏帮助孩子和他的同龄小伙伴建立起关系,因为他们在玩一个共同的游戏,而且这个游戏有着一个人人都能理解的主题。
- 随着孩子的成长和独立,他也会意识到自己在一个庞大的世界里是多么渺小。在较为脆弱的时候,他可能会开始寻求让自己感到强大的办法。当他充当起拥有特异能力和强大实力的超级英雄时,他会感觉对自己的世界更有掌控力,得到一个安全的空间来排解某些极为强烈的感情。当他充当蝙蝠侠时，这个角色给了他在其他场合所不能接受的方法来表达自我主张，他可以尝试一些更咄咄逼人的新词汇和表达方式，并且更有自信地管理自己的恐惧感。有时，你可以利用这类游戏助你一臂之力。下次孩子再说他害怕床底下有怪物时，你可以提议他来玩一把"抓怪大英雄"的游戏。

- 这个年龄的孩子要控制住自己的冲动实属不易。他们正在学着遵守学校和家庭制定的行为规范，但仍处在内化这些纪律的过程中。超级英雄游戏可以帮助孩子以非常具体的形式来划分对错。这类故事围绕着善与恶的斗争。当好人获胜时，他们就降伏了"坏"的冲动，而这可以建设性地疏导孩子天生的一些倾向。女孩们经常会通过表演善良女巫战胜邪恶女巫的童话故事来处理类似的情绪。

虽然超级英雄游戏的确有一些好处，但也很容易让孩子变得过度亢奋，并导致现实中的争执吵闹和有害的人身攻击。我们记得有一个班上的男孩子对"超能战士"很痴迷。他们穿着"超能战士"的上衣，午饭都用印有"超能战士"的午餐袋来装，身上还背着"超能战士"的书包。他们的游戏围绕着各种空手道的踢腿和劈掌动作，他们会把拿到手里的每一样东西都变成武器。其他不愿意这样玩的孩子会感到害怕或受到排挤。我们和家长交流了一下，建议他们限制孩子观看这类电视节目和视频内容的时间，并且不要再让孩子带着"超能战士"的东西来上学了。虽然这种打打闹闹并没有完全消失，但孩子们不再那么沉迷于"超能战士"，能够投入其他更具包容性和攻击性相对弱化的游戏了。

超级英雄游戏玩过头时，你通常是看得出来的。起初，孩子们还在操场上跑来跑去地救人。很快，玩着玩着就有点动手动脚的情况了，游戏的味道变了。孩子们的声音听上去含有愤怒或恐惧。原来只是空中假装比画几下的空手道劈掌动作变成了真的身体接触。蜘蛛侠开始和蝙蝠侠扭打在地，蝙蝠侠开始大哭并还手打了蜘蛛侠，很快两个孩子都哭了起来。这些孩子需要某个大人帮助他们换个游戏，并教他们用语言来表达自己的感受。负责监督的成人要有先见之明，能预料到什么时候问题可能会升级、造成孩子受伤。如果蜘蛛和蝙蝠侠有别的活力四射的游戏或活动可以玩，他们就不会哭哭啼啼地收场了。你可以提议男孩们比赛谁跑得快或者看看谁能爬到攀吊架的上面"去救那只卡在树上的小猫咪"。你可以把孩子们的动作人物编成一出小品演出来，或者写一本关于某个超级英雄的书。如果孩子们玩得太亢奋，最好让他们稍事休息或干脆换一个活动。你还可以教孩子，当他觉得另一个孩子的游戏让他害怕时应该如何表达："我不喜欢这个游戏。那样玩伤害了我。我不喜欢你扮的那个可怕的鬼脸。"

家长经常犯愁的另一个问题是，要不要允许孩子玩玩具枪或其他假的玩具武器？你要决定是否允许他们在家里这样玩，而这取决于你对这个问题的立场有多强烈。在任何情况下，你都有责任让孩子知道真正的武器能伤人。你可以利用这个好机会和孩子分享一下你对暴力行为有什么感受，并让孩子知道，一把真正的枪或剑和假的或是我们想象中的武器是有区别的。即使你不允许孩子在家里玩玩具枪，他还是可能会用乐高、椒盐饼或手指比画成枪的样子玩。遇到这样的情况，建议大人不要对这种行为大做文章，否则只会增加它对孩子的吸引力。不过，一旦游戏变得火药味过重或是令哪个孩子受到刺激，你就一定要介入了。

如果孩子已经沉迷于具有攻击性的游戏，很难再让他投入其他形式的游戏，你就要明确规定他什么可以做、什么不可以做。你可以采取以下这些措施：

- 限制他玩超级英雄游戏的时间和次数。
- 制定一些基本规则——不许伤人、不许使用武器。
- 如果有人受到惊吓、欺负或伤害，就要终止游戏。
- 限制孩子接触宣扬暴力的电视节目、电影和玩具。
- 告诉孩子，在校时不适合穿着超级英雄的服装以及何时何地可以打扮成这样。
- 如果孩子让你和他一起玩超级英雄的游戏，就利用这个机会让孩子了解，除了打架还有什么解决问题的办法。
- 即使孩子坚持要你管他叫超级英雄，你也不必照做——"我知道你喜欢假装成蝙蝠侠，但在餐桌上你就是乔纳森"。
- 用积极的手段巩固他的其他成就，表扬他与人为善和温文有礼的行为。
- 向孩子介绍现实中的英雄——"消防员和警察是真正的超级英雄。他们很勇敢，帮助人们，并保护人们的安全"。

屏幕时间

小时候，父母可能只会为你看了多久电视这个问题而担心。现如今，除了看电视，孩子在屏幕上可看的内容可谓五花八门。越来越多的节目、电脑游戏以及应用程序针对学龄前儿童开发，诱使父母在孩子还非常年幼的时候就让他们和屏幕有长时间的接触。最近的研究发现，儿童平均每天会看4小时的屏幕。这个时间实在是太长了。医学和教育专家建议，不要让两岁以下的孩子看屏幕，大一点的孩子需要的是高质量的屏幕时间，每天最多两小时。

大多数家长都本能地意识到，过多的屏幕时间对孩子不好。当孩子一动不动地坐在屏幕前被动地观看时，他并没有用到任何特殊技能，也没有在和任何人打交道。这个年龄的孩子是通过互动和触摸进行学习的。屏幕上的体验往往是单向的，无法让孩子亲身试验和探索，而那对孩子来说，恰恰才是最好的学习方式。孩子在屏幕前可能看上去既开心又放松，但屏幕关闭时，他们往往会发脾气和恼羞成怒。据我们观察，有些儿童每天长时间使用屏幕，从而难以集中注意力，没有太多耐心听别人说话，受挫能力也较差。这可能会使孩子在上学期间遭遇问题，因为学校的节奏比较慢，老师会要求孩子投入更长的时间聚精会神地来完成一项任务。我们认识的一位家长曾做过一个试验。全家人拿出一个星期实行"无屏幕周"，果然，孩子那周的表现改善了，不那么爱哭闹了，而且睡得更踏实。

不过，我们也要现实一些。屏幕在一天中的某些时刻，简直就是你的救命稻草。当新生儿哇哇大哭，而你正忙着做晚饭的时候，3岁大的孩子又在一旁拼命缠着你，此时，给孩子打开他最喜爱的节目或应用程序，是唯一能让你保持理智不崩溃的办法。虽然这样做本身并没错，但要注意两点：孩子究竟在屏幕前坐了多长时间，以及他到底在看什么。孩子的幼年时代，是你最能影响他养成终生习惯的阶段。

关于屏幕时间的使用，还有以下几点，请父母注意：

- 想一想，和你花在个人电子设备上的时间相比，你花了多少时间和家人进行有意义的对话，陪他们一起吃饭，和孩子一起玩耍。

- 告诉孩子，他要征得家长同意才能打开设备。然后，你可以在他开始看屏幕之前规定好时间，并选择播放什么节目或打开什么应用，一到时间，你就要关掉设备。如果他无法很好地停下来，你可以随时打开计时器："铃声响的时候，就说明该做游戏了。"如果他在时间到了之后还哼哼唧唧，就准备一些有趣的活动来分散他的注意力。

- 在进餐和过渡时间，请关闭所有电子设备（包括你的个人设备）。有时，家长会在孩子吃饭时打开某个节目"陪着"孩子。即使不和孩子一起用餐，你也应该把吃饭时间当作用于对话的社交活动。如果希望孩子在饭桌上和你有说有笑，举止得体，你就要让他知道你的期望，并以身作则。上学的日子里，如果想要孩子快速地穿好衣服、吃完东西、离开家门，一个好办法就是关掉所有的电子设备。在孩子要出门的时候，这样做有助于避免发生争执。

- 请记住，幼儿很难区分幻想和现实。对孩子来说，电影或电视节目中的情景看上去很逼真，他所看到的内容可能会让他胆战心惊或坐立不安。孩子可能会问："那个女巫真的会到我们家来吗？那个狮子在床底下吗？那个妈妈真的受伤了吗？"孩子的这些恐惧是实实在在的，大人应该认真对待。你可以提醒他这个节目不是真的，故事是编出来的，大人把它写下来并拍成了电影。总而言之，你应该避免给孩子观看任何带有恐怖或暴力内容的节目，并确保孩子不要在睡前看电视。

- 你应该时不时和孩子一起看看节目，并就看到的内容展开讨论。很多儿童节目，特别是卡通片和超级英雄节目的内容，都带有攻击性和暴力色彩。由于这些节目很少体现暴力造成的实际后果，所以你需要和孩子谈谈。在性别和种族的问题上，很多节目不断鼓吹着一些微妙的成见，久而久之，孩子的态度就会受到影响。当你和孩子坐下来一起观看的时候，你可以把这些节目当作教学工具，鼓励他带着批判的眼光去观看。你可以向他提问，说说你观察到了哪些行为，并引导他就所看到的内容提出自己的想法。抵制消极成见的另一种方法是通过书本和活动，让孩子接触到客观公正的例子。运用这种方式进行拓展，你就能把媒体上的观影内容，从被动接受转变为一种对孩子更有意义的体验。

- 提前做好计划，选择针对幼儿制作的有积极社会意义的专题。倡导如何分享、合作、处理个人感受和应对新事物等理念，让孩子接触与数字及阅读相关的主题。自然科学类节目提供了很好的渠道，能够带领孩子了解形形色色的新鲜理念和大千世界。高品质的节目可以主动激发孩子的想象力，丰富他们的幻想生活——看完一部虚构的电影或节目后，孩子会汲取人物角色身上的某些特点，并演绎出来。我们认识的很多孩子都很喜欢烹饪类节目，因为这类节目的节奏比较缓慢，分步骤制作食物的过程让孩子们看得津津有味。

- 请记住，新闻内容可能会让幼儿惶恐不安。火灾、极端天气、杀人、枪击、绑架和暴力犯罪的报道在各地新闻节目中可谓司空见惯。儿童对一切见闻都会信以为真，这些内容会让他们恐慌。"9·11"事件那天，新闻反复播放纽约世贸中心双子塔倒塌的画面，幼儿不明白这件事只发生了一次，而是理解为双子塔倒了一次又一次。当新闻主播谈到远方某地发生的飓风时，孩子也很可能会以为飓风就发生在此时此地。
- 不要将屏幕时间作为一种奖励，但可以通过延长或减少屏幕时间作为鼓励，以巩固孩子的正面行为。
- 父母要以身作则，通过自己的屏幕使用习惯为孩子树立良好的榜样。正如为人父母要做的其他事一样，身教对孩子的影响远远大于言教，想想你自己有什么样的屏幕习惯。成人习惯在洗衣服、做饭或打电话时打开电视，当作背景音播放。要记住，即使孩子看上去正在自顾自地玩，他同时也在关注电视上正在播放和讨论的内容。孩子和你不同，他无法屏蔽发生在眼前的事。

电脑

家长经常会问我们："孩子需要学习如何使用电脑吗？"虽然哪怕3岁的幼儿都的确有操控各种电子设备的能力，但我们要重点思考的依然是这对孩子究竟有什么好处。通过使用台式或平板电脑，孩子的记忆力、手眼协调、视觉感知、小肌肉控制、计划部署、数字和识字等技能都可以得到发展锻炼。电脑上的互动形式不那么有压力,这让有些孩子更勇于尝试。然而,正如任何一位早教工作者或专家都会告诉你的那样:孩子自己动手参与的学习,效果才最好。孩子需要玩各种各样的材料,因为这能激发他的所有感官,让他真正学有所获。换言之,孩子玩的时间永远更有价值,而不是电脑时间。

在学校不得不从课堂面授转向在线教育的情况下,孩子得以保持了和老师及小伙伴的社会联系。如果网络课堂能用互动的形式调动孩子参与学习的积极性,就是最理想的境界。幼儿在电脑上学习,能够保持大约30分钟的注意力,这样的安排还要辅以体育活动及游戏机会方能平衡。

如果你准备让孩子使用电脑,需要注意以下几点:

- 不要把电脑当保姆用。
- 选择软件时,要严格把关,确保所选应用适合孩子的年龄。
- 家庭集体决策屏幕时间的各项使用规则,并坚持遵守。

永远要铭记的一点是,电脑能教给幼儿的一切,孩子都可以在积极的玩耍中掌握,并且还会有更多的收获。用床罩搭帐篷、爬进帐篷、在黑暗中观察手电筒照射出来的图案,孩子的这些亲身体验是最优秀的电脑活动也永远无法模拟的。无论孩子能从虚拟世界中获得多少乐趣,也永远比不上他假装给你做了一道美味佳肴,或是他把特意为你创作的画拿来献宝时,那小脸蛋上洋溢着的令你无比欣慰的神情。如今每每回忆起无数个和我们的孩子玩捉迷藏的情景,一想起无论玩过多少次,孩子们总是会藏在同一个地方时,我们都会忍不住莞尔一笑。那种乐趣,是最好的电脑游戏和最优秀的教育软件永远都无法媲美的。

第十二章

禁忌篇：
和孩子谈论棘手的话题

孩子慢慢长大，总会有那么一天，你不得不和他谈及一些你觉得难以启齿或害怕令他不安的话题。出于对孩子的保护，你的本能反应是想要避开这些问题。如果这是个涉及死亡、性、疾病或离婚的"成人"话题，你就更想避而不谈。然而，有一点很重要，那就是当这些事情发生时，就算感到不自在，你还是要找到一种符合孩子年龄的方式和他们交谈。如果你隐瞒信息，那么就有孩子可能会偷听到某个谈话，或者以某种方式发现了你试图对他隐瞒的信息的风险。很多时候，一个孩子会向老师通报"我妈妈要生宝宝了"或者"我奶奶生病住在医院"，而父母一直以为孩子"并不知情"。在敏感问题上，与其对孩子隐瞒，不如想想该在何时以何种方式展开这个话题，以免孩子误解甚至担心。

你可能担心自己没有恰当的语言向孩子充分说明这个话题。你也可能认为孩子还太小，不想搅乱他的心情。但要记住一点，你和孩子的理解水平截然不同，在碰到这些棘手的话题时，你通常会带着一些"包袱"。你要意识到孩子对这个世界初来乍到，他们有自己看待事物的角度。孩子对你的解释有什么反应可能会出乎你的意料。当迈克尔5岁时，他问南希："你必须要有性才能生孩子吗？"南希当时就觉得这个直截了当的问题也需要一个简简单单、直截了当的答案。于是她大大方方地回答道："是的。"迈克尔看着她，接下来问道："呃……什么是性？"在用自己的话回答孩子之前先问孩子"你觉得呢"总是没错的，这样你就可以大概判断出他对这个问题的理解程度。很多时候你会忘记，对你来说很容易理解的事对孩子来说可能很困难。这个年龄的孩子正经历着人生中诸多的第一次。对于不到5岁的孩子来说,各种过渡和新的体验都可能会给他们造成压力。很多时候,家长自认为孩子会"应付好"这些新事物,却忘了去做一些自己从未做过的事情是多么令人迷茫和不安。去一所新学校上学、搬家、添了新的弟弟妹妹、换了一名新的照看人,甚至仅仅是去牙科诊所都可能会让孩子觉得难以应对。由于你并不总是能够预料到是什么问题让孩子担心,所以不如仔细聆听,在必要的时候给他安慰。当查尔斯即将开始他人生的第一次夏令营时,他焦虑地问艾伦:"他们怎么知道我叫什么名字呢?"艾伦压根儿想不到儿子会担心这个问题。她尽量不让自己的担心流露出来,而是告诉他所有的孩子都会佩戴写有自己名字的胸牌,辅导员也有营里所有孩子的名单。然后查尔斯又问:"我下车后怎么知道该去哪儿呢?"艾伦解释说,巴士辅导员戴夫会领他去他的小组。通过化解儿子的担心并具体解答他担心的每一个问题,艾伦帮助查尔斯对参加夏令营更有信心了。

拿出时间平静地回答孩子的问题,却不让他感觉出你的焦虑,会对他很有益处。当你态度明确且诚恳,稍作解释并点到为止时,孩子就会更容易心平气和地接受你的解释。如果你保持缄默或者出于焦虑而对他说得太多,那他倒有可能变得摸不着头脑或者过分担心。这些是在孩子的每个成长阶段你和他都要面对的问题。你现在如何和他讨论这些问题,将为你在他日后成长的过程中如何和他就这些问题展开对话打下基础。

如何处理棘手的话题?

在和孩子谈论棘手的话题时,可以参考以下这些经验法则:

- 要考虑到孩子的年龄、性情和感兴趣程度。3岁孩子对事物的理解不可能像大孩子那样透彻。对于一个很爱担心的孩子来说,过早透露过多的信息会让他出现过度反应。一个好奇心十足的孩子可能会刨根问底。你的回答和解释要因人而异。
- 用书本作为钥匙,打开和孩子交流的大门,并帮助孩子在遇到问题时学会用语言表达。如果有时间,你可以自己制作一本书。例如,一个关于探望生病家属的故事对于第一次遇到重病患者的幼儿来说,会是很好的抚慰。
- 不要急着说太多。虽然和孩子交谈很重要,但你应该时刻注意不要说得太多。如果孩子要去看医生,而你知道他这次要打三针,你的解释最好简明扼要。你只需要说:"医生要给你打针,让你保持健康。我会在这里抱着你,很快就会结束的。"
- 不要太早地把某些信息告诉孩子。告诉3岁的孩子"下个星期要去看牙医"毫无意义。对孩子来说,一个星期就相当于永远。最好等到要去看牙医的当天早上再让他做好准备。与其把你知道的会让孩子不安的事情提前告诉他,不如等到事情临近再处理。

- 请记住,碰到任何棘手的话题,你要一点一点给孩子解释。与其一股脑地和盘托出,让孩子应接不暇,不如先告诉他一点点,当他看上去准备好听下去了,再补充更多的信息。在他的每个成长阶段,好奇心会决定他问多少个问题。而随着他日益长大,你可以根据他的理解力相应地调整你们的对话。

- 尝试和孩子一起角色扮演。对很多孩子来说,角色扮演能帮助他们在面临一个新情况时有所准备。你可以用小品把某个场景演出来,或者用玩偶做道具,演示将要发生的情况。如果孩子害怕去看医生,可以先让他用自己的医药包给他的泰迪熊做个检查。他可以练习打针并且告诉玩偶,打针就像是被捏了一下而已。

- 记住,流露出的表情和语气胜过语言。当你忧心忡忡、充满焦虑、心烦意乱或无所适从的时候,保持镇静可能需要巨大的自制力和自我觉知。但是,向孩子展示出你在以身作则、积极克服困难,这种力量会让孩子觉得安全可靠。

- 回答孩子前,先稍作停顿。在告诉孩子信息或回答孩子的问题之前,有一点很重要,那就是你要花点时间考虑好你要说什么以及你要怎么说。如果在超市结账时一个敏感话题突然冒出来,或者你需要时间斟酌该怎么回答,你可以等到以后再和孩子讨论。如果你说"我要想一下"或者"我们稍后或明天再说",孩子会接受的。这也能让你有机会和伴侣讨论一下该如何解释这些问题。只是不要拖得太久,要让孩子知道你确实把他的问题和顾虑当回事儿。如果你回避,孩子迟早会旧事重提。

- 保持作息规律,并陪伴在孩子身边。在孩子经历过渡或遇到新的情况时,你要额外关注他,并多给他些拥抱。对于一个感觉事情由不得自己来做主的孩子来说,规律的作息和明确的规定都能安抚到他。同时,减少孩子的课外活动,让他有更多时间玩耍和放松——给孩子的生活做减法也很有效。

- 与孩子的学校保持沟通。家里若发生了什么可能会影响到孩子的变故,诸如亲戚去世、搬家或其他重大变化,把这些信息和孩子的学校分享很有帮助。让亲戚和老师知道孩子对事件了解多少,以免大家的信息有出入。

过渡期和新事物

如果孩子是第一次去新学校上学或参加夏令营，你能意识到这些经历可能会让他感到不安。但是，如果孩子对一些在成人看来简单明了的事情感到害怕，那就没那么容易觉察了。有一年，我们在幼儿园的夏令营活动中策划了一个"泰迪熊野餐日"，每个孩子都可以把家里的泰迪熊带来。有位家长告诉我们，她4岁的孩子诺亚那天早上一直不敢来夏令营。当妈妈问诺亚怎么了时，他告诉妈妈他害怕会有真的狗熊来参加野餐。

对于成年人来说轻而易举的事情（比如去度假或看电影）可能会触发孩子心中强烈的恐惧情绪。孩子会担心，也许是因为他不知道度假时自己会睡在什么地方，或者因为他不喜欢待在黑漆漆的电影院里。请记住，每个孩子的敏感度决定了他会有什么样的反应，你要了解到底是什么问题让他烦恼并就这些问题对症下药才能让他放心。

幼儿并不总是能够将自己的感受用语言表达出来。当孩子无法认识或解释自己的情绪时，他们的不安往往会演变为行为或生理表现。幼儿园里有个叫丹尼的孩子，到了5岁就开始不停地眨眼睛。他这种抽动症恰逢学年结束的时候出现，所以我们认为丹尼是对离开幼儿园感到焦虑。丹尼的儿科医生说孩子生理上没有障碍，让父母放心，并建议父母与其盯着孩子眨眼睛这件事，不如多给孩子一些拥抱。不久之后，丹尼眨眼睛的问题就不治而愈了。

儿童不安的其他生理表现还包括胃痛、头痛、面部抽动、口吃和咀嚼衣物等。有些孩子可能会变得过度亢奋、有攻击性或暴躁易怒，也有些孩子可能会出现幼稚化的行为倒退,诸如尿裤子、尿床、出现睡眠障碍或像婴儿一样说话。当孩子突然对以前从未困扰过他的事情感到恐惧时,比如在黑暗的房间里睡觉,这可能是他焦虑或不安的一种迹象。首先你可以问问孩子的老师,最近有没有发现孩子有任何变化。然后你可以观察下家里和孩子的日常生活中有什么异常,看看能否找出某个具体的原因。通常,幼儿在成长发育的高峰期会表现出一些反常的行为,我们往往无须过分担心。大多数时候孩子的这些反应都是暂时性的,等他适应了就会消失。我们告诉家长,典型的适应周期在6~8周。不过,当以上这些行为不断持续或者更加严重时,就要去咨询一下儿科医生了。

可能会触发幼儿焦虑却往往会被大人忽略的情况包括:

- 没有换学校,但是换了一个新班级。
- 去看电影或听音乐会。
- 住酒店。
- 坐飞机。
- 从学校过渡到营地或从营地过渡到学校。
- 理发。
- 在别人家(即使是在近亲或朋友的家里)过夜。

搬家

无论是只搬到街对面还是要搬到外地，搬家对整个家庭来说都是颇有压力的事。很多父母都一头扎进了打包和整理的工作，以至于忘记了这种经历会给年幼的孩子造成困惑和不解。孩子在这个年纪没有搬家的经验，也无法理解搬家到底意味着什么。曾经有家长告诉我们，他们4岁的女儿在搬家那天说："你们是说我的玩具要跟我们一起走？"孩子往往无法自然而然地明白，他们的玩具和家具也要跟着一起搬家。此外，孩子们普遍意识不到搬家是指举家迁徙。

搬家期间，你可以采取以下行动来帮助孩子过渡：

- 不要急着告诉孩子，要等一等。大多数幼儿并没有时间概念。当你告诉孩子全家要搬家时，他可能会以为这件事最晚明天就会发生。一旦你的计划确定下来，换句话说，就是在合同签好了，搬家公司也预订好了之后，就是告诉孩子的好时机了。当然，一旦你开始打包，也是时候告诉孩子了。
- 虽然你可能会对这一转变感到兴奋或焦虑，但重要的是在搬家前的这段时间里，要表现得尽可能平静。当孩子在房间里时，要注意你说话的内容以及你的语气、态度和面部表情。

如果孩子觉得周围的一切井然有序，那他就不会太担心或感到茫然。

- 把搬家这件事用简单的语言一点点地告诉孩子，让他知道接下来会发生什么。当你开始打包收拾时，可以告诉孩子你们要把所有的东西都装进箱子里，一辆大卡车会开来把这些东西送到你们的新家。你可以解释说，全家人会坐在自己的车里跟着大卡车一起走。孩子习惯于具象思维，如果他们能想象出自己要去哪里，就能理解搬家的概念。如果你能带孩子参观一下新家或者给孩子看看新家的照片，他就能在脑海里产生一个印象。

- 与其把注意力放在那些即将发生的改变上，不如提醒孩子有哪些事是不变的。"一家人还是会在一起。爷爷、奶奶还是会在周日来看你。我还是会每天送你去上学。"熟悉的人和事能抚慰孩子。

- 让孩子和你一起打包。你要向他保证，他的东西也会被一起搬走。搬家的前一天，你可以给孩子一个盒子，让他把自己心爱的玩具放在里面。这样他就不会觉得自己的东西神神秘秘地消失了。这个盒子可以不用装在搬家卡车上，你可以随身带着，这样孩子在你们到达新家后就能马上打开他自己的东西了。

- 请搬家的人把孩子的家具最后装车，这样就可以先开箱。把孩子的房间最先布置好的好处是，他在你搬家的时候就可以先玩起来。

- 在这段过渡时间内，作息规律和日程安排应该保持稳定，这样孩子才会有安全感。尽量把其他过渡活动减到最少。脱尿裤训练或让孩子从婴儿床移到儿童床的计划一定要推迟，因为这些事情只会加剧孩子的不安。尽管你可能想为孩子的新房间买一张新床或一套新床单，但较好的做法是在搬家初期继续保留孩子原来的床和床上用品。他熟悉的东西会帮助他更快地找到家的感觉。

- 如果孩子同时还要转到一所新的学校，在条件允许的情况下，你应该尽可能地把搬家时间安排在新学年开始之前。这样孩子就有机会和其他同学一起过渡到新的班级了。一旦搬家后，你应该联系孩子的新学校以获取一两个将来的同班同学的名字。虽然他们最终可能不会成为朋友，但熟悉的面孔和名字可以帮助孩子更轻松地适应。邀请老朋友来新家做客或者和孩子一起给老朋友写信或打电话，这样做可以延续孩子原来的生活，并让他感到很特别。

- 留在家里。孩子在适应新环境的这段时间，如果父母中至少有一人可以尽量留在家里，会很有帮助。至少在搬到新家最初的几周内，晚上不要安排照看人看护孩子。记住，全家人都需要时间来适应。

性

别等到你认为时机成熟之时才谈及"性"这个话题，提早说才是上策。南希的嫂子玛吉一直到她的双胞胎儿子12岁时才和他们谈起性的问题，她总以为对还未到青春期的孩子谈性为时过早了。她自己难以启齿，于是把这个任务交给了丈夫罗尼。她焦急地等待丈夫回来告诉她情况如何。过了很久，罗尼回来声称："这么说吧，我刚刚学到了很多新东西！"

事实上，孩子们在很小的时候互相之间就会开始讨论性了，学龄前的孩子也不例外。性是一个让所有孩子都觉得好奇和好玩的话题。我们认为孩子最好是从父母那里了解性，而不是从朋友或别人的哥哥、姐姐那里。孩子天生就对自己的身体充满好奇。在发育的不同阶段，他会向你提出很多关于他身体的问题，或者对身体的各种生理机制表现出兴趣。你如何回答这些问题将为以后你和孩子如何讨论性奠定基础。在思考如何才能给孩子一个最好的答案时，你会有矛盾的心情是很自然的，但是如果你支支吾吾或一脸难为情，孩子就会觉得他不应该问你这个问题。将来他需要了解的时候，可能就不会来找你了。

在回答孩子关于性的问题时，可以记住以下这些建议：

- 使用正确的解剖术语来描述身体部位。关于性，幼儿最初的问题通常都围绕着他们自己的身体：男孩和女孩看起来有什么不同以及关于怀孕和分娩的问题。当你使用正确的解剖词汇时，孩子也就学会了这些词汇，以后他要问你的时候就可以用到。与其告诉孩子"妈妈的肚子里有个宝宝"，不如利用这个机会教孩子使用"子宫"这种更准确且不容易混淆的词汇。如果你从小管阴茎叫作"尿尿"或把阴道称为"下面"，那么你可能也需要时间来适应如何运用解剖术语和孩子交谈。

- 回答孩子的时候不要绕弯子，要坦然且直截了当。当孩子想知道"宝宝是怎么到你子宫里的"时，没有必要解释得过于复杂，也没有必要提供太多的信息，令他不知所措。与其长篇大论地给孩子上一堂性知识入门课，不如直接对他说"因为子宫是宝宝成长的地方"。然后等一下，看他是否要问下一个问题。当孩子准备好接受更多信息时，他会自己提出来的。

- 试探孩子目前的理解程度。如果孩子想知道婴儿是从哪儿来的，你可以通过提问来回答他："你觉得婴儿是怎么出生的？"你会从他的回答中了解他到底明白多少，以及他现在处于哪个发育阶段。有一个流传很广的故事。一个孩子问父母："我从哪里来？"父母详细地讲解了婴儿的出生过程。孩子听完，疑惑不解地看着父母说："不，我是说，我是在费城出生的吗？"

- 和孩子一起读一些有关这一主题并专为这个年龄的孩子所写的书。当5岁的迈克尔开始对性这件事问东问西的时候，南希就告诉他："让我想一想。"她去了一家书店，读了些这方面的书籍，然后给迈克尔买了一本她能接受并且符合孩子年龄的书。她告诉迈克尔，这本书是他们可以一起阅读和交流的。当然，这并没有妨碍迈克尔给好朋友查尔斯打电话分享他所获得的新信息。

当孩子到了4岁，他们通常会对自己的身体更有觉知，对性的好奇心也会更强。因此，他们很容易过度亢奋。一位家长找到我们并反映了一个在这个年龄的孩子中非常典型的问题。她4岁的女儿凯瑟琳和班上的一个男孩亚历山大有一天一起玩。当晚，凯瑟琳告诉妈妈他们在玩装扮游戏的时候，她给亚历山大看了她的阴道，而亚历山大给她看了他的阴茎。母亲的本能是冷静而明确地告诉女儿，男孩和女孩不能互相展示私处。这件事让她开始思考凯瑟琳是否还应该和她6岁的哥哥一起洗澡，并且在爸爸没穿衣服的时候和爸爸一起用卫生间。这位母亲很明智地发现女儿因为看到他们的裸体而过度亢奋，全家人也因此改变了对这个问题的处理方式。

如果孩子对某个朋友或兄弟姐妹的身体过分感兴趣（不管他们是同性还是异性），最好错开洗澡时间。如果你习惯于和孩子共浴、不穿衣服走来走去或者在你上卫生间的时候也带着孩子去，你可能要在孩子4岁左右时帮助他开始建立隐私的概念。一开始，你可以在洗澡或裸体的时候关上门，告诉孩子："当人们赤身裸体、在洗澡或是在用卫生间的时候，他们喜欢有自己的隐私。你长大以后，也会需要隐私。"虽然不希望孩子因为对性的好奇而感到难为情或羞愧，但还是希望他知道，无论是他触摸别人的"私处"，还是别人触摸他的这个部位，都是不合适的。如果孩子摸你的乳房，你可以温柔地拿开他的手，并引导他用另一种方式表达爱意。

幼儿自慰是很常见的。孩子从出生那一刻起就可以通过触摸自己的生殖器获得快感。如果看到孩子在自慰，你可以教他触摸自己是可以的，但要在私密的地方才能做，比如他自己的房间。就算你对此感到不自在，也要注意在处理这种情况时不要带着批判的口吻，这样孩子就不会因为他的行为而感到尴尬或羞耻。如果孩子经常自慰或者老师提到他在学校里有这种表现，那么可能是他比较紧张的迹象。试着找出原因——也许是家里或学校的问题对他造成了压力。

做一个好榜样

不幸的是，各种充满性挑逗的图片和信息在幼儿还远远没有足够能力理解之前就暴露在他们面前了。走在街上，孩子随时有可能在商店的橱窗里看到衣不蔽体的假人模特和广告牌，公共汽车上男女搂搂抱抱的图片以及报刊亭杂志封面上袒胸露背的女性。虽然不可能保护孩子完全不受这些外界的影响，但请记住，你和伴侣才是孩子生活中最重要的影响。你如何穿着、你给孩子买什么样的衣服、你看什么电视节目、你读什么杂志、你使用什么样的语言以及你如何对待伴侣和异性成员，所有这些都会让孩子了解到什么是健康的关系，并为孩子树立起榜样。当你对伴侣表现出尊重、流露出爱意并在相互陪伴中感到快乐，就为孩子的未来关系树立了一个正面的模范。不要把女儿打扮得过于成熟也是一个好建议。如果父母把4岁的女儿打扮得像个袖珍少女，可能会令孩子感到困惑。

离婚

众所周知，在美国，40%~50%的婚姻最终都以离婚收场。一对夫妻无论出于什么原因分居，都会给整个家庭造成巨大压力并引起强烈情绪。你可能会感到愤怒、悲伤或内疚，无精打采，情绪低落。然而，在你感到极度脆弱的这段时期，孩子却需要你坚强起来。对于幼儿来说，这种巨大的变化只会令他们感到不安和难过。孩子对离婚的典型反应包括愤怒、悲伤、困惑、焦虑和觉得遭受拒绝或心怀内疚，在此期间，行为上可能会倒退。他可能会挑战极限、变得具有攻击性或特别想讨好别人。你可能会发现，和你分开时，他很容易流露出分离焦虑。他还很有可能会用出格行为引起你的注意。

在这一时期，你能为孩子做的最好的事，就是继续保持你平时对他抱有的期望和制定的作息规律。如果孩子感受到爱意和安全感，他就能挺过这段日子。此刻，你比以往任何时候都需要表现出力量来支持孩子身心的健康发展。听听他的心声，花时间观察他的举止和反应。陪伴在他身边，保持一贯对待他的方式和态度。虽然无论怎样分离都谈不上是"轻而易举的"，但只要你体恤孩子，就能帮助他更顺利地渡过难关。你可能会发现，当你明白孩子在这段时间里需要你格外坚强时，这反而会赋予你力量。

还有一些可能会对你有帮助的建议：

- 在没有确定要分居或离婚并对另一段生活做好安排之前,没有必要告诉孩子这个消息。如果可能,告诉孩子时,父母双方都要在场。
- 在和孩子谈论离婚时,请记住,他不具备能帮助他化解这一消息的任何背景知识。不到 5 岁的儿童对成人关系的理解非常有限。最好对孩子使用简单、直接和坦诚的语言。"妈妈和爸爸要离婚了。离婚的意思是妈妈和爸爸不会再住在一起了。我还是你的妈妈,爸爸还是你的爸爸。我们会永远爱你和照顾你。"让孩子放心,告诉孩子这不是他的错,并不是因为他做错了什么爸爸和妈妈才离婚的。
- 要记住这个年龄的孩子看什么问题都是以自我为中心的。孩子会担心谁会接着照顾他,他会住在哪儿,会有什么事发生在他身上,或者这是不是他的错。孩子的想法是很具体的,你也需要具体地帮他化解恐惧。孩子不需要知道这件事背后的诸多来龙去脉。只告诉孩子"妈妈和爸爸不想再住在一起了"对孩子没什么帮助,他需要知道离婚会对他造成什么具体的影响,比如"你平时会和妈妈住在一起,周末会和爸爸住在一起"。
- 向孩子指出哪些事情会维持不变也可以帮助他应对变化。你可以宽慰他,他的学校、朋友、家人和照顾他的人都和原来一样。
- 请记住,就分居这个问题,你们会有许许多多的对话,而现在不过是你们第一次触及这个问题。随着他日益长大,他可能需要不同的信息和解释。孩子每到一个发展阶段,理解事物的能力也会随之变化,你可以到时重新把孩子的问题拿出来和他一起讨论。父母双方都应该定期抽出时间和孩子交流并回答问题。

- 说什么很重要，身体上给孩子的爱抚以及花时间陪伴孩子也同样重要。没什么比多抱抱孩子更能安慰他和让他放心的了。你可以取消孩子的一些课程活动，以便你们有更多的时间在一起。
- 维持孩子的作息规律和你对他的期望。在这个过渡时期，你可能会心存愧意或者觉得你要保护孩子不再受到任何其他形式的伤害。所以，此时你可能会以为放松对孩子之前的一贯作息规律或其他要求不会有什么妨碍。你可能会允许孩子熬夜看电视，因为你不想在睡觉时间上和孩子发生口角。你可能还会允许他在别人面前不讲礼貌，以"这段时间对他来说比较难熬"为借口为他开脱。但事实上，你纵容孩子只会进一步削弱他的安全感。极为重要的一点是，在这个变化的时期，你要继续对孩子加以管束、赋予他责任并让他对自己的行为负责，这样他才能感受到安全和被爱。
- 积极地开导孩子。告诉他，觉得伤心很正常，但是他也可以变得很开心。让他知道，适应新的变化需要时间，但他很快就会习以为常。当你计划和孩子一块儿做一些有意思的活动时，你是在明确示意他，有些事固然会变，但也有很多事不会变。
- 和伴侣发生争执时，千万别当着孩子的面。父母一方指责另一方、恶语相加或者在孩子面前大喊大叫，都会影响孩子的情绪稳定。
- 作为父母，不要利用孩子套取有关另一方的情况。不要试图把孩子当传声筒或盘问孩子。这么做只能使孩子陷入两难的境地。

- 不要和孩子倾诉你的个人问题或情绪。记住，你是成年人，孩子需要看到你是坚强的一家之主。如果你把他当成朋友一样倾诉，未免对孩子不公平。
- 分居后，如果你们住在不同的地方，可以在两个住所都放上一些孩子喜爱的玩具，或者安排一些方便孩子带着两边跑的玩具。比如，在两个家里，孩子的卧室里都用同样的床上用品，这对孩子来说就是一种安慰。你也可以把孩子的美术作品分别挂在两个家里。
- 在两个家庭中都保持同样的作息规律，比如定时睡觉和吃饭。如果情况允许，父母对于像睡前刷牙或熄灯前只读两本书这样的基本规定应该保持一致。
- 在日历上注明探访时间，这样孩子就会觉得家里有一个人人都要遵守的作息安排。在探视问题上极为重要的是，父母双方都要履约按时接送孩子。不过，不要把和父母另一方相处的时间叫作"探视"。和父母相处的时间不是探视时间，这就是孩子和父母一起度过的时间。
- 如果可以的话，尽量和前任保持良好的沟通。我们见过不少离异的父母做到了把孩子的需求放在首位，本着孩子的最佳利益互相协作。因此，通常正在经历父母离婚的孩子会表现出来的种种烦恼，在这样的孩子身上不太会体现出来。如果你们能一起参加学校会议，在两边家中保持相似的睡觉时间，并在其他作息方面遵守一致的规律，同时约定一套基本行为规则，你们就能有效地减小离婚给孩子造成的负面影响。
- 在和前任交流孩子的情况时，一定要报喜也报忧。对方跟你一样和孩子有着千丝万缕的关系，能和这样的人分享孩子让你感到骄傲或烦恼的事是很美好的。
- 接受孩子对另一方父母的爱意。孩子需要了解你是否打心底里允许他去爱另一方。比如，你可以鼓励孩子定期给对方打电话、交换图画和照片，或者在他的房间里放一张对方的照片，以此来促进孩子和另一方家长的关系。
- 注意观察孩子在适应过程中的行为表现。过了一段时间，如果发现孩子仍然表现出很多倒退和消极的行为，如果他有睡眠或饮食障碍，又或者他对以前在家或学校喜欢参加的活动不那么感兴趣了，就应该考虑寻求专业机构的指导。
- 如果既要处理自己的情绪又要满足孩子的需求让你感到很困难，那就要向朋友或家人求援。如果仍然感到力不从心，可以寻求专业机构的帮助。
- 当然，你应该让孩子的老师知道家中的情况以及父母探访的时间是如何安排的。

疾病

当孩子要住院时

当孩子需要住院时，父母感到担心和难过是很自然的。医院的工作人员通常对这种处境中的家庭的情感需求十分照顾，不论是医生、护士，还是一些相关的活动项目，都会全力支持你们度过这个时期，了解这些可获得的支持可以令你安下心来。

如果你事先就知道孩子要住院，可以着手做一些准备工作。首先，尽可能多地了解这家医院的情况和孩子将会接受何种治疗。了解这些可以让你觉得对局面多一分把控，也有助于减轻焦虑，让你更有能力安抚好孩子。有些医院为家属提供导诊参观服务，并且会安排训练有素的专业人员为你提供必要的信息来帮助孩子。如果你决定选择和孩子一起去参观，日期一定要保证安排在住院日的前几天，这样不会让孩子有太多时间胡思乱想。

有时紧急情况一旦发生，孩子必须住院，你也来不及为孩子做好准备。此时，只要你尽量保持镇定，向孩子解释正在发生的情况，孩子就会感到更平静。你可以告诉他，医生和护士在医院的工作就是帮助他好起来。

在和孩子谈论他住院的问题时，有几件事情要记得：

- 如果条件允许，等到住院前的几天再告诉孩子，这样就不会给他造成任何不必要的焦虑。当你告诉他时，态度要实事求是，措辞要简洁，让他知道足够的情况，但不要告诉他太多消化不了的细枝末节。不要使用像"切开"、"把你缝起来"或"让你睡着"等让人害怕的词句。保持平静的面部表情和语气。即使你嘴上说的是让他放心的话，但如果你面露忧虑，孩子还是会情不自禁地担心。你可以说："你的耳朵老是疼。我知道那让你很难受。阿布莱姆森医生知道怎么让你好起来。很多耳朵疼的孩子需要在耳朵里插上特殊的管子，这样他们就不会再疼了。"

- 把将要发生的事情一步一步地解释给孩子听有助于孩子理解。他可能会害怕疼痛，也可能会担心看不到你。你可以说："我们要去医院，这样阿布莱姆森医生就可以在你的耳朵里插上管子，让你不再疼了。医院是一个医生和护士帮助人们好起来的地方。我们会在那里过夜，我会和你一起住在你的房间里。我们可以把你的泰迪熊带着，还可以带上你最喜欢的书去看。医生会给你一种特别的药让你睡觉，睡着了就不会痛了，等你醒来的时候我会在你身边。你还有什么其他想知道的吗？"

- 如果孩子要住院，要保证至少有一位家长陪在他的房间里。如果你要离开孩子的房间，不要偷偷溜出去。告诉他你要去哪里，以免他醒来时发现你不在身边。抱着他并陪伴在他身边就是对他的安慰。记得为他的勇敢表现而鼓掌。

- 很多孩子出院回家后会出现倒退的行为。孩子可能会表达愤怒、表现出分离焦虑或出现睡眠障碍。在孩子休养期间，你要尽可能地陪伴在他左右。

- 在孩子面前保持积极的态度非常重要。幼儿有着非凡的适应能力，也有出色的康复能力。尽管此时此刻你本能地想去保护孩子，但尽量不要做过头。如果你把他捧在手心里，就等于在暗示他很脆弱，无法克服困难。告诉孩子，他依然可以胜任之前做过的所有事情——即使不是此时此刻，也会是很快。这样就等于让他知道，他很坚强，也很能干。帮助孩子加快恢复的另一个办法是保持他的日常作息并在其他方面继续对他提出和以前一样的要求。

当父母一方要住院时

如果事先知道，父母的其中一方要去医院，你可以采取以下措施帮孩子做好准备：

- 在快住院的前几天再告诉孩子，让他无暇担心。
- 用简单的话对孩子解释你为什么要去医院，不要赘述细节，等他提问。
- 告诉他你要在医院住几天，并在日历上用贴纸标记出你不在家的每一天。
- 告诉他你不在的时候谁会来照顾他，并和他说说你们什么时候以及如何能和彼此说上话。
- 每天给孩子写一张小纸条并转交给他。

- 你不在家的时候，一定要确保他的日常作息和平常一样。
- 不要在孩子面前谈论你的病况，也不要让别人在他面前提起。
- 根据医院的规定和你的病况酌情决定是否探视——当父母看起来像换了个人时，会让年幼的孩子很不安。
- 当你回到家时，对孩子解释医生希望你休息，你可以提议一起进行一些安安静静的活动，比如阅读、玩游戏、画画、看视频等。
- 让学校知道你要住院，拜托老师在这段时间里格外地照顾和关注孩子。

死亡

在孩子眼里，一切事物都是那么新奇，值得一探究竟。我们经常看到4岁的孩子躺在操场上玩装死，尽管他们年龄还太小，不能完全领会这个词的含义。即使孩子没有直接经历过亲戚过世或宠物死掉的事情，这并不代表他不会在某一天突然向你提起死亡或询问死亡的含义。虽然不到5岁的孩子对死亡的理解有限，但他们也会对这个话题感到很好奇，就算让你有些不自在，你也必须回答孩子的问题。

对于我们中的多数人来说，在任何场合谈论死亡都不是一件可以信手拈来的事。当孩子向你问及死亡，你的所有本能都会倾向于保护他，不让他知道人是会死的。你可能害怕说得不对。你也可能会谨小慎微，不愿把成人对死亡的感受投射到孩子身上。尽管你的内心会感到忐忑不安，但镇静并如实地回答孩子的问题非常重要。如果你避而不答或编造故事，孩子只会变得困惑不已。请记住，这个话题会在孩子成长的不同阶段一次又一次地冒出来，你现在给他的解释会成为他日后对这一概念不断加深理解的基石。

以下是我们需要注意的一些事项：

- 要注意措辞和提供的信息量。孩子对字面的意思很较真，大人使用"睡过去了"、"去世了"或"不见了"等委婉说法，只会令他们感到既困惑又害怕。你可以告诉孩子,死亡意味着身体停止工作了;它不再呼吸,也不会动了。听听孩子的想法,给他时间提出更多问题。孩子的问题能帮助你了解他对死亡的理解停留在哪个水平。给出具体的回答,但不要做详细阐释。

- 孩子可能想知道:"你会死吗?"如果孩子提出这个问题,你要在安抚他的同时实事求是。你可以说:"是的,但是要过很久很久。我会一直在这里,直到你已经很老很老很老的时候。等你当了爸爸,有了自己的孩子,我还会在这里。"

- 帮助孩子理解死亡的方法之一是借助大自然这位老师。当孩子看到一株垂死的植物或一只死去的虫子时,你就可以向他解释,死亡就是"当东西不再活着"。我们建议家长养一条金鱼,这样孩子就能目睹何谓"死亡"。孩子到了 3 岁就有能力理解,当一条鱼不动、不呼吸或不进食的时候,它就不是活的鱼了。这可以帮助他领悟死亡意味着丧失生命的功能。埋葬金鱼的时候,你在借助仪式帮助孩子面对从生到死的过渡。

- 其实幼儿往往对死亡这个自然的过程抱着很客观的态度。在幼儿园,当班上养的宠物兔死了的时候,我们非常担心孩子们会有什么反应。老师们小心翼翼地让孩子谈谈自己的感受,并问他们最喜欢兔子什么。过了几分钟后,一个孩子举手说:"我们现在可以玩了吗?"我们经常听到 4 岁的孩子在午餐时宣布:"你知道我爷爷去世了吗?"然后很快就开始转到吃三明治这件事上了。

- 如果有至亲过世,你的本能可能是对孩子隐瞒你的感受,以免给他造成额外的焦虑。其实让孩子看到你难受不会对他造成伤害。你只需要向他说明你为什么悲伤，并让他放心，你会没事的。你可能会发现在这个艰难时期，你能从孩子身上汲取无限的力量和安慰。

- 如果是某个孩子很亲近的人去世了，你要用明明白白的话解释发生的情况："奶奶很老了，病得也很重。她的身体不再工作了，她死了。我们会非常想念她的。再也见不到她了，我们觉得很难过。我们可以看看她的照片，想想我们一起做过的所有那些美好的事情。我们永远可以聊和奶奶有关的那些事。"

- 观察孩子的反应，找到线索。正如大人一样，孩子也会以不同的方式表达哀悼。有些孩子会流露出悲伤或哭泣，有些孩子会变得很黏人或表现出恐惧，也有可能会表现出不安、做傻事或者故意捣乱。他会有什么反应和他的年龄、个性以及与逝者的亲疏都有关系。

- 孩子通常会想知道人死了之后去哪儿了。年幼的孩子很难理解死亡就意味着和某人再也无法相见。当艾伦的父亲去世时，爱丽丝就问："外公在哪里？"艾伦想给5岁的女儿一个能安慰她的答案。她想了一会儿，告诉爱丽丝："他在天堂。"虽然艾伦并不相信有天堂，但事实证明，这个答案给爱丽丝带来了莫大的安慰。如果想象中有一个地方是外公的归宿，对5岁孩子幼小的心灵来说就是一种慰藉。幼儿的思维是具象的，"天堂"的概念往往能令他们安心。如果你个人的信仰认为人死后不是"去天堂"那么简单，那么等孩子长大了，能够理解更复杂的概念时再和他讨论也不迟。

- 不到5岁的儿童无法真正理解葬礼的含义，所以让他们参加葬礼没有意义。当家里有至亲去世时，还有其他一些更符合孩子年龄的方式让他们告别。你们可以看照片、画画并写下回忆录，记载孩子和那个人一起做过的最让他喜欢的事情。你们可以一起种一株每年都会开花的植物，令它成为一种永恒的纪念——这可以帮助孩子了解生生不息的含义。我们认识的一位家长，在他已故母亲生日的时候，会和孩子们一起放飞氦气球，让它们飘向天空以寄托哀思。

- 不要出于你自身的不安而对逝者避而不谈，实际上，谈论逝者是在帮助孩子缅怀这个人，保存一种对孩子来说有意义的回忆。如果孩子身上有某些特征让你想起他的祖父母或其他亲戚，你可以向他指出这一点，以此在世代之间编织起一种令人欣慰的联系。

别忘了，作为成年人，我们对待死亡和表达哀思的形式各有不同，带着我们自己的人生经验和人生态度所留下的烙印。但对于如白纸一般的幼儿来说，死亡和其他所有事一样，都是新鲜的。面对这个话题，最好的处理方式是直言不讳、简单明了和让孩子放心。开诚布公，让孩子明白死亡是生命的一部分，可以给他未来面对死亡和悼念奠定基础。

第十三章

假日篇：
共度的时光——周末、节日、传统习俗和假期

很多父母都担心没有足够的时间陪伴孩子。的确，对于大多数家庭来说，工作日都是一刻也不得闲的。周一到周五的日子都要争分夺秒，早上要去上学、上班，下午要赶回家或参加课外活动。现代生活马不停蹄，平时不一定能抽出时间陪伴家人。因此，每逢周末和节假日来临，就更要放慢脚步。这样的时间对家庭来说是千载难逢的好机会，可以从"任务"清单中解脱出来，享受一下更为洒脱和有趣味的生活。有益孩子身心健康的是能有时间和父母相处，而非急急忙忙抓紧那5分钟去赶某个场子。一个悠然自得的周六下午，当你们躺在草地上看云朵在空中变幻无穷，或者在附近散散步、聊聊此情此景，父母和孩子获得的是一个建立纽带和享受彼此陪伴的机会。如果周末和假期被各种各样的计划活动塞得满满的，你就会错过单纯地陪伴孩子并和他一起创造家庭回忆的良机。

每当我们回想起那些和孩子一起度过的周末和节假日的清晨，至今仍然能感受到放慢节奏的那种怡然自得。那些日子里，我们可以赖在床上和孩子依偎在一起，哪儿也不用去。大家一起张罗早饭，逍遥自在。这样的时光，全家可以一起做些大家都觉得有意思的事情，父母也可以分头陪伴孩子，一对一地开展活动。周末，不经间我们就创造了一些别具一格的家庭仪式，比如每周六早餐吃法式吐司或者周日去外婆家吃午饭。孩子喜欢参加特别的仪式——做一些熟悉而又用心的事会令孩子感到踏实、有安全感。每当我们的孩子长大成人后，提起我们曾经每个星期或每个年度都会一起参加的活动时，我们心里总会感到无比欣慰。

学龄前的孩子已经大了，能够明白一年伴有哪些仪式和节日，而哪些又是家庭团聚的日子。每星期或每年都一起做些什么，有助于在家庭成员之间建立起一种良好的归属感。有些家庭拒绝仪式，他们认为仪式都与宗教息息相关，但其实并不是所有的仪式都植根于某种精神上的修行，甚至不一定要和节日挂钩。传统可以很简单，可以是每月去一次冰激凌店，星期四晚上吃比萨，或是一家人某个晚上一起看电影。很多家庭都会找到特殊的方式来庆祝生日——寿星选择晚餐吃什么或者坐在餐桌旁最令人羡慕的位置上。多年以后，孩子可能忘记了别人都送过他什么礼物，但受到了什么特殊待遇仍会令他记忆犹新。

通常，无论是世俗的仪式还是宗教的仪式，都围绕着吃饭这件事。一块儿吃饭是营造家庭凝聚力最有效的方式。如果你们抽出时间来计划、买菜和一起准备饭菜（即使每周只有一次），仪式感也会在定期的日常活动中自然形成。可以给每个家庭成员指派一个任务，例如为"家庭周日早午餐"铺上一块别致的桌布或者在"早午餐花瓶"里插上鲜花。一些日常生活中的细节才是最令孩子念念不忘的，比如感恩节帮着装饰火鸡饼干或者每年去公园举行生日野餐。

当孩子到了学龄前的年纪，他就会开始意识到家里有哪些仪式，这些仪式随着他日益长大也会继续对他产生意义。南希的家人每年秋天都会去摘苹果。他们爬到树上摘下最好的苹果，然后回家一起做苹果派，并在晚餐时一起享用，为一天画上圆满的句号。最近，艾丽莎和她的大学同学一起去摘苹果，然后回到她的公寓做了一个"妈妈的苹果派"。她自豪地把自己第一次做派的照片用电子邮件发给了南希，勾起了母女之间的美好回忆。艾伦的女儿爱丽丝以前一直是妈妈和外婆准备感恩节之夜大餐时的小帮手。爱丽丝在4岁的时候就帮着削土豆皮，手撕生菜叶子，拌沙拉，把各种配料搅拌进馅料里。她长大后，随之承担起了越来越多的烹饪职责。爱丽丝结婚后，有一年感恩节艾伦前去看望女儿的婆婆家，她惊喜地发现"伯恩鲍姆火鸡"仍然是女儿家中感恩节大餐的压轴大菜。这样的家庭传统好比一根代际传承的纽带，即使有一天孩子长大了、离开家了，这根纽带仍会牵扯着你们彼此挂念的心。当你创造自己的家庭仪式时，你是在建立一个记忆的宝库，这个宝库将一直伴随着你和孩子，随着岁月的流逝历久弥新。

周末和校假：可去的地方和可做的事情

不是一定要花钱策划活动才能让孩子玩得开心。一家人拿出时间一起做些平常的事情，就能让孩子体味到家的重要意义。其实，越是微不足道的小事，越能带来无穷的欢乐。

在周末或学校放假时可以试试以下这些活动：

- 逛逛菜市场或超市。你可以和孩子聊聊不同蔬菜或水果的名称、形状、颜色和大小，并说说它们是如何生长的。选择一些品尝品尝，然后谈谈它们的味道和吃进嘴里的感觉。
- 到街上走走。指出不同类型的汽车并聊聊它们的颜色，聊聊各种交通工具、路牌、邮箱、各类商店、建筑工地、不同品种的狗、花草和树木。
- 参观消防站或邮局。去本地看看这些场所有助于孩子了解人们在社区中承担的不同角色以及他们所从事的各类工作。
- 参观宠物店。问问销售人员，孩子是否可以和小猫小狗玩耍。如果你家里没有宠物，这是个不错的替补方案。
- 去图书馆或书店。找找你家附近的图书馆或书店，给孩子办理一张图书卡。孩子们会很高兴自己有一张可以借书的卡。

- 夏天去农家乐自己采摘草莓和覆盆子，秋天去采摘南瓜和苹果。摘完后，你们可以带回家，用自己采集的食材烹煮一些美食。
- 在公园的森林里采集树叶、鲜花和松果。
- 来一次野餐，可以去公园、小区的游乐场或者就在你家的后院。

参观博物馆

博物馆对幼儿来说既可能是一个充满趣味的地方，也可能是一个无所适从和感到乏味的地方。这里列举了一些有用的小贴士，可以帮助孩子更有兴趣地参观博物馆：

- 问问自己："这个展览是孩子喜欢的还是我想看的？"在你们去之前，谈谈博物馆的礼仪——说话要小声，不要奔跑，可以看，不可以摸。还可以给孩子看看他可能会看到的展品图片。孩子在看到熟悉的东西时，总是会更感兴趣。"我知道那幅画。我在书里看到过。"不要停留太长时间。对于5岁以下的幼儿来说，45～60分钟就足够了。要选一天中孩子休息好的时间去，这样他会更有耐力。
- 要有选择地看，而不要企图一次就把展览看遍。带上铅笔和纸，这样孩子就可以把他看到的东西画下来。这种方式有助于他在参观时更有积极性。中途休息一下或吃点零食。幼儿

> 无法保持长时间的注意力，如果不休息，他们很容易疲倦或发脾气。参观的时长应视孩子的兴趣而定。相比雕塑和绘画，孩子可能会对楼梯或喷泉更感兴趣。

在参观过程中，可以参考以下问题或重点和孩子交流：

- 你看到了什么？你觉得他们在做什么？他们在哪里？艺术家用什么材料制作了这个作品？艺术家用到了什么颜色？你看到了什么形状或线条？它看起来很真实还是像艺术家用想象力创造的？
- 告诉孩子参展作品的作者叫什么名字，聊聊关于这些艺术家的事。与孩子讨论，当一座雕塑从不同的角度看，会有什么不同，雕塑创造了什么样的形状和空间。建议孩子通过摆姿势来模仿一件雕塑作品。

节日

在孩子生命的最初几年,他的年龄还太小,无法体会过节的仪式感。等到了学龄前的年纪,他自然会变得更有参与性,而且说不定,未来最让他念念不忘的记忆都与这些节日活动有关。

你自己可能也会期待感恩节或圣诞节成为"一年中最幸福的时光",尤其是现在你有了孩子。如果过去对一家人过节从来就没什么美好的感觉,你可能会决定从头来过,为孩子创造一种不同凡响的体验。有一点很重要,就是要记住过节往往不是一件省心的事,同时你对节日的期望也要现实一点。你可能会发现,节日令人多愁善感,会勾起你往日某些强烈的感受和种种记忆。一旦意识到这一点,你就能提前做好应对的准备了。

和幼儿一起过节,还应注意以下问题:

- 放弃十全十美的想法。过节可能令人手忙脚乱,因此要降低你的期望值,才不至于让自己抓狂。幼儿园有一位家长曾向我们请教如何做一顿逾越节的晚餐,因为她自己的家庭并没有这一传统。我们和她分享了需要哪些基本的配餐,包括我们最喜欢的一款薄饼汤圆的菜谱。逾越节过后,她对我们说,她做了一整天的饭,把桌子布置得漂漂亮亮,但是当节日晚餐开始时，她已经精疲力竭了。虽然她可谓呕心沥血，但孩子们却不领情，对没吃过的东西挑三拣四，吃了20分钟左右就没心思再坐着吃了。我们告诉她："听上去这就对了。"

- 要给自己减负。当孩子尚在幼年时，过节的时候你可能必须给自己少揽些事。如果要请客人来，你可能就没有时间亲手准备所有的食物。请其他家庭成员或朋友带些食物来或买一些熟食也未尝不可。与其摆上20套优雅的餐具共享饕餮之夜，不如度过一个轻松愉快的节日。只有你放松了心情，日后孩子的记忆里才能充满欢声笑语和幸福时刻。

- 让孩子参与进来。当你鼓励孩子帮你一起准备餐点或装饰餐桌时，会让他觉得自己也是庆祝活动中重要的一分子。孩子们往往非常乐于装饰餐位卡或为餐桌做些其他点缀。

- 创造一些简单而有意义的仪式，滋养孩子在成长中的记忆。为孩子的老师或者邻居烤饼干，或者为圣诞老人留一些饼干和一杯牛奶，这都是很好玩的活动。除夕夜之际，每个人都可以为来年许下一个特别的愿望；新年伊始，大家可以大声读出这些愿望。这些都将是孩子日后最美好的回忆。

- 不要安排过多的特别活动。我们要记住一点，多数年幼的孩子被大量的人、礼物和活动包围时，他们会变得欣喜若狂、过度亢奋和精疲力竭。祖父母和外祖父母都可能想看望孩子，但你要想清楚你们一天里实际上最多可以拜访多少人。特别活动别太多，才可能换来一个更愉快的假期。如果你们先是到爷爷奶奶家来一顿盛大的早午餐，接着去外公外婆家，然后再回到自己家举行一场盛大的晚宴，这样一天下来，最后你3岁的孩子难免会彻底崩溃。

- 作息安排照旧。节日当天,尽量维持日常作息来平衡节日各种热闹的活动。提早准备,根据情况规划好这一天。如果你能在外出参加家庭聚餐前让孩子安静一小会儿,也许就能避免晚些时候孩子闹情绪。外出就餐时随身带一点孩子最喜欢的小零食也很管用,以备节日大餐里没有适合小孩子吃的东西。如果回来的时间会晚于孩子平时上床睡觉的时间,可以带上他的睡衣和他最喜欢的抱枕,这样孩子在你们开车回家的时候就可以在车上安然入睡了。也要做好准备,必要的时候提前离席。

- 不要把礼物一股脑儿全给孩子。当孩子一下子收到太多礼物时,他们会变得无所适从,甚至不再能体会到礼物带来的快乐。一次只打开一两个礼物,这样做很有效。孩子有机会体验到延迟满足时,他收到礼物可能会更开心。你甚至可以把一些礼物收起来,以备不时之需。

- 如果你们乐意,不出远门也无妨。如果你的亲人们住得很远,而且一想到要长途跋涉就让你觉得不堪重负,那就别去了,和你身边的家人或好友一同庆祝也很好。我们幼儿园的很多家庭,包括我们自己的家庭,都会和朋友一起过节。

结合传统

当你组建一个家庭时,自然就要融合来自双方家庭的节日传统,一起庆祝。想一想什么对你和伴侣个人来说是最重要和最有意义的,如果你们什么都要顾及,那就难免成负担了。虽然从双方家庭借鉴一些仪式是个好想法,但你肯定还是想要创造现在这个小家庭所特有的传统。你们从原生家庭继承来的一些传统可能不再能体现你此时的个人认同感，也无法代表你们现在的生活方式。比如说，你自己是在比较正统的家庭氛围中长大的，家里人人都会盛装出席晚餐，而你的新生家庭却比较随意，那你可能就要摒弃你在过去抱有的那些期望了。

对于父母来自不同宗教或文化背景的家庭来说，过节尤其具有挑战性。和伴侣谈谈你的信仰以及你想如何让孩子继承你们的传统，这点很重要。这可能意味着在你们家要分别庆祝不同的节日，结合起来一起庆祝或者二选一。与一大家子共同欢庆时，你要对不属于自己的传统和信仰表示出尊重。有些节日可以在自己家庆祝，而另一些可以几世同堂一起庆祝，这样孩子就不会搞混。孩子需要能感受到和父母双方的家庭都有感情上深深的联系。

我们认识的一个家庭总是既过圣诞节也过光明节。他们的女儿阿比盖尔4岁的时候，她要求犹太裔的母亲给她读一本关于圣诞节的书。同时，她又要求信奉基督教的父亲给她读一本关于光明节的书。她的父母因此了解到，每个传统节日对阿比盖尔来说都很重要。阅读这些书籍成了他们家庭仪式的一部分。在给孩子阅读介绍不同节日的书时，可以和他聊聊文化差异以及文化传统。

寻找意义

近来，节日的商业气息越来越浓重，很多家庭倍感压力，每逢节日都需要投入大量的时间和金钱选购礼物。过节时，你选择强调节日的哪一面也意味着你将给孩子树立一种怎样的价值观。孩子需要了解过节不仅仅是为了收取礼物。如果你能抽出时间来制作手工卡片或烘烤饼干馈赠朋友或家人，就能帮助孩子懂得给予和付出的快乐。另一个好点子是让孩子一起参与为家人和朋友选礼物的过程，让赠送礼物这件事变得对他更有意义。

如果你想帮助孩子好好地珍惜他收到的礼物，就要教他表达感谢的重要性。学龄前的孩子已经足够大了，可以在收到礼物的那一刻或是收到后的某一天，通过发送感谢卡或特意打个电话就他收到的每一件礼物致以谢意。这将为他建立一个相伴一生的好习惯。

但是，如果过节只是围绕着礼物和吃饭，你就等于剥夺了孩子体会生活馈赠的机会。做义工是一种可以为节日赋予意义的方式。每逢佳节，许多慈善机构都乐于接受志愿者和捐赠者的支持。当你和孩子一起为需要帮助的人们伸出援助之手时，你就是在向他表明，帮助他人是你们家重视的理念。年幼的孩子很乐于做义工。艾伦的家人曾经在过节的时候为一位不方便出门的老太太送食物。这是她所在的犹太教堂组织的活动，她的孩子们也会做卡片一起带去，做出自己的贡献。还有很多家庭会为流浪汉收容所做饭，并在过节的前一天送过去。

假期

你可能已经发现，家庭度假日不等于给父母放假。出去度假是一家人可以享受的一个好时机，可以让大家放下日常生活中诸多分心劳神的事，探索全新的环境，并在彼此陪伴中共度美好时光，但是对参与其中的成年人来说，这样的假期从来都无法令他们完全放松下来。当我们的孩子还小的时候，我们两家曾一起去过宾夕法尼亚州的一个家庭度假村度假。我们抵达的时候已是平安夜，当时餐厅的人手不足。孩子们十分疲倦，已经饥肠辘辘，等待上餐的过程简直是一种折磨，孩子们的抱怨也同样让人痛苦。当服务员终于从厨房出来时，我们却听到咣当一声巨响，所有的饭菜都倒在了地上。万般无奈，我们把能挽救的食物都拾了起来，好让孩子们吃上饭。这的的确确是一次落魄的经历，但现在回想起来，我们还是会和孩子们一起笑谈这个"有史以来最糟糕的假期"。

规划家庭假日时，切记要从实际出发。幼儿换个新地方往往会变得紧张不安。当你3岁的孩子早上5点醒来，然后拒绝午睡并且大半天都在发脾气时，你可能会发现自己很难想明白当初到底为什么要出门。彼此朝夕相处超过三天，很多家庭就吃不消了，大家可能都需要几天的时间才能放松下来并适应新的环境。提前做好计划并在计划时考虑到孩子的年龄、兴趣和需求，你才可能过得舒坦些。只有当幼儿能够参加一些适龄活动时，度假才能发挥最理想的效果。海滩、湖滨、带游泳池的房子或酒店、提供儿童活动的度假村等是最有意思的场所。对于不到5岁的儿童来说，最有意思和最刺激的度假活动莫过于在游泳池里扑腾、挖沙子、找贝壳、收集石头和虫子。

一家人度假还可以参考以下建议：

- 分段旅行。无论是哪个年代的孩子，他们永远都会问同一个问题："我们什么时候才能到那里？"对于幼儿，即便只是坐几小时的汽车、火车或飞机，也会让他们觉得没有尽头。当你回答说"我们两小时后就到了"，这对一个年幼的孩子来说毫无意义，他想知道的是接下来的 5 分钟要干什么。你可以说"我们吃完午饭就到了"或者"等这张唱片和下一张唱片都放完的时候，我们就到了"。可以每隔一段时间就给孩子发点零食，好让他有个盼头，忘记旅途漫漫转而注意其他事物。"等我们到了下一座桥，你就可以吃一块饼干。"
- 做好准备。不需要提醒你也应该知道，孩子对长途旅行的耐心有限，而且也不喜欢长时间坐在一个地方。一个好办法是让每个孩子准备一个特别的游戏袋带在身边，帮助他们打发时间。纸张、蜡笔、贴纸和书本都很有用，可以让孩子玩上好一阵子。"我是间谍"或"你能找到多少辆蓝色汽车"这样的游戏也是转移孩子注意力的好办法。唱一些你最喜欢的歌、播放故事磁带或音乐也能让每个人都有些事干。如果不同的孩子想听不同的内容，戴上耳机就行。如果所有办法都试过了，还是不管用，你可以随时来一个"看谁最安静"的游戏。虽然这通常只能奏效一小会儿，但也算能给你带来几分钟的安静。如果两个孩子在后座打架，而两个大人坐在前排，那其中一个大人可以坐到后排他们中间的位置上去。
- 途中要休息。不可避免的现实是，乘坐汽车进行长途旅行的孩子需要车时不时地停靠一下，让他们活动活动胳膊、腿或上个厕所。就算很想尽快到达目的地，你还是必须每隔一段时间就停下来让孩子们有机会撒撒野和使用卫生间。

- 记住，年幼的孩子需要时间来适应新的地方，当你带上一些玩具或孩子最喜欢的毯子枕头等帮助他维持作息和熟悉环境时，他们会感觉最舒服。（无论你做什么，都不要把"毯毯"落在酒店，除非你还有一条一模一样的。）

- 在假期，尽量不要有压力，觉得一定要把每天从头到尾都排满，或者抱着每天一定要来点什么压轴大戏的想法。否则用不了多久你和孩子都会吃不消。安排好节奏，每天的活动有张有弛，这样平衡会让每个人都玩得更好。家长或团队中的其他成年人可以分头行动，特别是当孩子们年龄各不相同的时候。如果你对这一天早已做好了计划，但孩子却只想在游泳池里玩，你就要灵活处理。改天再去"蝴蝶世界"也没关系。

- 外出就餐时，尽量挑那些欢迎儿童并供应儿童餐的餐厅。除非你们入住的是酒店或是自带厨房的房子，否则度假就意味着要经常下馆子。这可能意味着，你们在旅途中至少有那么一两次得迁就下，在当地的快餐店吃饭。这没什么关系。孩子会明白假期是特别的日子，你们可以做一些在家里不会做的事情。

- 请记住，餐馆里其他客人可能不太喜欢闹哄哄的孩子们。如果孩子大声哭闹，请体谅周围的人并带他到外面去走走。带上蜡笔或书籍，这样他在等待上餐时就有事可做了。请服务员在食物准备好后马上就给孩子送来，好让孩子不用等。如果你们能住到一个有厨房的地方，就可以免于外出就餐，毕竟这对很多家庭来说是件麻烦事。

- 假期不出门。如果不能出门或选择不出门度假，你们依旧可以在居住地一起做些有意思的事。你可能会觉得其实这才是你更为青睐的选择。与其花一大笔钱去某个高级度假村让孩子在那里的游泳池泡上一整个星期，不如就待在家里，在附近找一个游泳池或去湖畔走走。有一年假期，南希一家假装他们是来纽约观光的游客，去了所有的景点，参观了他们从未去过的地方，做了他们从没做过的事情。他们爬到了帝国大厦的顶层，乘坐马车穿越了中央公园。这次"旅行"至今仍算得上他们全家度过的最愉快、最轻松的一个假期。
- 假期诞生的是共同的回忆。家庭时光的部分乐趣就在于，当孩子长大成人后，无论回忆是好是坏，你们都可以一同回顾往昔。让孩子参与制作假期旅行的相册或剪贴簿，永久地记录下每段旅程，会是一件很愉快的事情。

> 结束语

这段共度的时光，
没有你想象中那么地久天长

当我们写下此书的时候，我们的孩子们都已经是二三十岁的成年人了。然而，仿佛昨天他们还是学龄前的模样，还是那些会把饭菜吃得到处都是、爱在走廊里赛跑、和兄弟姐妹们大动干戈、一起在浴缸里洗泡泡澡，并且总是在星期天天刚蒙蒙亮的时候就把我们叫醒的小娃娃。当你在养育幼儿时，这样的日子仿佛永无止境。毕竟，当你天一亮就被孩子叫醒，而他直到晚上闭眼之前，都要你把所有的精力投在他身上时，这样的一天是非常漫长的。但即便如此，孩子生命中的这一阶段也是极其短暂的。等他到了六七岁时，就不会再像三四岁时那样需要你了。还没等你回过神，你就已经不再是他世界的全部，他的重心转移到了自己的世界，那里有他的学校和朋友。

在学龄前的这段岁月里，你仍然是孩子生活的中心。这是一份莫大的责任，而且也可能充满极大的挑战。但对于你的家庭来说，这也是一段美好的时光。一天结束时，孩子会本能地伸出小手抱住你，或者在早上爬到你的床上，又或者看到你下班回家时露出充满喜悦的笑容——作为一个幼儿的家长，这一切让我们感到温暖和充实。当你回首这段岁月，最难忘的将是那些日常的琐事和物品：孩子洗澡出来时用毛巾把他裹起来的感受，你们一起玩过的傻乎乎的游戏，和他形影不离并已经磨旧了的毛绒玩具。

最近有位家长告诉我们，如果时间倒流回到孩子幼年的时光，她会不再只是想着把下一件事做好，会更珍惜当下。如果你把为人父母变成一个以冲刺为目标的竞赛，你就可能会忽略此时此地。放慢脚步并细细品味这段非常特殊的岁月，这样做是值得的。当你急急忙忙要去超市，而孩子却停下来观察一株破土而出的郁金香时，停下来，和他一起欣赏。见孩子之所见，让他来引导你。在学龄前的岁月里，你拥有一个极好的机会，可以和孩子一起重温发现世界的美妙之处。如果你因为正在考虑下一步要做什么而分了神，当下那些奇妙的时刻就会从你的眼皮底下溜走。

孩子会为你指点迷津。没有什么比孩子没心没肺的笑声更能让你解压的了。当他随着最喜爱的音乐旁若无人地翩翩起舞时，你也会受到感染并加入其中。如果你已经对他说了10遍要把自己的玩具收拾好，而你走进他的房间时却发现他正坐在一堆乱七八糟的杂物中，脑袋上还顶着内裤做的"皇冠"，忽然之间，刚才的气愤一下子就会烟消云散。

没有什么比为人父母更能让我们深感谦卑的了，谦卑地意识到我们都不过是凡夫俗子。这是一条漫漫长路，一路上你难免会犯错。请永远记住，你有很多机会引导孩子成为一个自信和有能力的人，而你努力的成果并不总是显而易见或立竿见影的。作为孩子的良师益友，你所有辛勤的付出，可能在多年之后才能开花结果。

同时，你所做的一切点点滴滴的小事都将成为培育你们日后亲密关系的种子。为人父母是一份最让人殚精竭虑又最让人兴奋不已的工作，是一份最令人灰心丧气又最令人心满意足的工作，是一件最枯燥无味又最妙趣横生的事情，也是一段最富挑战也最具意义的体验。日子似乎没有尽头，但转眼就白云苍狗。趁岁月依旧时，尽情享受吧！

致谢

有一次家长会后,一位家长走到我们跟前说:"你们俩应该写一本书。"我们当然没有把这个建议太当真,但这位家长还是很坚持。于是,我们一起去喝了杯咖啡,她认为我们有着独到的见解,并让我们相信自己真的可以写出一本书来。真是感谢格莱芩·鲁宾,没有她的支持、热情和对我们的信任,这本书就不会问世。后来,格莱芩为我们引荐了经纪人克里斯蒂·弗莱彻,我们一见如故,想法一拍即合,克里斯蒂给予了我们熟练的指导,帮助我们和陌生的出版界打交道。同时,也万分感谢艾玛·帕里以及弗莱彻和帕里出版公司的优秀团队为我们所付出的辛勤工作。克里斯蒂还非常有眼光地把我们介绍给了克诺普夫出版社的乔丹·帕夫林编辑。乔丹赞赏我们的想法并尊重我们的观点,他用出色的编辑工作教会了我们如何把自己的想法打造成一部作品。在整个写作过程中,他的见解和指导一直让我们受益匪浅。能得到他的帮助,我们真是深感荣幸。同时,我们也感谢卡罗尔·鲁坦认真周到的审阅工作。我们还感谢莱斯利·乐文、萨拉·吉尔曼以及克诺普夫出版社的所有人对本书给予的热情和支持。在过去的一年半里,我们每周都会和伊芙·查尔斯碰头,听取她提出的很多建议和详细的评述,这帮助我们梳理了思绪,并付诸清晰的表达。我们一开始和伊芙讨论,后来格蕾丝(我们的小缪斯)也加入了进来,这些交流带给我们的喜悦是无以言表的。伊芙善解人意,才思敏捷,为我们的整个创作过程提供了宝贵的帮助。

很多朋友和家人都抽出时间阅读手稿,并给予了重要的反馈,对此，我们感激不尽。爱丽丝·罗巴克（她和安迪是我们最热忱的拥护者）和朱迪·莫茨金（我们最好的姐妹，她和她的兄弟巴里让人体会到了有兄弟姐妹的快乐）一直很支持我们，提供了很有见地的意见，还在我们记忆模糊的地方帮助我们回想。同时，也感谢以下诸位给我们提供的专业见解和评论：特雷西·伯克汗、卡罗尔·汉鼎、肯尼斯·卡兹博士、肯尼斯和桑德拉·科夫曼博士、苏珊·戈德曼、艾米·戈德堡、米凯尔·伯尼·穆伊尔、阿丽西亚·布拉克曼、穆恩福斯、苏珊·斯蒂尔曼，当然还有格莱芩·鲁宾女士。

我们写这本书的时候，两人都在92街青年会幼儿园工作，这是个不同凡响的机构，能在索尔·阿德勒的领导下共事实为我们人生中的一件幸事。当时在工作上，与佛莱塔·瑞兹斯和萨利·丹侬两位同事的合作也令我们非常感动，他们对幼儿及幼儿家长教育工作表现出的那种忘我和尊重令人崇敬。

如今，艾伦仍在92街青年会幼儿园工作，南希则加入了爱文世界学校，我们有幸在两所卓越的机构工作，各自拥有一支热情洋溢并充满爱心的教师和管理团队。和我们共事的老师们都兢兢业业，才华横溢，具备一流的素质，令人仰慕。多年来，我们也非常有幸能和许多优秀的家长合作，他们将孩子托付给我们并和我们分享了一路走来的故事。

我们感谢张璐将此书翻译成中文，感谢爱文纽约分校的张蒙源、卓伽、童曦墨对中文译稿进行了仔细认真的阅读。

理查德和巴里是优秀的丈夫，是和我们共同养儿育女的伙伴，他们给予了我们无数的支持。在法律方面，他们给我们提供了顶呱呱的专业见解；每个周末、假日和暑期，他们都毫无怨言地腾出时间让我们写作；在出书的过程中，他们给予我们鼓励并为我们自豪，这些对我们来说意味着太多太多了。也把此书献给我们的孩子们，爱丽丝、查尔斯、迈克尔和艾丽莎——你们是启迪我们的灵感。你们教会了我们何谓为人父母，让我们在这一旅程中经历了风雨，也收获了欢声笑语。每当我们偏离了道路，你们一定会提醒我们，但我们相信，作为父母，我们成功了。我们不仅深深地爱着你们，更为今天的你们感到骄傲。